U0524881

Research on the Rule of Law
in Municipal Social Governance

市域社会治理法治化研究

侯金亮 著

中国社会科学出版社

图书在版编目（CIP）数据

市域社会治理法治化研究／侯金亮著．—北京：中国社会科学出版社，2023.6
ISBN 978 - 7 - 5227 - 2050 - 0

Ⅰ.①市… Ⅱ.①侯… Ⅲ.①社会管理—法治—研究—中国 Ⅳ.①D922.104

中国国家版本馆 CIP 数据核字（2023）第 106639 号

出 版 人	赵剑英
责任编辑	许 琳　姜雅雯
责任校对	赵雪姣
责任印制	郝美娜

出　　版	中国社会科学出版社
社　　址	北京鼓楼西大街甲 158 号
邮　　编	100720
网　　址	http://www.csspw.cn
发 行 部	010 - 84083685
门 市 部	010 - 84029450
经　　销	新华书店及其他书店
印刷装订	北京市十月印刷有限公司
版　　次	2023 年 6 月第 1 版
印　　次	2023 年 6 月第 1 次印刷
开　　本	710×1000　1/16
印　　张	17.5
插　　页	2
字　　数	228 千字
定　　价	98.00 元

凡购买中国社会科学出版社图书，如有质量问题请与本社营销中心联系调换
电话：010 - 84083683
版权所有　侵权必究

序

市域社会治理是国家治理在市域范围的具体实施。党的十八大以来，国家治理现代化理念日益彰显，国家治理体系和治理能力现代化实现重大飞跃。社会治理是国家治理的重要基础和有力抓手，推进市域社会治理现代化是国家治理体系和治理能力现代化的必然要求。继党的十九届四中全会提出"加快推进市域社会治理现代化"这一重大命题后，《法治社会建设实施纲要（2020—2025年)》提出"开展市域社会治理现代化试点，使法治成为市域经济社会发展的核心竞争力"。作为我国原创的一个新概念和新探索，市域治理是承上启下的重要枢纽，对上关乎省域治理，对下关乎县域治理，弥补了以往在国家治理能力现代化、推进全面依法治国中对市域层面的忽视。就顶层设计而言，市域社会治理法治化的理想图景已经详备，如何让顶层设计落实、落地，是理论界和实务界需要思考的重点课题。

市域社会治理现代化是社会治理现代化的切入点和突破口。随着城镇化进程的加快和农业人口的转移，社会结构深刻变化，社会流动加剧，利益格局深度调整，民生诉求全面升级，市域成为各类社会矛盾的集聚区和国家治理重难点。法者，治之端也。不断满足人民对美好生活新期待，推进国家治理体系和治理能力现代化需要发挥法治作用，筑法治之基、行法治之力、积法治之势，逐步实现市域治理制度化、程序化、规范化、法治化。法治既是国家治理体系和治理能力的重要依托，又是市域社会治理现代化的核心面向，有必要开展有针对性的系统研究。

总体而言，该书有以下几个特点。

其一，对市域社会治理法治化的基础理论研究有所突破。概念的清晰和理论的澄清是研究的前提。该书从界定概念着手，不仅准确区分了"市域"与"县域"、"管理"和"治理"等概念，还从规范文件、学说理论两个维度解读了市域社会治理法治化的内涵，从双重属性和功能优势分析了市域社会治理法治化的功能意义。该书的基础理论部分视角独特，直指市域社会治理法治化本质所在，很好地阐述了市域社会治理法治化的逻辑脉络。

其二，对市域社会治理法治化实践发展总结全面深刻，案例丰富翔实。该书用了两章的篇幅，从历史事实、现实案例出发，先后通过理论概括与现实问题描述的方式，展现了市域社会治理法治化的实景，论证有理有据。一方面对中华人民共和国成立以来市域社会治理法治化的历程和经验作了细致描述和总结，展示市域社会治理法治化的背景、内容、成就、特征和启示；另一方面，以杭州市、广州市、曲靖市、武汉市、深圳市和厦门市等地的经典案例为例，梳理了中国特色社会主义进入新时代以来市域社会治理法治化初步探索、集中实施和全面提升的实践探索。书中较全面地考察了国内市域治理法治化实践，在普遍经验的基础上探寻地区特色。同时结合生动的统计数字与鲜活的现实案例，剖析了市域社会治理法治化发展中存在的各类问题。

其三，用历史眼光和发展观点对市域社会治理法治化的未来发展方向进行了前瞻性思考。市域社会治理法治化是一项重要且复杂的系统工程，该书针对市域层面出现的各种问题"对症下药"，从党的领导、立法、行政执法、司法、法治监督五个领域发力，通过环环相扣、层层推进的逻辑，将国家治理整体与市域治理局部相结合、将全国共性与地区个性相结合，在分析其价值基础上提出了相应的对策建议。

总之，该书结构紧凑，逻辑严密，内涵丰富，充分梳理和总结了党中央、各级政府、社会组织等在市域社会治理法治化建设过程中所做的努力和取得的成就，理论分析全面系统，现实案例翔实充足，对策建议中肯具体。当然，该书也存在一些需要完善之处，例如，该书列举了实践中的大量案例，但理论概括、总结和提炼有所不足；市域社会治理法治化的实践与探索只梳理了中华人民共和国成立以来的历史，可以以更广泛和丰富的社会治理史来支撑研究，如援引古代社会治理的相关实践，增加历史厚重感，等等。瑕不掩瑜，该书是国内尚不多见的系统研究市域治理法治化的著作，书中所提出的一系列思想观点，对相关领域的研究有一定的借鉴意义，指明了若干值得深挖的研究方向，也对我国市域社会治理法治化创新有较强的实践参考价值。

周振超（中国政治学会副秘书长，重庆市政治学会会长，西南政法大学政治与公共管理学院院长、教授、博士生导师）

前　言

随着经济社会不断发展，城市化的进程逐渐加速，人口的流动性越来越强，各类要素越来越向市域聚集，市域社会治理现代化的重要性和紧迫性不言而喻。市域层面具有解决社会治理中重大矛盾问题的资源和能力，事关顶层设计落实落地，事关市域社会和谐稳定，事关党和国家长治久安。[①] 从党的十九大报告提出"完善党委领导、政府负责、社会协同、公众参与、法治保障的社会治理体制，提高社会治理社会化、法治化、智能化、专业化水平"，到党的十九届四中全会提出"加快推进市域社会治理现代化"的行动目标，再到2019年12月召开的全国市域社会治理现代化工作会议强调"以开展市域社会治理现代化试点为抓手，探索具有中国特色、市域特点、时代特征的社会治理新模式，推动平安中国建设迈上新台阶"；从党的十九届五中全会提出"加强和创新市域社会治理，推进市域社会治理现代化"，到2020年12月中共中央发布的《法治社会建设实施纲要（2020—2025年）》提出"开展市域社会治理现代化试点，使法治成为市域经济社会发展的核心竞争力"，再到2021年《政府工作报告》提出"推进市域社会治理现代化"。党的

---

① 陈一新：《推进新时代市域社会治理现代化》，《人民日报》2018年7月17日第7版。

二十大报告进一步指出要"加快推进市域社会治理现代化,提高市域社会治理能力",这些表明,就国家层面的顶层设计而言,市域社会治理法治化的蓝图已经详备。

社会治理是国家治理的基础,推进市域社会治理现代化是国家治理体系和治理能力现代化的必然要求。当前,在城市化进程中,人口越来越密集、流动性越来越强、竞争压力越来越大,由此引发了社会结构深刻变化,利益格局深度调整,民生诉求全面升级,特别是新的网络传播技术全方位改变了人们的生活和生产方式,让一些社会问题逐渐显露并越发尖锐,这也对社会治理提出了新的要求。虽然自市域社会治理现代化提出以来,试点地方结合自身特点采取了不同的治理方式与手段,取得了一定的效果,但总体来说,市域社会治理仍然处于不断探索之中,在治理能力、治理水平等各方面都存在提升空间。[①] 为此,面对体制转轨、社会转型、利益多元、矛盾多样的形势,推进市域社会治理现代化,实现国家治理现代化目标,更加离不开法治的力量、法治的保障。[②] 换言之,要引导人们在法治轨道上解决存在的问题,真正从法治层面促进城市正义、改善城市秩序、提升城市形象,提升市域社会治理法治化水平,就要抓住法治化这一关键点。

社会治理及其法治化一直以来是学术研究的热点,学界就社会治理的本质、如何形成"善治"、国家治理与社会治理的关系等问题展开了充分论述。俞可平教授在社会治理领域展开了深入研究,指出社会治理与社会管理的本质区别在于"治理必然包含让尽可能

---

① 董妍、孙利佳、杨子沄:《市域社会治理现代化法治保障机制研究》,《沈阳工业大学学报》(社会科学版)2020 年第 3 期。
② 韩冬梅:《加快构建市域社会治理法治化保障体系》,《唯实》2019 年第 4 期。

多抑或最大多数的人参与，并使其生活得更加美好的要求"[①]，这说明了治理主体的类别与多样性是区别社会治理与社会管理的根本标准。张文显教授则对国家治理与社会治理的关系展开了论述，并通过规范文件的援引与理论分析指出社会治理属于国家治理的一个方面。[②] 在法治化维度下，学界的主要研究领域在于社会治理法治化的问题导向以及路径完善，徐汉明、刘作翔、周建军等学者均提出了较为典型的观点，其中徐汉明教授认为社会治理法治化需要理念支撑，明晰基本任务与要求，加快政社分开的法制建设，加快培育社会组织，营造国家与社会治理法治化的人文环境。[③]

社会治理法治化具体到市域领域是近年来兴起的概念和学术热点。市域社会治理这一概念由中央政法委秘书长陈一新在2018年的一次讲话中首次提出，该次讲话的对象正是在市域社会治理法治化中起到重要作用的新任地市级政法委书记。这一概念的提出为社会治理在市域内的落实提供了明确的方向指引，同时也使学术界的研究热点开始聚焦于市域社会治理法治化。就市域社会治理法治化的研究而言，具体可以分为三类：一类是市域社会治理的实践样本研究，即在地方市域社会治理实践的基础之上开展的调研分析。其中衢州市[④]、杭州市[⑤]、石家庄市[⑥]等多地因其市域社会治理取得的良好成效成为较多学者选择研究的样本，为深入落实其他地方的市

[①] 周建军、刘明宇：《迈向新时代的社会治理法治化》，《云南民族大学学报》（哲学社会科学版）2019年第1期。
[②] 张文显：《法治与国家治理现代化》，《中国法学》2014年第4期。
[③] 徐汉明：《推进国家与社会治理法治化》，《法学》2014年第11期。
[④] 浙江省衢州市域社会治理现代化研究课题组：《党建统领+基层治理：市域社会治理现代化的衢州样本》，《社会治理》2020年第5期。
[⑤] 程林：《市域社会治理法治保障的"杭州模式"探析》，《浙江工业大学学报》（社会科学版）2019年第4期。
[⑥] 河北省市域社会治理现代化研究课题组、杨安、崔立华、徐超、熊忠良：《推进市域社会治理现代化的石家庄模式》，《社会治理》2020年第5期。

域社会治理提供了较好的经验与参考模板。第二类研究方向则以时代发展为导向，探讨将市域社会治理法治化与人工智能、大数据等科学技术结合的空间与路径。例如曹磊聚焦于大数据在社会治理中的司法贡献①，徐瑛等学者则聚焦于人工智能情绪算法、大数据能力对社会心态的超强感知和社会风险的智能预警，以实现对市域社会风险评估和风险治理的智治创新。② 第三类研究方向则主要为具体化的立法、司法、行政等路径分析及相关问题的完善。豆潇潇教授在厘清现状的基础上，从立法、执法、司法和守法四个方面提出对策，属于其中较为典型的一种研究模式。整体来看，当前市域社会治理法治化的研究重点突出，并且在相关研究方面已经取得了相当进展，但是仍然存在相关概念界定不够准确、逻辑体系不够严谨、对策建议不够具有针对性等问题。如果相关概念的理论意蕴尚未梳理清楚，基于此展开的研究就难以体系化、逻辑化。因此，本书将在系统梳理市域社会治理法治化理论概念的基础上进行研究论述，结合实践探索经验提出优化路径，以期进一步完善当前的市域社会治理法治化研究。

市域社会治理是契合了我国现阶段社会发展特点与城市化进程需求而提出的一大主题，有效缓解了县域治理和社区治理的难题，对于推进国家治理能力和治理体系现代化意义重大。对此，一方面要提高政治站位，坚持"人民本位"，依靠人民群众、社会公益组织和群众自发的志愿者组织的参与来提高社会治理水平。另一方面要结合时代发展的趋势，在市域社会治理过程中充分融入人工智能、大数据等现代科技手段，形成立法、行政执法、司法的科学技

---

① 曹磊：《市域社会治理中的司法贡献——以 J 市法院行政审判大数据应用为例》，《云南大学学报》（社会科学版）2020 年第 6 期。
② 徐瑛、齐中祥、方润华：《基于大数据和 AI 算法市域社会治理的智治创新》，《贵阳学院学报》（社会科学版）2021 年第 1 期。

术支撑。在此过程中，也要注意个人信息、大数据运用的规范保护。

社会治理法治化是一项基础性、长期性、系统性的重大工程，不可急于求成，在实际工作中需要紧密围绕人民群众关心、反映强烈的社会治理痛点和难点问题，有条不紊地协同推进立法、执法、司法、法治监督四方面的工作，形成工作合力，来推进市域社会治理现代化与法治化不断深入发展。面对当前社会治理中立法、执法、司法、法治监督存在的突出问题及不良现象，需要充分利用市域社会治理法治化的制度优势与立法手段，形成在地方党委领导下，以立法体系、行政执法体系、司法体系、法治监督体系为核心，多元融合发展的市域社会治理体系。同时，充分借鉴各地市域社会治理法治化实践的成功做法，为其注入现实推动力。面对新时代社会治理中出现的新形势、新问题，需要深入贯彻党中央的战略部署，及时更新社会治理理念，不断推进市域社会治理法治化进程，助推法治中国建设迈上新的台阶。

目 录

第一章 市域社会治理法治化基本概念……………………（1）
  第一节 何谓市域？……………………………………（1）
    一 市域概念界定………………………………………（1）
    二 市域与县域的区别与联系…………………………（5）
  第二节 市域社会治理厘定……………………………（9）
    一 社会治理与社会管理的区别………………………（9）
    二 社会治理与国家治理的区别与联系………………（13）
  第三节 市域社会治理法治化解构……………………（16）
    一 市域社会治理法治化的支撑文件…………………（16）
    二 市域社会治理法治化的具体内涵…………………（20）
  第四节 市域社会治理法治化的功能与价值…………（25）
    一 市域社会治理法治化的双重属性…………………（25）
    二 市域社会治理法治化的功能优势…………………（27）

第二章 市域社会治理法治化的实践与探索……………（30）
  第一节 市域社会治理法治化的发展阶段概述………（30）
    一 起步停滞阶段：1949—1978 年……………………（30）
    二 复苏发展阶段：1978—2012 年……………………（32）

三　科学统筹阶段：2012年至今 …………………………（34）
　第二节　新时代科学统筹阶段的实践 ………………………（35）
　　一　地方试点初步探索阶段 …………………………………（35）
　　二　大数据及智能化全面提升阶段 …………………………（37）

第三章　市域社会治理法治化的现实困境 ………………………（39）
　第一节　整体情况分析 ………………………………………（39）
　　一　社会治理现状分析 ………………………………………（40）
　　二　基层治理现状分析 ………………………………………（43）
　第二节　党委领导有待提效 …………………………………（44）
　第三节　立法困境 ……………………………………………（46）
　　一　谁来立法 …………………………………………………（47）
　　二　立什么法 …………………………………………………（48）
　　三　法与法之间的关系 ………………………………………（50）
　　四　立法资源与条件 …………………………………………（51）
　第四节　行政执法困境 ………………………………………（52）
　　一　行政执法职权划分不明 …………………………………（53）
　　二　政府简政放权有待进一步推进 …………………………（54）
　　三　行政执法人员队伍建设不足 ……………………………（55）
　　四　行政执法能力和水平不高 ………………………………（56）
　第五节　司法领域的困境 ……………………………………（58）
　　一　干预司法现象仍然存在 …………………………………（58）
　　二　公益诉讼制度仍不健全 …………………………………（59）
　　三　行政争议实质化解机制仍未建立 ………………………（61）
　第六节　法治监督困境 ………………………………………（62）
　　一　监督对象困境 ……………………………………………（62）
　　二　监督主体困境 ……………………………………………（66）

三　监督手段的困境 …………………………………………（68）

第四章　加强党对市域社会治理法治化的领导 ……………（70）
　第一节　党的领导是市域社会治理法治化根本保证 ………（70）
　　一　党始终代表最广大人民群众根本利益 …………………（71）
　　二　党的领导是市域社会治理法治化的本质要求和
　　　　内在属性 ……………………………………………………（74）
　　三　党在"一核多元"治理格局中发挥领导核心
　　　　作用 …………………………………………………………（77）
　第二节　将党的领导贯穿于市域社会治理法治化全过程
　　　　和各方面 ……………………………………………………（80）
　　一　坚持党领导立法 …………………………………………（81）
　　二　坚持党保证执法 …………………………………………（85）
　　三　坚持党支持司法 …………………………………………（89）
　　四　坚持党带头守法 …………………………………………（93）
　第三节　切实提升党领导市域社会治理法治化的能力
　　　　与水平 ………………………………………………………（96）
　　一　充分发挥市域党委政治引领者、组织参与者、
　　　　服务供给者的作用 …………………………………………（97）
　　二　抓住领导干部这个"关键少数" …………………………（100）

第五章　提升市域立法质量和水平 ……………………………（104）
　第一节　提升市域立法质量和水平的重大意义 ……………（104）
　　一　提升市域立法质量和水平是规范文件的现实
　　　　要求 …………………………………………………………（105）
　　二　提升市域立法质量和水平有利于法律的适用 …………（106）

三 提升市域立法质量和水平有利于协调改革与
  立法的关系……………………………………………（109）
四 提升市域立法质量和水平有利于促进市域社会
  治理法治化……………………………………………（111）

第二节 提升市域科学立法水平……………………………（115）
一 加强重点领域立法……………………………………（116）
二 提升立法技术…………………………………………（119）
三 人工智能应用于市域立法……………………………（122）
四 促进硬法与软法的有机结合…………………………（126）
五 加强立法专业队伍建设………………………………（129）

第三节 提升市域民主立法水平……………………………（132）
一 提升市域民主立法水平的依据和意义………………（132）
二 立法内容体现人民性…………………………………（135）
三 立法过程体现民主性…………………………………（136）
四 充分发挥基层立法联系点的作用……………………（139）

第四节 促进区域协同立法…………………………………（141）
一 促进区域协同立法的背景与意义……………………（142）
二 促进区域协同立法的机制与举措……………………（145）

第六章 深入推进法治政府建设，提高市域行政执法
  整体效能……………………………………………（149）

第一节 推进法治政府建设、提升市域行政执法整体
  效能的重大意义……………………………………（149）
一 建设法治政府、提高市域行政执法整体效能是实现
  国家治理能力和治理水平现代化的主要方面…………（150）
二 建设法治政府、提高市域行政执法整体效能是
  实现民主的必然要求……………………………………（153）

三　建设法治政府、提高市域行政执法整体效能是
　　　　社会稳定和经济发展的必要保证……………………（154）
　　四　建设法治政府、提高市域行政执法整体效能是
　　　　政府职能转变的必然要求……………………………（157）
第二节　多措并举建设法治政府………………………………（159）
　　一　坚持依法行政………………………………………（159）
　　二　推动地方政府职能转变……………………………（165）
　　三　全面推进政务公开制度……………………………（172）
　　四　完善政府绩效评价及责任机制……………………（175）
第三节　持续建设智慧政府……………………………………（179）
　　一　智慧政府的界定与意义……………………………（179）
　　二　建设智慧政府的主要措施…………………………（182）
第四节　深入实施行政执法体制改革…………………………（185）
　　一　加强市域行政执法队伍建设………………………（186）
　　二　推进综合行政执法体制改革………………………（187）

第七章　深化司法体制改革实现公正司法………………………（189）
　第一节　深化司法体制改革是实现公正司法的必然
　　　　　要求………………………………………………（189）
　　一　司法体制改革是实现市域社会治理法治化的重要
　　　　力量……………………………………………………（189）
　　二　深化司法体制改革是公平正义的本质要求………（192）
　　三　深化司法体制改革形成公平正义的司法体制是司法
　　　　为民的重要保障………………………………………（194）
　　四　深化司法体制改革形成公平正义的司法体制是提升
　　　　司法公信力的有效途径………………………………（197）
　第二节　坚持公正司法、司法为民……………………………（198）

一　独立公正行使审判权、检察权……………………（198）
　　二　积极推动能动司法…………………………………（202）
　　三　保障人民群众参与司法……………………………（207）
　　四　构建公共法律服务体系……………………………（212）
　第三节　优化司法队伍，落实司法责任……………………（214）
　　一　加强司法工作队伍建设……………………………（214）
　　二　完善司法责任制……………………………………（218）
　第四节　加快实现智慧司法…………………………………（220）
　　一　发展智慧司法的意义………………………………（220）
　　二　发展智慧司法的具体举措…………………………（223）
　第五节　推进重点领域司法专项工作………………………（225）
　　一　推进《民法典》适用实施…………………………（225）
　　二　推进扫黑除恶专项工作……………………………（229）
　　三　构建多元纠纷化解机制……………………………（232）

第八章　完善市域社会治理法治化监督体系…………………（235）
　第一节　法治监督的重要性与必然性………………………（235）
　　一　法治监督是提升市域社会治理法治化水平的
　　　　主要抓手……………………………………………（235）
　　二　法治监督是权力属性的必然要求…………………（237）
　　三　法治监督体系是民主参与和优化营商环境的
　　　　重要保障……………………………………………（239）
　第二节　加强市域社会治理的全过程监督…………………（240）
　　一　立法监督……………………………………………（241）
　　二　行政执法监督………………………………………（242）
　　三　司法监督……………………………………………（244）
　第三节　完善多举措监督形成合力…………………………（244）

一　内部监督 …………………………………………（245）
　　二　外部监督 …………………………………………（246）

余　言 ……………………………………………………（248）

参考文献 …………………………………………………（250）

第一章

市域社会治理法治化基本概念

　　市域社会治理法治化的相关研究需要以明确概念、内涵为研究基础，以相关规范文件、学说理论为研究范畴，在明晰相关内容之后才能有序厘清研究的逻辑关系及方向，明确市域社会治理法治化的相关概念，有利于合理界定相近概念之间的区别，使得相关研究成果更具有针对性和准确性。市域社会治理法治化由"市域""社会治理""法治化"三个下位概念共同组合构成，对市域社会治理法治化概念的准确界定需要以明确这三个下位概念为前提和条件，以本源探究和差异比较的方式进行。对"市域"概念，不仅需要对其准确界定，还要进一步清晰地确定市域与县域的区别和联系。对"社会治理"概念，需要明确社会治理与社会管理、社会治理与国家治理的关系。以文件和理论解构市域社会治理法治化的内涵，以双重属性和功能优势探寻市域社会治理法治化的功能意义。

第一节　何谓市域？

一　市域概念界定

　　我国的"市"按照行政等级可以划分为直辖市、副省级城市、地级市以及县级市，这四种类型的城市是我国最为普遍的市的种类。除此之外，还有几种较为特殊的种类。

近代以来，作为中国行政区划概念的"市"最早出现在1921年制定的《广州市暂行条例》中。《广州市暂行条例》第三条规定："广州市为地方行政区域，直接隶属于省政府，不入县行政范围。"① 在中华人民共和国成立之后，地级市起初以"省辖市"的名称出现，根据字面所展现出来的意思，其隶属及地位与之前的地级市极其相似，均隶属于省级政府，在行政级别方面与当时的地区公署并没有差别。1982年，中共中央第51号文件向全国发出了"改革地区体制、实行市管县体制"的指示，并且将江苏率先作为试点地区。1983年开始在全国范围内展开试点工作。随后中央又发出《关于地市州党政机关机构改革若干问题的通知》，要求"积极试行地、市合并"，此项改革是1983年地方政府改革的一项重要内容。在这一改革背景下，全国范围内开始正式推行市管县体制，在国家的行政区划序列里，正式将市分为地级市和县级市，地级市也因此大规模地出现。② 截至2021年年底，我国的地级市数量已经达到293个。③

此后，在我国历史变革的过程中，还有"国家社会与经济发展计划单列市"和"镇改市"两种类型。前者是在计划经济的特殊背景下产生的，也就是人们通常所说的计划单列市，虽然其行政等级为省级以下，但是因为特殊原因而具有省一级的经济管理权限。后者的出现则是因为随着近年来国家实施的城镇化改革的进一步深化，部分发达镇的镇级体制机制日益无法与逐渐庞大的经济总量和人口规模匹配，反而限制了经济发展速度。基于此背景，我国不断

---

① 孟庆吉：《新时代市域社会治理的法治思考》，《经济研究导刊》2021年第32期。
② 参见周平主编《当代中国地方政府与政治》，北京大学出版社2015年版，第139页。
③ 国家统计局编：《中国统计年鉴—2022》，中国统计出版社2022年版，第3页。

推进"镇改市"改革试点，产生了一些由原来的镇级行政单位演变而来的不设乡镇、街道的县级行政区域。2019年9月25日，被誉为"中国第一座农民城"的龙港镇正式挂牌撤镇设市，龙港市由此成为全国第一个不设乡镇和街道的新型县级市。

上面所述的各种地级市、计划单列市、县级市、镇改市均包括在广义的"市"的概念中，就狭义的"市"的概念而言，其就是人们通常所说的地级市。当"市"的概念与空间维度相结合，便形成了"市域"这一场域概念。值得注意的是，"市域"与"城市"看起来极为相似，容易造成概念混淆，认为二者属于同义关系，实际上"市域"所包含的范围较"城市"更大，"城市"只是"市域"的一块核心地区。城市是一定区域内城市人口居住相对集中的经济、政治、文化、教育的中心，其必须具有非农业人口集中的要素。[①] 市域不同于城市，作为统筹城乡一体化的有效载体，其所包含的范围不仅有城市，也有农村。[②] 因此，我们需要区别对待"市域"与"城市"这两个概念，由这两个概念引发的"市域社会治理"与"城市社会治理"也相应地存在差别，"市域社会治理"包含着"城市社会治理"的内容。

"市域"的概念厘定经历了理论争议到规范统一的发展历程，其界定了"市域社会治理法治化"实施的具体场域，处于最为基础且关键的地位，尤其是在如何准确理解"市域社会治理法治化"中发挥了极其重要的作用。相较于传统的县域概念，市域概念具有诸多优点，更符合当下社会发展及社会治理的现实需求。针对市域社会治理法治化而言，市域的范围应当以广义概念范围还是狭义概念

[①] 蒋晓伟：《城市治理法治化研究》，人民出版社2016年版，第4页。
[②] 姜华：《市域社会治理法治化保障体系探究》，《山西省政法管理干部学院学报》2021年第3期。

范围界定，抑或是综合这两种范围，在市域社会治理概念研究的初期，学界就此存在多种观点，总结起来存在两种分类标准及其项下的不同观点。

第一种是以行政级别为标准。在该种标准项下，一种观点认为，市域的范围是指地级市这一行政级别所管辖的行政区域范围。① 这种观点也是学界的主流观点。另一种观点虽然同样是以行政级别为标准，但是将市域的范围扩大，将市域的范围锁定在"设区的市"，即不仅包括地级市，还包括地级市以上的直辖市、副省级城市和计划单列市。②

第二种是以地方立法权为标准。在该种标准之下，相应的观点认为，市域社会治理中的"市"是指有地方立法权的行政单位。③ 2015 年修改的《中华人民共和国立法法》（以下简称《立法法》），赋予了 289 个设区的市、30 个自治州以及包括广东省东莞市、中山市，甘肃省嘉峪关市，海南省三沙市 4 个并没有设区的地级市在内的市享有地方立法权。④

在理论界存在多种观点且未达成统一意见时，全国市域社会治理现代化工作会议上的讲话及精神终于确定了市域的概念及范围，这不仅起到了对过去理论上不同观点定纷止争的作用，也为今后市域社会治理的试点及推动工作起到了指明方向的作用。该次会议明确指出："从空间范围来看，市域社会治理是国家治理在设区的城

---

① 参见戴大新、魏建慧《市域社会治理现代化路径研究——以绍兴市为例》，《江南论坛》2019 年第 5 期。
② 参见俞可平《社会自治与社会治理现代化》，《社会政策研究》2016 年第 7 期。
③ 参见闵学勤《市域社会治理：从新公众参与到全能力建设——以 2020 抗击新冠肺炎疫情为例》，《探索与争鸣》2020 年第 4 期。
④ 参见《中华人民共和国立法法》（2015 年修订）第七十二条；李建国（全国人民代表大会常务委员会副委员长）：《关于〈中华人民共和国立法法修正案〉（草案）的说明》，2015 年 3 月 8 日在第十二届全国人民代表大会第三次会议上。

市区域范围内的具体实施。设区的城市不仅有城区还有农村，是两种社会形态的结合体，市域是统筹城乡一体化的有效载体。"①即该次会议在国家层面统一将市域社会治理的范围确定为设区的市。该种观点不仅符合理论逻辑，同时也具有现实依据。首先，设区的市这一标准较为明确，在宪法等组织性法律规范的指引下有清晰的标准，所涉对象单一，不容易产生混淆。其次，地方立法权是市域社会治理法治化中极其重要的组成部分，而根据我国现行的《立法法》，设区的市都普遍对城乡建设与管理、环境保护、历史文化保护等方面的事项享有立法权，符合城乡治理一体化的基本逻辑。最后，现阶段我国城镇化进程不断加快，越来越多的人口涌入设区的市。人口增加，经济发展，同时也带来了更多的社会矛盾与风险挑战，设区的市亟须通过市域社会治理法治化这一途径来解决现实问题。

二　市域与县域的区别与联系

县是我国历史上最早出现的行政区划，早在公元前7世纪前后的楚、秦两国便有了县。随着郡县制的发展，县在我国古代行政区划与中央集权管理中发挥了重要的作用。②中华人民共和国成立后，县仍然在行政区划中发挥着重要的作用，县级政府在行政级别上位于市级政府之下，乡镇政府之上。县具有数量庞大、形式多样的特点，包括市辖区、县、县级市、少数民族自治县等形式。截至2021年年底，我国共有2843个县级行政单位，其中包括1301个县、394个县级市、977个市辖区、117个自治县。③其中市辖区属于城

---

① 陈慧娟：《市域社会治理现代化试点启动》，《光明日报》2019年12月5日第10版。
② 王大鹏编：《推进市域社会治理现代化》，红旗出版社2020年版，第45—48页。
③ 国家统计局编：《中国统计年鉴—2022》，中国统计出版社，第3页。

市化建设水平较高的县级单位，其虽然也属于县级单位，但是产业发展、经济、公共服务侧重点均区别于传统的县。① 与县相对应的县域概念也相应地指向县级行政区划内的空间范围。

县级行政区划具有庞大的数量，其所直接面向的人民群众也占据了我国人口的较大比重，因此无论是从数量还是从体量上来说，县域一直是我国国家治理的重心。面对庞大的人口数量，处于行政管理层级下游的县需要承担大量的社会保障、公共卫生、教育发展、就业保障职能，同时还需要发展农业、制造业、服务业等多种产业，任务杂、担子重。市域概念与县域概念具有十分紧密的联系，县作为市的下级行政单位，受到市的管理与监督；各项任务要求也是通过省、市逐级下发到县。因此，县域也为市域所包含，属于市域下的一种子概念。但同时，我们也必须明确二者存在的区别，二者不仅在范围上有明显的区分，在侧重点上亦有不同。在范围上，县域的范围主要集中在乡镇、农村，市域的范围则不仅包括农村，还包括城市，是城乡的共同载体。二者的主要治理任务也有所区别，在当下的社会发展实践中，县域的主要治理任务集中在乡村振兴、巩固拓展脱贫攻坚成果，而市域的主要治理任务则体现在个人权利保障、城市智慧科技发展等内容上。

当前，随着我国经济结构的不断调整，市场经济的不断发展，人民生活水平的不断提高，以及我国社会主要矛盾的变化，长期处于社会治理一线的县域治理中存在的问题逐渐凸显，县域的"小"与经济发展、人民需求的"大"之间的冲突、矛盾也越来越明显。归结起来，当前县域治理存在"内""外"双重困境。

在县域的"外增"困境中，其面临着城乡二元结构带来的差异

---

① 参见周平主编《当代中国地方政府与政治》，北京大学出版社 2015 年版，第 146—150 页。

化问题以及多层行政管理体制下的效率、执行问题。长期以来，中国社会有着较为突出的城乡二元结构，城市和乡镇存在着明显的区别与分界线。"市民"与"农民"的二元身份划分法影响了无数人的观点和理念，也进一步影响了城乡居民所享有的权利范围与保障程度，例如出现了城乡居民人身损害赔偿"同命不同价"的不合理现象。城乡二元结构也导致城市和乡村的经济发展差距越拉越大，基础设施建设水平及社会保障水平也存在明显差距。县域就是城乡二元结构下的典型产物。首先，在城乡二元结构差异背景下，高新产业、金融产业越来越集聚在拥有便利交通区位、大力财政补贴支持、大量高学历专业化人才等多重优势的城市区域，面对具有上述优势的企业，县域内的企业难以保持同等竞争力，县域也难以吸引到这些高质量企业。另外，人口流动的潮流正不断由县域向市域发展，中国经济的迅猛发展带来了不可逆的城市化趋势，县域正面临着劳动力流失、消费力流失的现实困境。其次，在行政管理体制问题上，县域范围内的治理需要受到国家、省、市的层层限制，其所拥有的自主能动空间有限。有时县域层面因为"人财物"等资源限制，难以应对各项指标、任务的层层加码。

在县域的"内生"困境中，其所面临的问题更加严峻，主体单一、观念不科学、能力与需求不匹配问题都是困扰县域的现实问题。首先，县域内的治理主体单一，治理主体仍然局限在传统的行政机关及其派出机构，由此呈现出"大政府，小社会"的格局。面对诸多繁杂的社会事务，没有清晰界分行政机关职责，对于部分不在政府能力范围之内的事务，仍然采取"大包大揽"的方式处理，导致各类社会组织、公民参与公共事务的情况极其少见。究其原因，一方面，这种现象受到领导干部的传统治理思维影响；另一方面，县域层面的各类组织、机构数量较少，公民参与公共事务的能力、思维也较弱。其次，县域内的治理观念仍然停留在重经济发展、轻可持续发展的层面。尽管多数高新技术企业集聚在城市，但是县域内仍然存在较重的经济增长指标。因此，在自身条件不优越的情况下，必须充分调动各种资源发展经济，有时甚至不惜牺牲环境，造成县域内严重的环境污染。近年来，被新闻媒体曝光的环境污染事件多发于乡镇企业，给人民群众的生活带来了较大困扰。最后，县域范围内的人力、物力、财力资源也较为有限。面对人民群众日益增长的美好生活需求，面对逐渐呈现复杂化、专业化、细致化的社会事务，县域内缺少一定数量的高学历、专业化人才，缺少充分的资金支持，也缺少能够充分调配的物力资源，导致政府提供的公共服务质量不高、不能满足人民群众的现实需求，甚至可能会引发群体性冲突。同时，根据《宪法》及《立法法》的规定，县级政府没有制定地方政府规章的权力，但另一方面，又有大量的社会事务需要处理，由此产生了大量的行政规范性文件，也就是通常所说的"红头文件"。这类行政规范性文件与法律法规相比在制定程序、适用范围、内容的科学性、逻辑的精准性等方面存在差别，难以充分保障人民群众的合法权利，从而难以实现法治化。

面对县域的"内生""外增"双重治理困境，我们有必要转换视角，充分利用市域的各种优越条件解决问题。市域能够充分发挥承上启下的"枢纽"作用，既是国家社会治理大政方针的执行者和落实者，又是县域社会治理的指导者和推动者。[①] 相较于县域，市域具有法定的制定地方性法规和地方政府规章的权力，集聚了更多的专业技术人才、高新企业，也拥有更强大的调配物资、获得财政收入和拨款的能力。在此基础上，市域能以更成熟的能力和条件满足人民群众的需求，提供高质量的公众服务。在新时代强调乡村振

[①] 陈成文、张江龙、陈宇舟：《市域社会治理：一个概念的社会学意义》，《江西社会科学》2020年第1期。

兴、城乡协同发展的背景下，市域概念恰巧迎合了实际发展需要，其涉及的范围不仅包括城市，同时也包括乡镇、农村，是"统筹城乡一体化的有效载体"，在解决县域治理困境的同时，又能根据县域及城市不同的发展特点，进行各有侧重面的治理与发展，促进二者协同发展，推动城乡协同有效发展。

第二节 市域社会治理厘定

社会治理属于治理的方式与手段之一，在市场治理、政府治理、道德治理等多种方式中，其居于重要地位。需要将社会治理与其他治理方式进行区分，因此需要准确界定社会治理的概念。以历史背景和现实条件为基础合理界定社会治理与社会管理的区别，在横向和纵向上比较社会治理与国家治理的关系。通过支撑文件和理论基础进一步解构市域社会治理法治化，明晰具体内涵。此外，还需要从市域社会治理的双重属性和功能优势着手，确定市域社会治理法治化的功能意义，为市域社会治理法治化的进一步研究奠定良好的基础。

一 社会治理与社会管理的区别

治理的基本含义是，在某个特定的场域和范围内，运用权威维持相应的秩序，以满足公民的需要。[①] 结合我国的社会实际以及社会主义核心价值观，有学者指出，治理是"公共主体为促进社会福祉而对共同事务采取的系统反应"[②]。此外还有诸多关于治理的学理

---

① 参见俞可平《治理与善治引论》，《马克思主义与现实》1999年第5期。
② 周建军、刘明宇：《迈向新时代的社会治理法治化》，《云南民族大学学报》（哲学社会科学版）2019年第1期。

解释，但总结起来，可以发现在相应的内涵解释中都把公民的需求、幸福作为最终目的和社会发展的目标，而不是把人作为手段、工具。作为治理的其中一种手段和方式，社会治理存在广义与狭义两种基本概念。在广义的社会治理概念中，相应主体可以对政治、经济、文化等多种内容进行全方位的统筹治理。在狭义的社会治理概念中，相应主体所能涉及的范畴仅限于对社区、基层组织等社会系统的管理。① 在当前的实践中，社会事务庞杂，以狭义的社会治理概念进行界定并不符合社会的实际需求，而广义的社会治理概念则更加周延，便于解决当下的诸多社会问题，促进和谐社会的有序发展。

在对社会治理的概念进行界定时，需要将社会治理中的"治理"与社会管理中的"管理"进行合理的辨析区分。党的十八届三中全会通过的《中共中央关于全面深化改革若干重大问题的决定》中首次正式使用"社会治理"，明确提出要创新社会治理体制，使得社会治理进入人们视野并受到广泛关注。对于党中央和中央政府在顶层设计中提出社会治理这一概念，不少人认为这只是社会管理、公权干预的另一种文字表达，社会治理与社会管理在本质上没有任何区别。然而，这种观点是错误的，其错误之处在于混淆了"治理"与"管理"这两个概念。这一对概念尽管有着联系之处，但就本质而言，存在着巨大的差别，二者处在不同的历史阶段，适用于不同的国情与社会基本状况，受到不同理念和原则的引领，是两个具有明显区别的概念。

社会管理在我国具有极其悠久的历史。自先秦时期以来，我国经历了封建皇权时代的社会管理时期、民国社会管理时期、中华人民共和国成立后的社会管理时期以及改革开放后的社会管理时期。

---

① 参见王越飞《社会治理与治理模式》，《经济与管理》2014 年第 7 期。

尽管两千多年来，我国历经不同的国体政体、面对不同的社会情况，但社会管理一直稳定地体现出管理主体单一的特点。在中华人民共和国成立后的较长一段时间内，我国的社会管理制度与社会管制、维稳等工作任务形成了紧密的联系，社会管理的主要目的是化解社会各类矛盾，维护社会治安和社会稳定。在历史主义理念中，面对当时的社会状况、经济发展情况等各类历史条件，采取这种社会管理体制有历史必然性和必要性。[①] 中华人民共和国成立后的经济体制为计划经济，生产、商业、消费、资源分配等各类内容都需要依靠政府作出的规划与指令安排，受到政府的严格管理。社会管理以单位为基本单元，因此当时的社会也可以称为"单位社会"，人民群众生活、工作的方方面面都需要以单位为基点展开活动。[②] 在这一历史阶段，社会管理体制的确发挥了重要的作用，充分发挥了政府"集中力量办大事"的制度优势，有效稳定了社会秩序，促进经济迅速发展。

面对新的矛盾和新的社会形势，在新理念的影响下，国内外对于社会管理的认识与观念开始转变。在传统的国家社会关系理论中，国家是与社会相分离且高于社会的一个特殊实体，并且在社会管理中，政府是唯一的管理主体。这是一种自上而下的威权式管理模式，带有强大的命令、指示色彩，并且排斥市场参与到社会管理中。自20世纪80年代以来，英美国家开始兴起强调政府应当采用私营部门的管理方法和机制、不再垄断社会管理的新公共管理理论。随后，公共治理等理念也相继被提出。[③] 一系列新理念、新理

[①] 参见龚廷泰《新时代中国社会治理法治化发展进程的逻辑展开》，《法学》2022年第6期。

[②] 参见何跃军《社会治理创新：地方样本法治化研究》，中国社会科学出版社2019年版，第26页。

[③] 参见武小川《公众参与社会治理的法治化研究》，中国社会科学出版社2016年版，第36—40页。

论的提出意味着人们对于社会管理和社会治理开始有了不同的认识。1995年，全球治理委员会对治理给出了更为官方与权威的解读，全球治理委员会发布的《我们的全球伙伴关系》将治理界定为"个人与各种公共的或私人的共同管理社会事务的诸多方式的总和"①。这不仅在理论研究方面使社会治理与社会管理逐渐开始有所区别，也在社会现实的诸多方面为社会管理到社会治理的转向提供了现实基础条件。在主体力量方面，随着市场经济的不断发展，各类市场主体在经济及各项社会职能中逐渐承担起更加重要的作用。各类营利性组织以及非营利性组织的数量也正在以较高的增速逐年增加，"大政府，小社会"的格局难以适应当下社会中多主体的现实情况。在公民意识方面，随着公民受教育水平的提高，权利观念、法律意识的不断觉醒，越来越多的公众愿意参与到社会公共事务中，以社会治理共同体的身份参与共同治理。2004年的《宪法修正案》正式将"尊重和保障人权"写入宪法，人权条款入宪意味着公民权利具有宪法基础、受到宪法保障，公民参与公共事务、社会治理的权利正是人权的基本内容，也同样受到宪法保障，这给公民参与公共事务、社会治理带来了更大的底气和自信。在科技支撑方面，新时代的科学技术不断发展，日新月异的人工智能、大数据、区块链技术为社会治理赋能，让高效率、智能化的社会治理具有更多可能性。

  在我国从社会管理转向社会治理的过程中，社会治理和社会管理的差异化因素也进一步凸显。正如习近平总书记所指出："治理和管理一字之差，体现的是系统治理、依法治理、源头治理、综合

---

① 张国庆：《公共行政学》，北京大学出版社2008年版，第578—579页。

施策。"① 综合来看，社会治理和社会管理存在四个方面的差别：第一，二者存在主体差别。社会治理主体具有多元化的特征，包括党委、政府、社会、公众等多种主体。社会管理的主体具有单一性特征，通常情况下为单一公权力机关，其中主要是政府及相应职能部门，体现出"大政府，小社会"的格局，且管理的重点在于"管"，治理的重点在于"治"，"管"带有更加明显的威权色彩，体现出自上而下的权力视角。第二，二者存在目标差别。在社会治理多元参与的格局下，社会中的大多数人都能参与到社会治理中，大家将美好社会、幸福生活作为社会治理的目标，并为之共同奋斗。社会管理的一元主体，加之公权力所带有的强势性，造成了一种不平等的管理格局，因此社会管理的目的更多偏向于约束人们的行为，规范社会交往，以此实现社会稳定，追求的是秩序这一价值。因此，社会治理所带有的多元性、平等性特征更符合新时代的要求，更能够得到社会公众的普遍认同与遵循。第三，在源头治理方面，社会治理强调从源头上解决各类矛盾、问题，充分发挥"预防为主"的作用，并可以利用大数据技术进行综合研判各项风险。而社会管理则往往侧重于事后的处罚，不能从根源上解决问题。第四，在综合施策方面，社会治理强调利用德治、法治等多种手段共同解决问题，较手段单一的社会管理更具有现实可能性。

二　社会治理与国家治理的区别与联系

国家治理在广义上涵盖对国家一切事务的治理，是指在中国共产党的领导下，按照国家经济、政治、文化、社会、生态文明和党的建设各领域的法律法规、体制机制等国家制度，管理国家和社会

---

① 中共中央宣传部：《习近平总书记系列重要讲话读本》，学习出版社、人民出版社2016年版，第224页。

各方面事务，包括改革发展稳定、内政外交国防、治党治国治军等各个方面、各个领域。① 在早期，学者们对于社会治理与国家治理的关系存在多种不同的观点，总结起来可以归纳为两种观点。平行论认为国家治理与社会治理属于平行概念，都在治理概念的统领之下。包含论认为国家治理与社会治理属于上下位概念，社会治理属于国家治理的一个方面，国家治理在总体上统领着社会治理。归根结底，两种观点的区别在于国家治理与社会治理的位阶关系。在理论界争执不休之时，作为中央顶层设计的《中共中央关于坚持和完善中国特色社会主义制度　推进国家治理体系和治理能力现代化若干重大问题的决定》明确了"社会治理是国家治理的重要方面"②。这一论断不仅肯定了包含论的观点，而且为今后社会治理的制度发展方向提供了指引。

我们应当以横向领域视角和纵向空间视角结合的双重视角对国家治理和社会治理的关系进行分析。在横向领域视角下，国家治理涵盖对国家一切事务的治理。其中，政府治理、市场治理和社会治理三大治理内容共同构成了现代国家治理体系的全部内容。而社会治理作为从国家治理层面提出来的一个概念，指的是国家社会治理的重点方面。社会治理的重点领域包括公共服务、收入分配、教育、就业、医疗、住房、社会保障、社会信用、社会心理服务、公共安全、社会组织、社会矛盾调处。③ 由此可见，社会治理的领域要小于国家治理所包含的领域，并且为后者所包含，这提醒我们

---

① 王大鹏编：《推进市域社会治理现代化》，红旗出版社2020年版，第13页。
② 《中共中央关于坚持和完善中国特色社会主义制度　推进国家治理体系和治理能力现代化若干重大问题的决定》，2019年10月31日中国共产党第十九届中央委员会第四次全体会议通过。
③ 魏礼群主编：《中国社会治理通论》，北京师范大学出版社2019年版，第6页。

"需要在国家治理大局中考虑每一个社会治理问题"①,国家治理需要考虑国家整体经济、文化、社会,也需要考虑国防外交,在国家治理这种极具复杂性、综合性的治理格局下,再统筹考虑社会治理才能使社会治理更符合国家发展目标以及人民幸福目标。在纵向空间视角下,国家治理以整个国家、社会为对象,在顶层设计及制度构建中发挥着"指挥棒"的作用,更多地体现宏观调控的功能,具体包括发布规划及指南、对法律进行"立、改、废、释"、制定纲领性文件等宏观治理方式。但是,单凭宏观层面的国家治理难以具体落实到细微之处,也难以真正解决治理环节中面临的种种难题和挑战,因此国家治理需要通过"省域""市域"以层层交接、层层递进、层层落实的方式逐级下达,通过一环又一环的处理将宏观指引与微观实施相协调、将顶层机构与基层组织相连接,最终实现国家的行动能够落地有声,人民的声音能够声声入耳。在横向领域视角与纵向空间视角的交汇,便是对国家治理内不同领域治理内容的进一步细化,当国家治理中的社会治理与纵向空间下的市域相交汇,便生成市域社会治理这一概念。由此,也进一步明确了市域社会治理的概念为,在市域的范围内就公共服务、收入分配、教育、就业、医疗、住房、社会保障、社会信用、社会心理服务、公共安全、社会组织、社会矛盾调处等重点领域开展多元主体参与下的系统治理、依法治理、源头治理、综合施策。尽管社会治理与国家治理存在一定的区别,但是二者始终坚持以人民的根本利益为出发点,从人民群众最关心最直接最现实的利益问题入手,人民至上的价值理念将社会治理与国家治理紧紧联系在一起。

---

① 张文显:《新时代中国社会治理的理论、制度和实践创新》,《法商研究》2020年第2期。

第三节 市域社会治理法治化解构

市域社会治理法治化这一概念的提出不是一蹴而就的，其来源于顶层设计的逐级推进，来源于学术研究的不断深入，来源于实践发展情况的现实支撑。国家顶层设计是国家以全局的眼光及视角，以国家整体的和谐发展为目标所进行的宏观规划与布局。因此，对于市域社会治理法治化的进一步理解需要将其概念进行解构：一方面需要从系列支撑文件中寻找制度依据，形成市域社会治理法治化概念的法治逻辑；另一方面需要到理论基础中寻找理论依据，形成市域社会治理法治化的理论逻辑，双向逻辑相互交织共同形成市域社会治理法治化概念。

一 市域社会治理法治化的支撑文件

对市域社会治理法治化的文件梳理应当从两个维度出发，一个是由国家治理到社会治理再到市域社会治理的发展维度，另一个是依法治国基本方略统筹下的法治维度。两个维度交织演进，共同推演出市域社会治理法治化的概念。

（一）发展维度

在发展维度下，相关概念经历了从国家治理到社会治理再到市域社会治理的发展过程。这种概念的发展并不意味着之前所提出的国家治理、社会治理等概念在今后将不再提及，因为这并不是一种从有到无的发展，而是一种从制度广度到制度深度的纵向细化发展。国家治理、社会治理等相关概念仍然存在，并且相对于市域社会治理处于统领地位，而市域社会治理是相对之下的具体概念。

国家治理这一概念的首次提出是在十八届三中全会上，该次会议通过的《中共中央关于全面深化改革若干重大问题的决定》提及了国家治理体系和治理能力现代化，并将其作为全面深化改革的总目标。这一概念的提出显示出顶层设计、上层建筑的观念视角由"管理"向"治理"的转变。随后党的十九届四中全会审议通过的《中共中央关于坚持和完善中国特色社会主义制度 推进国家治理体系和治理能力现代化若干重大问题的决定》更是进一步确定了国家治理现代化的目标和方向。

国家治理作为一个较为宏观的概念，包含"市场治理、政府治理、道德治理、社会治理和基层群众自治、生态治理、军队治理及政党治理"① 等多个领域与内容。由于覆盖领域之广、治理方式之多，国家治理这一概念更适合从宏观上为具体制度的制定提供方向引领，而具体制度落实则需要实现概念、章、节、条、款等要素之间的协调。社会治理作为国家治理的重要组成部分，在国家治理概念提出后也作为一种概念被单独提出并通过相关文件出台及理论研究不断发展。

党的十八届三中全会提出要创新社会治理机制，之后的"十三五"规划进一步提出要建设"完善党委领导、政府主导、社会协同、公众参与、法治保障的社会治理体制"②，这对社会治理提出了更高的要求和更远的目标。这一要求和目标提供了明确的方向指引和建设指标，有利于具体制度层面的落实。就实施的具体场域而言，可以按照国家层面、各行政级别层面，以及基层自治层面开展社会治理。在城镇化加速推进的现实背景之下，"市域"载体承载的人口不断增多，所承担的社会功能逐渐增强，由此市域社会治理

---

① 蔡益群：《社会治理的概念辨析及界定：国家治理、政府治理和社会治理的比较分析》，《社会主义研究》2020 年第 3 期。
② 《中华人民共和国国民经济和社会发展第十三个五年规划纲要》，2016 年 3 月 16 日十二届全国人大四次会议通过。

受到越来越多的关注。

市域社会治理这一概念由中央政法委秘书长陈一新在 2018 年的一次讲话中首次提出。① 这一概念的提出对社会治理在市域内的落实提供了明确的方向指引。随后一系列相关文件及试点方案的发布更是在制度层面上确认了市域社会治理这一概念的合法性与合理性。2019 年 10 月，党的十九届四中全会通过的《中共中央关于坚持和完善中国特色社会主义制度 推进国家治理体系和治理能力现代化若干重大问题的决定》，提出了"构建基层社会治理新格局"的重要战略部署，并确立了"加快推进市域社会治理现代化"的建设目标。这意味着，党中央在顶层设计、宏观规划方面正式将市域社会治理作为国家治理、社会治理的重要组成部分。在顶层设计的引领之下，全国市域社会治理现代化工作会议正式召开并发布了《全国市域社会治理现代化试点工作实施方案》，全国性的市域社会治理试点工作正式拉开帷幕。同时结合宏观制度和微观设计，统筹全国共性和区域差异，发布《全国市域社会治理现代化试点工作指引》，为展开试点工作的地方提供了详细的指引。习近平总书记在相关讲话中强调"着力推进市域社会治理现代化试点"。2020 年以后，市域社会治理现代化的重要性进一步凸显，2021 年政府工作报告首次写入市域社会治理现代化，提出要"推进市域社会治理现代化试点"②。

（二）法治维度

在法治维度下，党的十五大将依法治国确立为党领导人民治理国家的基本方略，对于国家治理产生了深远的影响。党的十八大以

---

① 陈一新：《推进新时代市域社会治理现代化》，《人民日报》2018 年 7 月 17 日第 7 版。
② 李克强：《政府工作报告》，2021 年 3 月 5 日在第十三届全国人民代表大会第四次会议上。

来，全面依法治国进一步推进。党的十八届四中全会审议通过的《中共中央关于全面推进依法治国若干重大问题的决定》明确了法治与治理的关系①，不断推进法治社会建设。不管是国家治理还是社会治理，抑或是之下的市域社会治理，都必须在依法治国的基本方略之下开展，遵循法治化的路径和方向，确保法治理念能为立法、执法、司法、守法等社会治理的各个环节提供基本遵循。由此可以总结出，国家治理体系和治理能力现代化与全面推进依法治国具有极其紧密的联系。有学者指出，这两个概念的出处，即《中共中央关于全面深化改革若干重大问题的决定》与《中共中央关于全面推进依法治国若干重大问题的决定》是"上、下姊妹篇"②，二者相互交织，相互影响。

党的十九大报告中提到"提高社会治理法治化水平"③，将"社会治理"与"法治化"进行结合，这说明法治化不仅是社会治理的路径、手段，更是社会治理的目标和检验标准。2020年12月发布的《法治社会建设实施纲要（2020—2025年）》指出，"开展市域社会治理现代化试点，使法治成为市域经济社会发展的核心竞争力"④，将社会治理法治化具体到市域层面，也说明了市域社会治理法治化不仅是当下的重要任务，也是今后较长一段时间内的持续规划与深远目标。党的二十大报告指出要"推进多层次多领域依法治理，提升社会治理法治化水平"，这进一步拓展了社会治理法治化发展的深度与广度。

---

① 上海市黄浦区依法治区办、区司法局课题组：《基层社会治理法治化研究》，《中国司法》2019年第4期。

② 俞可平：《没有法治就没有善治——浅谈法治与国家治理现代化》，《马克思主义与现实》2014年第6期。

③ 习近平：《决胜全面建成小康社会 夺取新时代中国特色社会主义伟大胜利》，2017年10月18日在中国共产党第十九次全国代表大会上的报告。

④ 《法治政府建设实施纲要（2015—2020年）》，2015年12月23日。

总结上文所述的发展维度和法治维度，可以得出市域社会治理法治化并不是"市域社会治理"与"法治化"两种概念的简单叠加，这两种概念在两个维度内相互交织、内生发展，在相关文件顶层设计和理论学说依据的支撑下，共同构成市域社会治理法治化这一概念。

二 市域社会治理法治化的具体内涵

市域社会治理法治化的具体内涵包括理念、核心、任务三个方面。具体而言，市域社会治理法治化以良法善治为理念，以由党委领导、政府负责、社会协同、公众参与构成的多元主体为核心，以治理内容和治理方式两方面体系化建设工作为任务，在发展中不断丰富时代赋予的内涵，体现新时代精神。

（一）以良法善治为理念

良法需要有民主的立法过程和科学的法律内容。在人治社会中，相关法律、规则由封建君主、专职机关自行制定，大多数人并没有参与法律的制定，法律没有体现多数人的意志。此时制定法律的目的是巩固统治地位和权力，而不是为了维护最广大人民群众的利益，因此公众的许多人权、自然权利没有受到有效保障甚至被剥夺。善治需要合理规制公权力的行使边界，保障私权利的依法行使。公权力机关不可以基于自身地位、资源的优势任意地行使公权力，对公民的生活进行过度的干预，但是可以基于社会稳定安全的目的，在合理限度内对公民进行干预，而这二者的平衡点便是善治之道的逻辑起点，既能保障社会整体的稳定，又能保障公民个体的权利。

良法与善治是通行于世界的法治化准则，结合当今中国的基本国情，良法善治可以分别对应为我国法治顶层制度设计中的"治理体系法制化和治理能力法治化"①。治理体系法制化和治理能力法治化的最终目标是实现依法治国基本方略统领下的法治国家、法治政府、法治社会一体建设，治理体系法制化和治理能力法治化的路径与方法论是始终坚持运用法治思维和法治方式解决各类问题。在市域空间范围内，在良法善治理念指引下，社会治理主体与相关治理参与者运用法治思维和法治方式，有效预防和化解社会风险，优化社会、制度、文化、自然及人文环境资源配置，依靠正式制度与非正式制度构建规范有序、结构严密、协调运行的制度体系，实现国家与社会的良性互动、合作共治、良法善治的治理新格局。

（二）以多元主体为核心

党的十九大报告提出的"完善党委领导、政府负责、社会协同、公众参与、法治保障的社会治理体制，提高社会治理社会化、法治化、智能化、专业化水平"，强调社会治理的多元主体特征。具体落实到市域社会治理层面，这不仅是与社会管理的重要区分点，也是市域社会治理法治化的核心。

市域社会治理法治化始终应当坚持党的领导体制。党在市域社会治理中发挥着"统揽全局、协调各方"的领导核心作用。党委自身具有强大的决策力、推动力，应当作为市域社会治理法治化过程中的"总抓手"，紧紧把握住各类主要矛盾、次要矛盾，坚强有力地推动市域社会治理法治化顺利落地。其中，党委的党政负责人应当作为市域社会治理法治化的第一责任人，不仅需要以身作则，始终坚持法治原则，更要发挥好自身的监督职责，确保市域社会治理法治化不偏离法治轨道、顺利前行。同时，党委始终坚持以人民的根本利益为出发点，始终把人民群众最关心最直接最现实的事情放在心上，在此种理念的引领下，确保市域社会治理法治化始终行驶

---

① 张文显：《法治与国家治理现代化》，《中国法学》2014年第4期。

在"人民性"的轨道上,始终符合人民群众的根本利益。

　　市域社会治理法治化必须坚持政府负责体制。在从社会管理下的"大政府,小社会"格局向社会治理下的"大社会,小政府"格局的转向过程中,政府必须始终保持清晰的认识和理性的规划,在做好"减法"和"加法"的情况下顺利实现政府职能的依法转变,承担起政府作为"看得见的手"的主体责任。① 一方面,政府需要积极推进做好"减法"。法治政府必须始终坚持"法无规定不可为,法律规定必须为"的基本准则,把法律规范没有授权给政府的事项和权限交还给包括社会组织和个人在内的市场主体,把法律规范授权给政府的职责做好、做深、做实。制定政府权力清单,明确政府权力职责与市场之间的界限,进一步促进"简政放权",减少行政许可事项,让群众"少跑腿",争取做成"一站式平台"。另一方面,政府需要为主动改革做好"加法"。充分利用科技迅速发展形势下的大数据、云计算、区块链、人工智能等现代技术,着力推进"智慧政府"建设,促进市域社会治理法治化奔向现代化。主动了解人民所急、所需,着力在人民急难愁盼的问题上下功夫,努力做好"服务型政府"。切实提升政府工作人员的个人素质、法治思维、专业能力,进而提升依法高效行政的水平。

　　市域社会治理法治化必须坚持社会协同体制,积极引导推动社会组织参与市域社会治理。随着社会的不断发展,尤其是社会分工日益精细化、社会事务日益多样化,各种类型的社会组织不断涌现。然而,政府具有规模的有限性,工作人员的专业、能力也受到知识水平的局限,无法处理诸多类型的社会事务,因而有必要让更多的社会组织参与到市域社会治理中。通过政府购买第三方服务、推进行业协会商会政社分开等工作,让社会组织焕发出更大的活力

---

① 参见车俊主编《透过浙江看中国的社会治理》,外文出版社2019年版,第24页。

和生命力。企业作为市场主体，也可以参与到社会治理当中，运营良好的企业承担了提供就业创业机会和提供资源优势的社会责任，是市域社会治理良性运转的重要力量。[①] 在社会主体参与市域社会治理的过程中，要做好对各类社会组织的培育与登记工作，也要做好治理过程之中的管理和监督工作，由此确保市域社会治理法治化中的社会协同治理机制的可行性。

市域社会治理法治化始终应当坚持公众充分参与的机制。公众是社会的主人翁，是社会的主角。公众充分发扬主人翁精神参与到市域社会治理中是具有理论与现实依据的。在公民素质水平提高的社会大背景下，公民的社会参与意识逐渐提升。坚持公众参与机制，应当做好一"出"和一"进"。一"出"是指做好政府信息公开，让公众能充分获取政府信息。自2008年《政府信息公开条例》颁布以来，政府信息公开成为公众了解政府信息最重要的渠道。十几年间，《政府信息公开条例》的修改进一步明确了政府信息公开的主体和范围、公开的方式以及保障举措，切实维护了公民的知情权，也充分发挥了公民对公权力的监督作用。一"进"是指政府吸纳公众参与社会治理公众事务的决策，充分听取公众的意见和建议，以听证会、座谈会、线上线下的各种渠道和形式保障公民参与的权利。同时，也充分发挥基层群众性自治组织的作用，让公众能够充分实现自我管理、自我教育、自我服务的宗旨。

（三）以体系化建设为任务

市域社会治理法治化的关键在于善于运用法治理念、法治思维和法治方式去治理城市，实现从"统治"向"治理"、从"人治"向"法治"、从"管制"向"服务"的转变，这是市域社会治理的

[①] 参见骆东平、陈军、黄利红《三峡流域城市社会治理法治化研究》，中国社会科学出版社2016年版，第23—24页。

必然趋势。① 因此，市域社会治理必须始终坚持在法治轨道上行使，建设法治体系，才能实现市域社会治理的法治化发展。这一过程需要从治理内容体系化和治理方式体系化两方面着力。

治理内容体系化是市域社会治理法治化的重要基础。法治包括立法、行政执法、司法、法治监督、公共法律服务、法治文化宣传等诸多方面。在立法方面，应当坚持科学立法、民主立法，坚持立改废释并举，推动中国特色社会主义法律体系不断完善，为善治提供良法基础，让更多的治理行为有法可依。在持续深化改革的背景下，也需要协调好改革与法治的关系，必须做到任何一项改革于法有据，将改革内容及时写入法律，实现二者的良性互动。在行政执法方面，要努力建成智慧政府、法治政府、服务型政府，提高行政能力，提高执法水平，将法治思维贯穿行政执法的始终。同时进一步准确界定市场与政府、私域与公域之间的关系与界限。在司法方面，需要不断深入司法体制改革。充分运用调解、仲裁等多种方式化解市域社会治理方面的矛盾，实现实质化解决纠纷，将纠纷解决于源头，努力让人民群众在每一个司法案件中感受到公平正义。在法治监督方面，需要持续实施行政诉讼及复议的改革，充分发挥好行政救济制度的监督功能。此外，还需要充分利用媒体、网络等多种新时代的监督方式，促使法治监督落到实处，让法治监督真正有力。在公共法律服务方面，需要加大供给力度和供给范围，在市域范围内提供更多符合人民群众需求的公共法律服务。在法治文化宣传方面，联动线上线下，做好《民法典》等基本法律的释法工作，提高人民群众知法、懂法、守法、用法的水平。同时，需要不断提高公民的法治意识，促使公民用法治手段解决矛盾。

治理手段体系化是市域社会治理法治化的必要条件。市域社会

---

① 姜田龙：《提升现代城市治理法治化水平研究》，《大连干部学刊》2022 年第 2 期。

治理法治化不能单靠法治这一手段，法律是最低限度的道德，为了实现市域社会治理法治化的持续深入发展，必须坚持德治和法治相结合，做到法安天下和德润人心，并综合运用社会组织章程、基层群众自治、智能化治理等多样化治理方式。

第四节 市域社会治理法治化的功能与价值

在国家治理体系和治理能力现代化的现实需求及基层治理难以适应治理需求的背景之下，市域社会治理的重要性和必要性凸显。市域社会治理具有"对上""对下"双重属性，法治化具有"内部""外部"双重属性，市域社会治理法治化能够充分提高治理水平，达到良法善治。市域社会治理法治化还具有差异性、补充性、实践性的特点。因此有必要以法治化保障市域社会治理充分发挥作用，切实提高法治思维和法治能力。

一 市域社会治理法治化的双重属性

市域社会治理法治化具有双重属性，这体现在市域社会治理与法治化二者的双重面向中。"市域具有较为完备的社会治理体系，具有解决重大矛盾问题的资源能力和统筹能力，是将风险隐患化解在萌芽、解决在基层的最直接、最有效的治理层级，是推进基层治理现代化的前线指挥部。"[①] 市域社会治理是县域基层社会治理的一个关键性的"后台"，肩负着指导和推动县域社会治理的重要使命。对下，它处于推进基层治理社会现代化、法治化的前线位置；对上，它又是贯彻落实国家治理意志的得力抓手。由于在行政层级上

---

① 陈一新：《加强和创新社会治理》，《人民日报》2021年1月22日第9版。

高于县域社会治理这个执行国家社会治理意志的前沿阵地①，市域社会治理不但带有行政空间上的管理意义，还有着特殊的层级意义。如果说国家治理是"顶天"的最高层级，县域治理是"立地"的基础层级，那么市域社会治理则是架设在"天地"之间的中间层级，是沟通国家和县域的桥梁。②

由此可见，市域社会治理具有明显的双重治理属性，它是国家治理体系在市域层面的落实与表达，具有国家治理的行政普适性，这一点可以从许多"规定动作"中体现出来；同时，它又具有鲜明的地方色彩，以千差万别的"自选动作"表露出各个地市的独特性，因而每一个市域出台的法律法规又结合地方治理的实际需求，在所管辖的行政区域内发生法律效力。这些共性与个性的统一都彰显出市域社会治理法治化的复杂性，因而特别需要学界与实务界在相关的政策规划和行动策略方面提供强大的智力支持和学理支撑，在透彻诠释市域社会治理法治化科学内涵的基础上，帮助地方政府压实相关治理主体的立法、司法和行政执法的责任，从而凝聚共识，合理调度资源，积极释放高新技术带来的社会管理潜能，充分运用市域内独有的资源禀赋和制度优势来激发社会活力。

另外，法治化也同样具有"内""外"双重属性。内部的法治化要求在市域社会治理过程中，各个治理主体都需要严格遵守法治原则，提高自身运用法治思维解决治理问题的能力，提升治理手段和方式的法治化水平，使得各个治理主体能够作为市域内法治化发展的领头羊，充分发挥表率作用。外部的法治化则要求提升治理对象即全社会的法治化水平，这需要综合运用多种手段，在立法、行

---

① 蒋小杰、王燕玲：《县域社会治理的行动者分析与模式构建》，《行政论坛》2019年第2期。

② 陈成文、张江龙、陈宇舟：《市域社会治理：一个概念的社会学意义》，《江西社会科学》2020年第1期。

政执法、司法、法治监督、公共法律服务、法治文化宣传等诸多方面做深、做实、做细。

二 市域社会治理法治化的功能优势

"面对体制转轨、社会转型、利益多元、矛盾凸显的新形势，推进市域社会治理现代化，实现国家治理现代化目标，更加离不开法治的力量、法治的保障。"[①] 从法治化视角来看，市域社会治理法治化的主要功能优势可整体概括为差异性、补充性、实践性三点。

第一，市域内的社会治理可以紧密结合本地区的政治、文化、经济、社会和生态发展的差异性需求来量身定制属于自己的法治体系。由于我国幅员广阔，不同地区的经济、社会、文化等发展很不平衡，差异极大，因此在这样的背景下，法治化的区域差异也同样客观存在，各省法治建设的侧重点也有所区别，市域所面对的问题更是具有地方特性，其所具有的差异性更大。[②] 在此种情形下，如果执行一刀切无差别化的社会管理标准，让中央来制定所有的法律、法规，就无法适应不同地区和市域的实际情况，不能解决社会治理层面的问题，反而可能因为无差别的政策和文件导致部分矛盾的进一步激化，引起人们对公平正义的质疑。因此，近年来市域社会治理越来越受到重视的一个重要原因就在于其富有地方特色。作为直面基层人民群众的行政层级，市域能够更直观和清晰地发现问题，也能更高效和迅速地制定具有可行性的计划和对策来解决问题。从本地实际出发，抓住本市最急需解决的痛点、难点和焦点，有的放矢地进行治理。

---

① 韩冬梅：《加快构建市域社会治理法治化保障体系》，《唯实》2019年第4期。
② 姜华：《市域社会治理法治化保障体系探究》，《山西政法管理干部学院学报》2021年第3期。

第二，市域社会治理可以作为国家治理的补充，充分发挥"拾遗补阙"的作用。市域社会治理从属于国家治理体系，但又不必如国家治理那样面面俱到，可以着眼于国家整体治理的宏观调控和精神指导。地方性法规与地方政府规章在法律位阶上从属于法律及行政法规，因此地方立法不可能也不必建立起一整套独立的法规体系，其体现的是补充性的特点，也由此派生出了灵活便捷的优势。根据《立法法》的规定，设区的市的人民代表大会及其常务委员会根据本市的具体情况和实际需要，在不同宪法、法律、行政法规和本省、自治区的地方性法规相抵触的前提下，可以制定地方性法规；设区的市、自治州的人民政府的政府规章，限于城乡建设与管理、环境保护、历史文化保护等方面的事项。这些内容通常体现出较为浓郁的地方特性，且不同的区域有不同的特点。面对市域社会治理中出现的问题，如果层层反馈到中央，再由中央立法，不仅需要耗费较长的时间，难以真正化解矛盾，而且也会消耗大量的资源，与该立法所要解决的问题并不成正比。补充性的特征决定了市域社会治理主要是对国家治理体系的"拾遗补缺"，从而补充国家治理不足并细化相关法律规定。因此，如果能充分发挥市域社会治理的补充性特征，将会大大提高解决问题的效率和能力，进一步减少资源的浪费。

第三，市域社会治理的实践性强，相关法规条文比较具体。可操作性是相对国家治理的原则性而言的。国家治理要统筹考虑我国各地区、各民族的发展，在对差异极大的经济、文化、社会条件做统一规划时，不可避免地要体现原则性。落实在法治化上，国家层面的社会治理，只能在一些最基本、最重要的问题上给出明确的规定，不能在千差万别的具体社会事务问题上规定太细，否则难以在全国施行。市域社会治理和市级层面的地方立法正是为了应对这一需求。各市的地方性法规都是立足于本行政区域的具体情况而对法律、行政法规作出进一步的细化制定。由于同一市内部各区域的经济和社会发展条件较为接近，法治化的实施基础差异较小，因而可以制定较为明确且具体的治理细则，较强的可操作性也增强了市域社会治理的力度和效度。此外，市域社会治理法治化的实践性还体现于多元主体参与中。多元主体特别是公众参与市域社会治理意味着市域社会治理能够充分体现公众的意志和意愿，符合公众的利益，能够助推市域社会治理的具体落实。

第二章

市域社会治理法治化的实践与探索

第一节 市域社会治理法治化的发展阶段概述

中华人民共和国成立后，我国的社会治理在不同的时期有着不同的特征，其随着国情、社情的变化，不断调整治理内容与治理方式，同时，不同时期下，社会管理与社会治理的倾向与比重也并不相同。在社会治理的阶段性变化背景下，作为社会治理整体体系中一项子内容的市域社会治理也随着社会治理的发展变化而变化。同时，在市域社会治理的不同阶段中，法治化水平与法治化能力呈现出明显的差别。由此，根据市域社会治理和法治化的阶段变化特征，可以将市域社会治理法治化划分为起步停滞、复苏发展、科学统筹三个阶段。

一 起步停滞阶段：1949—1978年

新民主主义革命时期，中国共产党在社会治理方面开展的探索工作为中华人民共和国成立后的社会治理奠定了坚实的基础，提供了宝贵的经验。在1949年中华人民共和国成立后，我国面对的是百废待兴的社会现实情况，生产力落后，经济不发达，人民群众的生存条件困难，教育、医疗卫生、社会保障等各个领域亟待发展。在此背景下的社会治理可以说是背负着沉重的使命任务。

在这一阶段，社会治理或者市域社会治理的治理主体都是政府，其呈现出来的是全能、大包大揽的特点，由政府实现对社会治理事务的全面管理。如前所述，这一部分其实更加符合社会管理的特征。单位作为社会治理的细胞，是社会治理的基本单元，也是个人身份的基本归属。在人人都有单位、事事依靠单位的年代，离开单位，个人将寸步难行。由此便形成了政府—单位—个人的管制格局。[1] 此外，在这一时期，社会治理注重国家的整体布控计划，中央希望通过统一的规划和指令促进全国的整体发展，此种情况下的地方几乎不能根据当地的特殊情况和发展程度作出"自选动作"，社会治理也因此缺少创造活力，难以解决地方事务的实际问题。需要特别指出的是，这样的治理体制形成的格局与当时的国家发展现状有极大的关系。面临百废待兴的现实，必须坚持"全国上下一盘棋""集中资源办大事"，因此发挥中央和政府的统筹能力是有必要的。

在治理内容方面，这一阶段的主要治理重点在于，"通过大力革除旧社会弊制，为新的社会治理结构打下基础；通过建立基层社会治理体系，以民生为工作中心，关注社会公平；建立高度组织化与国家主导的社会治理模式，集中资源全面进行社会主义建设"[2]。治理方式侧重于大刀阔斧的革新和调整，治理内容则偏重于经济发展，一定程度上弱化了民生保障的力度。

---

[1] 参见何跃军《社会治理创新：地方样本法治化研究》，中国社会科学出版社2019年版，第104页。

[2] 魏礼群主编：《中国社会治理通论》，北京师范大学出版社2019年版，第72页。

在法治化方面，中华人民共和国成立后到1979年间的立法工作经历了从分散立法到中央集权立法的转变，且分散立法只经历了短短5年，大部分时期都处于中央集权立法阶段，地方不可以根据自己的需求和面临的独特问题开展立法工作，令地方管理变得僵化，不利于法治工作民主化、科学化发展。[①] 并且，60年代至改革开放前更是社会治理和法治化发展进程处于停滞状态的时期，社会治理法治化进入了"休眠"。

二 复苏发展阶段：1978—2012年

党的十一届三中全会开启了改革开放历史新时期。以十一届三中全会为开端，中国共产党实现了自中华人民共和国成立以来具有深远意义的伟大转折，在思想、政治、组织等领域开始了全面拨乱反正。此次会议重新确立了党的马克思主义的思想路线、政治路线，党的正确的组织路线，恢复了党的民主集中制的传统，作出了实行改革开放的新决策，启动了农村改革的新进程，开始了系统地清理重大历史是非的拨乱反正，对于中国的发展具有跨时代的重要意义。1978年后，在党中央的正确领导下，我国的经济迅速发展，各种类型的所有制经济都获得了发展，私有制经济的发展更是给国民经济带来了前所未有的生机和活力，为市场经济注入了新鲜的动力，在2001年成功"入世"之后，我国的市场经济更是并入了经济全球化的轨道，经济发展步入了新的台阶。此外，随着人口的流动变得越来越频繁、职业种类越来越多元，传统的政府—单位—个人的管制格局逐渐被瓦解，个人所受到的限制与约束越来越少。传统的"单位人"逐渐变成了"社会人""社区人"，人们的自主意识和自由观念不断被激发、被释放，由此也进一步促进了我国社会

---

① 参见胡戎恩《中国地方立法研究》，法律出版社2018年版，第52—56页。

阶层和组织结构的改变和分化。①

随着社会的发展，市域社会治理的主体也开始了由单一向多元的转变。改革开放以前，我国名义上的社会组织主要是以工会、共青团、妇联为代表的人民团体，实质上是国家政权的延伸。② 而在改革开放以后，在国家对社会组织宽松的政策条件下，在各项社会事务的需求刺激下，各类社会组织如雨后春笋般涌现在我国的土地上。随着社会组织的完善和发展，其在社会治理中也相应地承担起了一定的公共服务职能，在消费者权益保障、环境保护、教育、卫生、社会保障等领域发挥着积极的作用。此外，在央地关系上，我国开始贯彻充分发挥中央和地方两个积极性原则，地方在社会治理中获得了更多的自主空间，能够根据地方的实际发展情况作出更多有特色的"自选动作"。1994 年开始实施的分税制改革也有效处理了中央政府和地方政府之间的事权和财权关系，为地方社会治理的物质基础提供了更好的制度保障，防止地方差距的进一步拉大。

关于市域社会治理内容，在注重经济发展的同时，治理主体也开始将眼光投向社会保障、民生福祉等领域，而不是像以往一样只注重 GDP 而忽视人民的幸福感、获得感。高考制度改革、卫生医疗体制改革、住房制度改革、社会保障制度改革等与人民生活息息相关的内容越来越受到政府的重视。

在法治化方面，1978 年以后国家整体开始复苏，立法、司法、行政执法、法治宣传、公共法律服务等各方面都逐步进入发展阶段。在立法方面，立法权不再完全集中于中央，地方层面包括市域的立法权逐渐放开。1982 年《宪法》正式确立了中央和地方分享

---

① 姜方炳：《推进市域社会治理现代化：历史源流与现实动因》，《中共杭州市委党校学报》2021 年第 1 期。

② 魏礼群主编：《中国社会治理通论》，北京师范大学出版社 2019 年版，第 72 页。

立法权的基本体制，1986年修订的《地方组织法》明确了省级层面的立法权，同时也规定了地方人民政府可以制定地方政府规章，地方性法规的立法权开始拓展到"较大的市"。2000年颁布的《立法法》也全面确认了地方立法机关所享有的立法权力。① 市域层面获得的立法权为市域社会治理法治化提供了最基础的制度条件，只有享有立法权，才能以法律的原则与规则为市域社会治理提供法治保障。

三 科学统筹阶段：2012年至今

党的十八大以来，中国特色社会主义进入新时代。在党中央坚强领导下，坚持中国特色社会主义法治道路，贯彻中国特色社会主义法治理论，中国特色社会主义法治体系不断健全，法治中国建设迈出坚实步伐。② 进入新时代以来，市域社会治理法治化的内涵逐渐清晰，市域社会治理法治化的意义越发凸显，在科学统筹布局中，在党的有力领导下，市域社会治理法治化迈向更高的台阶。

新时代以来，市域社会治理的手段和方式不断创新。随着科学技术的不断发展，人工智能、大数据等各项技术逐渐成熟，并由生产领域进入社会治理领域，市域社会治理法治化需要依靠科学技术的有力支撑，促进市域社会治理法治化朝智慧化、智能化方向发展，提高市域社会治理法治化的效率和水平。此外，在法律之外，积极探寻软法的利用方式。对于社会组织规章、行业章程、村规民约、社会章程等具有软效力的规范，应当充分利用到市域社会治理当中，提升治理手段的多样性和可行性。

与此同时，市域社会治理领域内面临的问题和矛盾呈现多样

---

① 参见胡戎恩《中国地方立法研究》，法律出版社2018年版，第57页。
② 龚廷泰：《新时代中国社会治理法治化发展进程的逻辑展开》，《法学》2022年第6期。

化、复杂化的特征。人口流动频繁、社会阶层多样化、贫富差距、城乡差异等问题都引起了更多的矛盾和冲突。大城市中人与人之间的关系也逐渐淡化，彼此陌生的人之间容易产生各类纠纷，法院所承受的诉讼案件大大增加。因此，新时代市域社会治理的法治化发展需要匹配相应的法治思维和法治能力，完善多元化纠纷化解机制，实现良法善治，以适应各类问题。市域社会治理主体的多元化特征越发明显，党委领导、政府负责、社会协同、公众参与的社会治理格局基本形成。

第二节　新时代科学统筹阶段的实践

新时代以来，市域社会治理法治化在理论和实践中都取得了飞跃性的发展，在短短的十多年间，在整体科学统筹、局部有序推进的格局下，市域社会治理法治化已经进行了多个阶段的探索和实践。市域社会治理法治化的实践探索可以归纳为地方试点初步探索、大数据及智能化全面提升两个阶段。在探索中不断获取宝贵经验，在探索中不断提升治理能力和治理水平。

一　地方试点初步探索阶段

浙江省杭州市的诸项法治化举措十分典型且具有高度的推广实践价值，是市域社会治理层面的良好示范。浙江省杭州市经济繁荣、生态宜居，具有良好的资源禀赋和鲜明的城市特色。近年来，随着其城市知名度、就业吸引力的不断提升，大量外来人口涌入，公共资源更趋紧张，社会矛盾不断增加，为市域社会治理提出了诸多挑战、带来了巨大压力。为此，杭州市委通过城市法治化治理体系的营建来着力加强社会治理能力，早在 2014 年就前瞻性地制定了《关于全面深化法治杭州建设的若干意见》（即"杭法十条"），在全市大力推行科学立法、公正司法、严格执法，并最终促成全民守法。此举从法治化、专业化、智能化三个方面加强了管理水平，并涌现出"杭州六和塔管理体系"这样的社会治理典型，成为市域社会治理法治化的先行者。

广东省一直作为我国法治化改革排头兵，在推进市域社会治理法治化方面也做了大量的探索。广东省广州市花都区十分注重完善和丰富社会治理方式，将自治、德治和法治相结合，并以大数据作为市域社会智慧治理的重要技术手段，构建了较为完善的可视化数据监控平台，有效地提升了公共治理效能。[①] 广东省广州市海珠区针对外来人口多、风险群体较为集中的现状，推动社区治理从被动走向主动，有效地活跃了治理模式[②]，并以信息化平台的营建为依托，将市域社会治理法治化做到"无声无息"，尽量不扰民，不为市民增添负担。广东省广州市番禺区则创新性地构建了"五社联动"模式，整合区内公益组织和政府法制部门多方力量，营造出共建共治共享的社会治理格局，并通过互联网信息技术为社会各界参与社区建设提供智能化平台，取得了良好的社会治理收益。[③]

除广东省、浙江省杭州市之外，其他诸多省市也进行了市域社会治理法治化的探索，提供了宝贵的地方经验。云南省曲靖市将市域社会治理的推进上升到"一把手"工程的高度，率先制定了《关于加快推进市域社会治理现代化工作的意见》，并专门设立了联席工作会议，辅以督导考核和问责通报等考核机制，为市域社会治理的推进制定了明确的时间表和路线图，相关的立法司法工作也积

[①] 孙红英：《推进市域社会治理现代化的基层探索——以广州市花都区为例》，《广州社会主义学院学报》2020年第2期。

[②] 周利敏：《外来人口、风险群体及社会治理创新——以广州市海珠区凤阳街联谊会为例》，《西南民族大学学报》（人文社会科学版）2019年第3期。

[③] 广东省民政厅：《广州市番禺区创新"五社联动"模式 提高基层社会治理水平》，《大社会》2019年第1期。

极响应。① 山东省早已建成较为完备的公共资源调配网络社会治理体系，这为立法、司法、人事、行政等方面的工作奠定了良好基础，山东省内的济南、青岛、淄博等城市已经在法治化方面着手努力，力争在市域社会治理中早立法、严执法，以市域社会治理法治化成效将社会隐患化解在萌芽、将群众纠纷解决在基层的治理层级。②

二 大数据及智能化全面提升阶段

大数据、区块链与人工智能等新兴技术带来的管理手段上的升级与迭代是最大的管理机遇，而与这些高新技术结合的立法和司法也是法治化进程中最为重要的议题。社会治理智能化是强化市域社会治理能力的重要途径，更是市域社会治理法治化的关键抓手和有力支撑。③ 与传统而刻板的管理思维不同，作为社会治理智能化重要推手的大数据思维倡导的是跨界整合、多元平等、民主合作的价值导向。因此，市域社会治理法治化进程也需要深刻把握这些高新技术的特点、规律和价值诉求，才能与时俱进，做好市域社会治理这篇文章。④ 例如，现有的智能平台已经综合了多种业务与应用，可以在政务服务中做到"一网通办"，在城市运行方面做到"一网统管"。

大数据之外的5G技术、人工智能、区块链、物联网等新技术与智能化设备的广泛应用与普及，创生出了大整合、高共享、深应用的社会治理智能化平台。如湖北省武汉市的武大吉奥公司率先在武汉、深圳和厦门开展多种城市管理数据项目，进行丰富的智能化

---

① 张守华：《提升市域社会治理法治化规范化现代化水平》，《法治日报》2020年12月24日第5版。
② 郝颖钰：《夯实市域社会治理法治化的地方法制基础》，《济南日报》2020年12月9日第A10版。
③ 张强：《提高市域社会治理法治化水平》，《人民日报》2020年3月11日第5版。
④ 梁芹：《突出智能让市域社会治理更高效》，《扬州日报》2020年8月7日第3版。

管理实践，成果卓著，有力地推进了各地市域社会治理水平的提升。江苏省南通市不久前设立了全国首个市域治理现代化指挥中心，对全市的64个管理部门、10个县市区所汇聚的数十亿量级的管理数据进行共享和统一运算，一旦任何一个区县出现突发情况，那么这个市域治理指挥中心就可以统筹全市的交通、消防、卫生和安监等职能部门来全力处理。此外，浙江省嘉兴市也建立了用以支持市域社会治理的时空大数据试点平台，并通过了国家相关部门的验收，探索出了一套基于数据驱动的社会治理新模式。又如，浙江省杭州市委托阿里巴巴开发的智慧型"城市大脑"可以有效统整全市的交通、卫生、应急管理等多方面的信息来指挥整个城市的运行，其技术改革的力度不可谓不大，对城市管理的介入不可谓不深，对执法、司法和行政各个部门的触及不可谓不广。由此可见，将来市域社会治理的实践，必将通过大数据、人工智能等技术的应用，为市域社会治理法治化赋能，全面提升市域社会治理的法治思维和法治水平。

第三章

市域社会治理法治化的现实困境

良法善治是法治化的核心准则,对应于我国的顶层设计就是治理体系法制化和治理能力法治化。然而结合现阶段我国社会治理的情况,不难发现我们距离这一目标的实现还有较大的差距,整体来看,其不足之处主要体现为法治思维和法治能力的缺失。同时由于我国幅员广阔,基层治理占据了治理格局中的极大部分,发挥了重要作用,但是随着城镇化、民主化进程不断推进,基层治理的种种不足之处也逐渐凸显,极大影响社会治理法治化目标的实现。具体到市域社会治理法治化的分领域,在党委领导、立法、行政执法、司法、法治监督五个领域中均存在各类问题,影响市域社会治理法治化的进程。厘清现实困境和面临的问题,才能找准相应对策,进而探析促进市域社会治理法治化发展的现实路径。

第一节 整体情况分析

我国市域社会治理的理论和实践都取得了一定的发展,但整体的法治水平仍然不高,难以满足市域社会治理法治化的要求。对市域社会治理法治化的现状分析需要从社会治理和基层治理两方面入手。社会治理作为市域社会治理的统率，存在治理过程缺乏法治思维及法治水平不高的问题。基层治理作为市域社会治理的内涵部分，存在缺乏治理工具、党委领导作用不突出、应对风险的能力不足的问题。

一 社会治理现状分析

在社会治理整体背景框架下，市域社会治理法治化得以展开和提升。然而就社会治理的整体现状进行分析，存在法治思维缺失、法治能力不强的现象。法治思维的缺失现象十分普遍，不仅体现为民众和政府工作人员缺乏法治思维，甚至部分作为"关键少数"的领导干部也同样缺乏法治思维。法治能力不足主要体现为立法能力不足、行政执法能力不足及司法能力不足。法治思维和法治能力贯穿市域社会治理全过程，是市域社会治理法治化的生命线，因此有必要就当前的现状进行认真分析。

公众缺乏法治思维的首要表现为公众参与政治生活、了解运用法律的意识不强。在村干部选举、县级及以下人大代表直接选举中，很多公众没有充分利用自己的权利了解候选人，甚至直接放弃选举权。对于公共生活中的重大事项，包括法律修订、基础设施建设等，公众缺乏发表建议、参与听证等活动的主动性和积极性。其次，公众缺乏利用法律武器维护自身合法权益的意识。当下，社会的迅速发展也使得各种类型的社会矛盾不断增加，而面临这些问题，公众往往会基于种种原因选择"私了"，或者基于厌诉、息事宁人的想法不了了之，这些都不能从根源上解决各种社会矛盾，反而将其进一步激化。但是反观另一方面，不合理信访、静坐等现象又体现出了公众没有通过正确的法律途径解决问题。

部分政府工作人员也同样缺乏法治思维。首先，他们在工作过程中没有以平等的姿态面对广大人民群众，不急人民群众之急，反而采取推脱、嘲讽、怠慢等极其不恰当的方式，忘记了为人民服务的初心和使命。其次，他们在执法过程中没有遵循"程序正当原则""比例原则"等行政法的基本原则，为了实现治理的目的忽略了法律的要求和人民群众的需求。由此，在行政执法中必须要明确"严格执法绝不是暴力执法与过激执法的解释理由与借口"[①]。

在很长一段时间内，部分干部缺乏法治思维的首要表现为"唯政绩论"思想。特别是在一些"地方政治锦标赛"中，GDP是极其重要的竞争因素，部分领导干部为了自己的政治晋升，在追逐经济发展的同时忽视人民群众的实际需求，甚至对人民生活、环境等造成危害。其次，部分干部的决策缺乏法治思维。习近平总书记2020年2月5日在中央全面依法治国委员会第三次会议上指出："当前，一些领导干部还不善于运用法治思维和法治方式推进工作，领导干部心中无法、以言代法、以权压法是法治建设的大敌。"比如，在重大决策程序中，一些领导干部不经过法制审核或者法制审核走过场，一定程度上存在官本位的特权观念。具体来说，部分领导干部的决策中缺乏权力规范制约意识、权利保障实现意识、职权法定意识、程序正当意识等法治思维的组成部分。[②]

法治能力是公权力机关在法治思维指导下，通过法治方式解决各种问题的能力。[③] 法治能力包含立法能力、行政执法能力、司法能力、监督能力等社会治理各方面的能力。在我国社会治理的现状中，这些能力都有不同程度的缺失。

[①] 《"严格执法"绝不是"暴力执法""过激执法" 全国人大常委会法工委国家法室负责人针对疫情防控执法方式作回应》，《法制日报》2020年3月6日第2版。
[②] 刘锐：《领导干部要具备六个方面的法治思维》，《人民论坛》2022年第10期。
[③] 参见刘鑫等《完善市域社会治理现代化法律问题研究》，《皖西学院学报》2021年第1期。

对于立法能力，在某些领域内没有实现科学立法、民主立法的目标。法律及规范性文件覆盖领域并不周延，对于当下社会广泛关注的社会组织、个人信息保护、社会网格员等内容缺乏规范保障；法律及规范性文件层级混乱，各级地方性法规或地方政府规章多是对上位法的重复表述，没有结合地方实际治理需求制定规范性文件，导致规范性文件定位不清、内容烦冗；立法机关中存在部门利益化倾向；立法过程中缺少专家评估及公众参与。

在行政执法能力上，出现行政职权划分不明及未依法执法等情况。我国行政机关最典型的特征是"条条与块块"[①]，即横向部门之间的职权划分与纵向行政级别之间的职权划分，而职权划分不明使得多头执法、选择性执法、权责推诿等现象不断发生。在执法过程中，部分执法机关忽视人民群众普遍关心的内容，执法存在形式主义，并且未遵循行政法基本原则。

在司法能力上，距离让人民群众在每一个司法案件中感受到公平正义的目标还有一定差距。在司法领域中，"立案难、诉讼难、执行难"的顽瘴痼疾未得到有效解决。司法与舆论的关系也受到越来越多人的关注，近年来不断涌现的"于欢辱母案""孙小果案""昆山龙哥反杀案"等案件都深刻体现了舆论对司法的影响力，司法如何在舆论的席卷中保持相对独立成为重要命题。

在监督能力上，不受制约和监督的权力容易导致腐败和滥用。当下国家监察委和纪检委合署办公，但是监察委的诸多行为规范及机构定性仍存在较大争议，网络舆论中不断出现的贪官、保护伞也体现了监督能力的不足。

---

① 谢小芹：《市域社会治理现代化：理论视角与实践路径》，《理论学刊》2020年第6期。

二 基层治理现状分析

在我国现行社会治理结构中,基层治理占据了极大的比例,其中也包括县域治理和村委社区自治等治理方式。但是由于人口加速流动、城镇化迅速发展的现实背景,以及治理能力和治理体系现代化的宏观目标,基层治理中的立法权缺失、党建引领不突出、风险矛盾应对能力不足之处逐渐压缩了基层治理的发展空间,减弱了治理功效。市域是基层和县域的上位概念,市域社会治理也包含基层治理的内容,因此市域社会治理法治化、现代化的发展必须要以基层治理为基础单元,以分析了解基层治理中的现状为前提,以解决基层治理中的痼疾和问题为进路。

改革开放不仅带来了经济的迅速发展、生活习惯的改变,也不断加速了人口流动的进程。根据国家统计局的相关统计数据,我国的人口流动大潮体现出了从乡村向城镇,由欠发达地区向发达地区迁徙的鲜明特征,在 2017 年一年中,流动人口总量超过 2 亿,占总人口的比重接近 18%,具有较大的规模。[①] 在人口整体涌向大城市、发达地区的情况下,基层治理所适用的领域不断变小。

基层治理中缺少立法权这一重要的社会治理工具。国家层面的立法具有普适于中国整个法域的特征,且多为宏观的原则、准则指导。但是由于我国幅员辽阔,不同地方之间经济发展水平不同,社会治理的实际需求以及任务导向也完全不同。为此,通常需要通过行使地方立法权,结合地方实际治理的需要制定地方性法规或者地方政府规章,作为国家宏观立法的实施细则。

---

① 参见国家统计局《统筹人口发展战略 实现人口均衡发展——改革开放 40 年经济社会发展成就系列报告之二十一》,2018 年 9 月 18 日,国家统计局网,http://www.stats.gov.cn/ztjc/ztfx/ggkf40n/201809/t20180918_1623598.html,2022 年 4 月 6 日。

基层治理中党的领导作用没有充分发挥，党建引领作用未充分凸显。基层党组织发挥的作用极其有限，极易形成基层党组织包揽过多行政事务的现象，从而弱化党组织的领导作用。[1] 基层党建工作不充分发挥作用的一个原因是基层的机关处于分散状态，未形成机关凝聚的合力，党的领导工作难以全面深度地覆盖各个机关之间。此外，在基层治理中，数量有限的机关需要处理较多的行政事务，解决社会矛盾等问题，难以集中精力和时间处理党建工作。

基层治理所需要处理的社会矛盾不断复杂化，面临的社会风险不断增加，导致社会矛盾与基层治理匹配失衡。当今社会具有风险社会的特点，具有高度的不确定性和难以预测性。[2] 经济迅速发展的同时也带来了社会风险的复杂化、难控化。拆迁补偿问题、环境污染问题、劳资纠纷问题和电信诈骗问题不断进入人们的视野，影响人们的生活，群体性事件也频频曝光。而在基层治理这一重要治理场域中，由于配套措施及机关治理能力不能及时匹配当下复杂的社会风险背景，因此难以实现将各类风险矛盾化解在基层的目标。

第二节　党委领导有待提效

党的二十大报告指出党的领导是全面的、系统的、整体的，必须全面、系统、整体加以落实。党的十九大将党的领导确立为社会治理的首要要求，党的领导在社会治理中发挥着核心作用。市域社会治理法治化面临诸多微观层面的风险和挑战，治理难度进一步增

---

[1] 参见董妍、孙利佳、杨子沄《市域社会治理现代化法治保障机制研究》，《沈阳工业大学学报》（社会科学版）2020 年第 3 期。

[2] 参见戴大新、魏建慧《市域社会治理现代化路径研究——以绍兴市为例》，《江南论坛》2019 年第 5 期。

加，因此更需要坚持党委领导的体制机制以增强治理的凝聚力和向心力，提升整体的法治化水平。但当前市域社会治理环节中仍存在部分党组织未充分发挥战斗堡垒作用，个别党组织负责人政治素养不合格、行为做派搞"一言堂"，个别基层领导干部工作作风简单粗暴、政治理论水平较低、工作不讲方式方法，部分地区的党的领导机制不能有效解决群众诉求等问题。

比如，一些党组织特别是基层党组织未充分发挥战斗堡垒作用，存在"弱化、虚化、边缘化"的问题。该种问题的具体表现形式为以下两个方面：第一，一些党组织面临大量的行政事务及日常工作事务，较少有精力和时间去处理和筹划党建工作，组织生活会、民主生活会等都存在缺位。第二，与群众的密切联系浮于表面，对群众路线、群众观点贯彻不彻底，党建及业务工作脱离群众。除了工作中必须涉及的内容需要与群众接触，没有自觉树立群众观念，坚持群众路线，提高群众工作本领，把从群众中来、到群众中去的工作方法贯彻到党和国家事业各项具体工作中去。上述问题的成因是多方面的。其一，主要是个别党组织负责人及党员干部对党的性质、宗旨、工作基本原则和要求认知不到位。有些人在入党时动机不纯，思想意识并未达到党员要求，所以对党的认识不够深刻，未做到内化于心、外化于行、转化为果。其二，当下经济社会的快速发展带来了人口的快速流动，这也意味着有相当大比例的党员处在人口流动之潮中。流动的党员不利于基层党组织党建工作的常态化开展，往往受到空间、时间及多重因素的制约。

部分地区的党的领导机制不能畅通群众诉求的反映渠道，无法体现以人民利益为根本出发点的本质特征。我国在很长一段时间内处于单位社会，尽管随着社会主义市场经济及多元主体的发展，"政府—单位—个人"的格局已经被打破，但是以单位为基础的党的领导机制仍然存在，导致党建脱离于社会、群众，呈现出悬浮化、形式化的特征，并由此带来了不容忽视的政治风险和社会风险。① 因此，在这种情况下，群众的诉求和呼声难以通过合理的渠道反映到党委，党委也难以对人民群众真正的需求作出合理的判断和把握。同时，一些地方市域社会治理中党的领导的具体实现方式也呈现出陈旧、老套的特点，不具有创新力和吸引力。

第三节　立法困境

2015年修改的《立法法》正式将有权制定立法的市域范围从"较大的市"扩大到"设区的市"，大大增加了地方立法权的行使范围，为市域社会治理法治化提供了一种强有力的治理工具和法治保障，为"科学立法、严格执法、公正司法、全民守法"的市域社会治理格局提供了先决条件。经北大法宝法律数据库检索，现行有效的地方性法规数量为18836部，现行有效的地方政府规章数量为13006部。在2015年《立法法》修改之前，每年发布的地方性法规数量平均值都在1000部以下，自2015年《立法法》修改赋予所有设区的市地方立法权之后，每年发布的地方性法规数量呈现不断增加的趋势，平均值在1500部左右。首先，就地方性法规的立法内容而言，涉及最多的是法制工作和宪法的具体落实，对港澳台事务、国家安全等较为宏观的内容涉及较少。其次，就地域分布情况来看，整体呈现出不平衡的特点。如浙江、江苏等沿海省份的地方性法规数量较多，而陕西、甘肃、青海等西部内陆地区的地方性法规数量则相对较少。② 在宏观的概况之下，具体分析立法情况，目

---

① 许爱梅、崇维祥：《结构性嵌入：党建引领社会治理的实现机制》，《党政研究》2019年第4期。

② 参见北大法宝数据库，https://www.pkulaw.com/，2023年3月5日。

前的市域社会治理立法在"谁来立法""立什么法""法与法之间的关系""立法资源与条件"等方面的问题逐渐突出。

一 谁来立法

在"谁来立法"方面，公众参与立法不足，立法主体权限划分不明，部门利益倾向、地方保护倾向都是亟待解决的问题。第一，在市域立法过程中，公众参与不足。公众参与立法活动的热情度、积极性较低，主要原因在于立法机关对于公众参与立法活动的渠道和途径宣传不到位，对于公众参与立法活动的作用和意义解释不充分，公民不了解如何参与立法活动。并且在传统的地方立法过程中，公众参与立法的途径较为单一，只能在公布立法草案后向上反馈自己的修改建议，而自己的建议是否被认真分析、审查则缺少回音。长此以往，公众参与立法活动的热情也会降低。然而，即使公众能够参与立法，其所扮演的角色和发挥的作用也极其有限。立法计划、立法起草、立法审议等阶段本就没有公众参与其中，即使在公众能够参与的立法草案讨论环节，公众所发挥的影响力能否改变立法也是值得商榷的问题。第二，市域立法过程中呈现出立法主体权限划分不明的特征。根据《立法法》，市域范围内可以设立的法律规范包括地方性法规与地方政府规章。地方性法规的立法主体为设区的市的人民代表大会及其常务委员会，地方政府规章的立法主体为地方政府。一方面，地方性法规与地方政府规章的制定权限没有明显的区别。《立法法》第八十二条规定："应当制定地方性法规但条件尚不成熟的，因行政管理迫切需要，可以先制定地方政府规章。规章实施满两年需要继续实施规章所规定的行政措施的，应当提请本级人民代表大会或者其常务委员会制定地方性法规。"这看似作出了较为清晰的规定，但是对于为了执行法律、行政法规的规定，既可以制定地方性法规，又可以制定地方政府规章；对于地方性事务，可以制定地方性法规；针对本行政区域内具体行政管理事项，可以制定地方政府规章，但是地方性事务与本行政区域内具体行政管理事项本身就存在交叉重叠的地方。① 因此《立法法》并未解决地方性法规与地方政府规章在实践中制定内容重叠或者权限划分不明确的问题。另一方面，在地方性法规的制定主体——人民代表大会与常务委员会之间也存在权限划分不明的问题。市人民代表大会与市人民代表大会常务委员会职权相似，立法范围也均在"城乡建设、环境保护、历史文化保护"方面。② 因此何种地方性法规由市人民代表大会制定，何种地方性法规由市人民代表大会常务委员会制定尚不明确。《立法法》《地方组织法》等法律规范也未对此作出明确规定。第三，地方立法中仍然存在部门利益主义倾向和地方保护主义倾向。在市域社会治理中，政府的作用十分突出，在立法过程中也存在一定"行政主导"的色彩，政府部门为了维护自身利益、便于自己工作的开展而提请立法草案。部门之间互相竞争有利于自己的立法机会与提请草案机会，对与自己部门利益无关但可能与群众利益有关的立法草案互相推诿、漠不关心。此外，地方立法的适用范围局限在市域范围内，为了加大本地企业竞争力、促进当地发展，地方立法极有可能渗入地方保护主义，从而导致不同市域之间的恶性竞争，最终损害彼此的利益。

二 立什么法

在"立什么法"方面，存在立法内容不科学与立法事项权限不明确的问题。首先，法律规范应该能够反映社会中普遍存在的法律关系，解决社会中普遍反映的法律纠纷与矛盾，治污、治水、治

---

① 李敏：《设区的市立法的理论与实践》，知识产权出版社2018年版，第18—19页。
② 伊士国：《设区的市立法权研究》，知识产权出版社2019年版，第86页。

气、治堵、垃圾处置等与人民生活息息相关的内容应该受到关注。然而当前市域中的部门立法内容却不够科学，所反映的内容不是人民普遍关注和社会亟待解决的内容，而是一些不痛不痒、无关轻重的内容。同时，当前市域内许多立法事项未经过充分的科学调研、专家论证，存在一些"拍脑袋立法"的现象，一些领导干部未经充分调研论证，就随意决定立法内容、提请立法草案，造成立法资源的浪费。其次，立法事项权限不明确的问题也值得关注。《立法法》第七十二条第二款规定："设区的市的人民代表大会及其常务委员会根据本市的具体情况和实际需要，在不同宪法、法律、行政法规和本省、自治区的地方性法规相抵触的前提下，可以对城乡建设与管理、环境保护、历史文化保护等方面的事项制定地方性法规。"但是《立法法》的上述规定存在两个模糊的地方。一是对"城乡建设与管理、环境保护、历史文化保护"应该如何理解，是采取扩大解释还是限缩解释的方式来界定范围？这三个词语本身就属于比较宽泛的用语，具有比较大的解释空间，从《立法法》一审稿"限于"这三个事项的规定到终审稿去掉"限于"，可以看出立法机关对于地方性法规的制定范围也是持不确定的态度，由此造成了地方立法实践中的摇摆不定。二是对于三个事项后的"等"字如何界定，此处的"等"是指等外等还是等内等？如果此处的"等"是等外等，那么意味着地方性法规的制定权限范围不限于此三类事项，还包括与这三类事务具有相似性、类似性的地方事务，能够较大地拓展地方立法的权限范围。如果此处的"等"是等内等，那么意味着地方性法规的制定权限仅限于这三大类事项。因此，对"城乡建设与管理、环境保护、历史文化保护"和"等"的多种不同理解进行互相组合，将会得到更多不同的答案。在《立法法》及相关法律规范没有作出明确规定和解释的情况下，这种不明确的地方将会导致地方立法情况的混乱。如果某个市域想要扩大地方性法规的立法范围，制定更多的地方性法规，就可以利用等外等的解释，从而有可能造成我国法律规范体系的混乱。

三　法与法之间的关系

在"法与法之间的关系"方面，存在横向和纵向两个维度的问题。横向上，地方性法规之间可能存在互相矛盾的地方。地方性法规是适用于单一市域范围的法律规范，其适用范围及人群有限，解决的问题也各不相同。在不同市域范围的地方性法规就同一问题具有不同情况时，地方性法规的相关规定也不尽相同。在部分市域范围内地方保护主义的影响下，公民、法人、组织的合法权益会受到损害。纵向上，地方性法规与法律、行政法规等规范性文件之间也有可能存在法律冲突现象。这一现象不仅在市域范围内存在，在立法能力与水平较高的省级立法机关内也时有发生。2019年黑龙江恢复强制婚检实践便因为法律冲突问题引起了学界和社会的广泛争议与讨论。2019年3月，黑龙江省人民代表大会修订的《黑龙江省母婴保健条例》将提交婚前医学检查证明作为办理结婚登记的必要条件，即恢复"强制婚检"制度。该《条例》是完全遵照1994年《母婴保健法》制定并颁布实施的，不存在擅自变更的情况。而作为其上位法，即于2003年10月1日起实施的由国务院制定的《婚姻登记条例》，已经取消了先前关于强制婚检的规定。因为根据2001年《婚姻法》的规定，结婚条件中并没有要求"强制婚检"。这一事件引起了人们关于法律冲突问题的广泛讨论，在市域范围内这类问题也十分值得注意。地方性法规的立法范围受到限制，要么限于特定事项，要么是对上位法的执行性规定，然而这些规定都有违背上位法规定的可能。此外，部分地方性法规也只是对上位法的重复，并没有进行更加细化的执行性规定，这样的重复立法只能导致法律规范体系的混乱，以及立法资源的浪费。

四　立法资源与条件

在"立法资源与条件"方面，不同市域范围内的立法专业人才数量、立法机构水平、立法经验都影响其立法水平，造成地方性法规质量参差不齐的现象。首先，立法需要"立法者"及专业人士参与立法论证、提交立法计划、提交立法草案，需要有经验较为丰富的法学专业人才。且法学作为一门具有较多专业术语的学科，需要经过专业的法学教育才能培养出基本的法学思维，建立起基本的法律体系，存在较高的专业壁垒以及专业门槛。自2015年《立法法》赋予更多的设区的市有地方立法权后，存在的普遍现象是立法机构中的具有法律背景的人士占比不多。"部分设区的市人大立法力量、立法工作人员法律素养尚不能匹配地方立法权扩容后的庞大立法需求。"[①] 同时，由于不同地方的高校资源并不均衡，部分市域范围内高校集聚，高等教育事业发展得较好，而部分市域范围内的高校资源则比较稀缺。市域范围内的高校资源能够带来两方面的作用：一方面，高校法学院内的法学教授能够以更便利的条件和渠道参与到地方立法过程中，以优质法学资源为地方立法提供专业支撑和充分的论证；另一方面，高校法学院也输送了一大批优秀的法学专业学生，为立法机构提供更优质的法学人才，而高校资源稀缺的地方则缺少这些立法资源。其次，参与立法的立法机构质量和数量也存在不均衡的情况。根据全国人民代表大会常务委员会法制工作委员会对各地立法机构的摸底调查，95%的新赋予地方立法权的设区的市、自治州、不设区的地级市依法设立了人民代表大会法制委员会，89%的新赋予地方立法权的设区的市、自治州、不设区的地级市设立了

---

① 李弨：《人工智能应用于地方立法的现实困境与应然路径》，《人大研究》2022年第1期。

人民代表大会常务委员会法制工作委员会。① 由此可见，并不是每个市域范围内都配置有人民代表大会法制委员会和人大常委会法制工作委员会。即使设立了法制工作委员会，内部也存在部门设置情况不健全、人手少的情况。最后，不同市域的立法经验也不同。部分地区早就被授予了地方立法权，经过长时间的立法实践，在各方面都有了充足的经验，因此能够达到较高质量的立法水平。而对于2015年以后才享有地方立法权的设区的市，立法经验截至目前也只有短短几年，因此质量也并不尽如人意，与上述地区之间存在差异。

第四节　行政执法困境

"政府负责"的市域社会治理格局说明了政府在市域社会治理中发挥的重要作用。广义的执法即法的执行，其中包括行政执法、司法；狭义的执法仅指行政执法。② 无论是执法的广义定义还是狭义定义，由政府主导的行政执法都是其中发挥核心作用的组成部分。行政执法体系包括"内部""外部"两个体系："内部"体系包括行政机关自身的行政权力配置、行政体制改革等方面；"外部"体系则聚焦于有行政相对人的各类行政行为。当前市域社会治理的行政执法实践中存在不少问题，在"内部"的人、事、物上分别存在行政执法人员队伍建设不足、政府行政体制改革尚不深入、行政执法职权划分不明的问题；"外部"则存在行政执法的法律适用、大数据处理等典型问题，由此限制了市域社会治理法治化的整体发展。

---

① 郭佳法：《地方立法这两年：设区的市行使地方立法权全面推进》，《中国人大杂志》2017年第1期。

② 代瑾、李戈、程荣：《"法治中国"建设与社会治理现代化研究》，四川大学出版社2020年版，第143页。

一 行政执法职权划分不明

行政职权划分构成了行政执法最基础的组成部分。我国当前的行政职权具体机制体现为"条块关系":在横向不同部门之间,体现为"块块",即平行的享有不同职权的部门之间的职权划分;在纵向不同层级之间,体现为"条条",即相对同一部门而言,国、省、市、县、乡不同行政层级之间的职权划分,两者结合起来形成了我国行政职权配置的坐标轴。就市域社会治理而言,由于行政层级主要聚集在"市、县、乡"三部分,因此主要聚焦领域为"块块"中不同职能部门之间的职权划分。我国为人口大国、经济强国,需要处理的社会公共事务繁多,导致其所需要的机关数量也十分多,这在社会发展中也产生了一定的问题,市域作为社会矛盾和人口汇聚的重要支点,在这一问题上体现得更为明显:行政机构繁多、行政队伍臃肿,由此导致行政职权划分不明。在行政执法过程中,对于自己部门有利可图的事务,容易出现多头执法、重复执法的现象。对于自己部门无利可图的事务,则容易出现选择性执法、互相推诿的现象,部门之间相互"甩锅",不仅浪费了民众大量时间和精力,也没有解决问题,从而损害了公民、法人、其他组织的合法权益。这种现象是由多方面原因产生的:第一,行政组织法等上位法对于行政职权划分本来就不明确,在市域立法中更是缺少对这些规定的进一步具体化的明确。第二,缺少不同部门之间有效沟通的衔接机制。由于不同部门之间缺少有效沟通衔接机制,他们也就不清楚职权的重合之处、空白之处。具体到个案中,相应地会缺少移送、转送等机制。第三,行政机关的执法理念没有得到根本转变,仍然以部门利益至上,没有把人民群众的利益作为根本的出发点和落脚点。

二 政府简政放权有待进一步推进

我国正在持续推进行政体制改革，但是就改革效果来看，当前我国在简政放权改革和公共政策落实等方面存在比较明显的缺陷、短板，导致社会治理创新滞后、成效不显著。① 具体来说，对于公域与私域的划分尚不明确，由此导致政府与社会权责边界的模糊；在"放管服"改革方面仍然存在改进空间，需要持续加深改革的力度和强度；在优化营商环境方面还需要不断完善。

近年来，在互联网经济领域中，公域与私域的概念极具有热度，引起社会的广泛关注和讨论。其实在社会治理领域，公域与私域的概念早就有了相关的理论研究和发展。公域是指涉及公共生活、公共事务、公共场所、公共空间事项的领域，私域是指涉及私人生活、私人事务、私人场所、私人空间事项的领域。"公域和私域划分不明在我国的社会治理中是一个比较常见的现象"②，但是在市域社会治理层面，因为直面人民群众，需要处理的社会事务种类更多、更复杂，因此市域社会治理层面的公域和私域划分不明现象更加突出，问题更加严峻。在行政执法中，这一问题主要表现为公域不断向私域逼近，私域的空间越来越小，不少本来属于私域的事情被纳入公域，公权力的触角不断延伸至私人领域，公权力大包大揽，过多地将不属于自己职责和公域范围的事情揽在自己身上，增加许可、审批项目，增加不必要的规定和管制，从而影响了人民群众的生活。"放管服"是指简政放权、放管结合、优化服务，自2016年提出并实施"放管服"改革以来，我国行政执法领域中的政府取得了相当大的进步，正在逐渐向服务型政府转型，简政放

---

① 孙飞：《深化行政体制改革 助推社会治理创新》，《社会治理》2022年第3期。
② 刘作翔：《公域和私域界限的法理省思》，《中国社会科学报》2020年6月24日第4版。

权、放管结合也正是体现出明确划分公域与私域范围的必要性。然而应正视行政执法领域的"放管服"改革，其仍然不够彻底，比如部分政府职能机关所下放的权限很多集中在比较边缘化或业务量极少的专业领域，对事关本部门直接利益的审批事项，采取直接保留或变相间接保留的方式，没有真正做到简政放权。此外，还有一些过于烦琐和形式化的审批事项，"准入不准营"问题仍然困扰着不少市场主体。[①] 在市场营商环境方面，市域内的社会营商环境法治化仍然存在现实困境。为了招商引资，政府往往会作出不少优惠的承诺，但是事后很多优惠条件的兑现却成为问题。在市场主体经营过程中，政府对不同主体采取的选择性执法、差异性执法、差异性对待、差异性优惠的问题也违背了平等原则。[②] 营商环境作为市场经济发展的重要基础，在市域社会治理中发挥了重要作用。营商环境不好，经济发展也难以向好，由此需要为市域内的营商环境提供更好的法治保障。在市域领域内如何解决这些问题仍然需要充分论证、并经过科学和审慎的决策。

三 行政执法人员队伍建设不足

如果说行政机关之间的职权划分是行政机关体系的"骨"，其构建了行政机关最基础的组成部分，支撑着行政机关，那么行政机关工作人员或者说行政执法人员就是行政机关体系中的"肉"。相较于"骨"所具有的稳定性，"肉"受主观、外界因素影响较大，因人而异的差异化也非常之大。并且，行政执法人员的水平及素质具有极强的可视性以及直接作用性。行政机关的职权划分对于公民

---

① 参见孙飞《深化行政体制改革 助推社会治理创新》，《社会治理》2022年第3期。
② 陆栋良、吴振宇：《市域社会治理现代化视野下营商环境法治化建设》，《上海法学研究》2021年第14卷。

等行政相对人来说并不具有直接作用性，行政相对人通常并不能直接感受到其中的差异。行政执法人员则是连接行政主体与行政相对人的桥梁，行政相对人能对其素质、专业水平进行直接感知，其也在一定程度上代表了行政机关的形象。

在当下行政执法人员队伍中，部分行政机关存在以下几点现象：第一，部分行政执法人员法治思维和法治水平不高。经有关数据调研，在行政执法人员队伍中，通过法律职业资格考试的公务员人数较少，部分行政执法人员缺乏专业的法律知识，缺少运用法律思维处理工作事务的能力①，由此导致了行政机关依法行政水平不高，不能贯彻落实法治原则。第二，部分行政执法人员缺少为人民服务的精神和意识。少数公职人员在工作中面对人民群众始终保持着一种"高高在上"的姿态，遇事不断推诿，没有时刻践行"为人民服务"的初心和使命。第三，部分行政人员存在违反道德修养和组织纪律的现象。近些年来，有个别领导干部利用职务之便充当黑恶势力保护伞、大肆敛财，给人民群众和其他行政执法人员留下了极坏的印象。时有发生的暴力执法事件直接损害了人民群众的利益，同时也损害了行政机关与人民之间建立起来的信任感，不利于各项决定和措施的贯彻落实，也不利于市域社会治理法治化的长效发展。

四 行政执法能力和水平不高

在市域社会治理中，行政执法的法律适用问题和大数据处理问题都是涉及面广、体量大的重点问题，处理这两类问题的能力也能反映一个市域内社会治理法治化的水平和能力，然而当前看来，多见于各类新闻上的拆迁问题，以及人们不断反馈和提出呼声的大数

---

① 董妍、孙利佳、杨子沄：《市域社会治理现代化法治保障机制研究》，《沈阳工业大学学报》（社会科学版）2020年第3期。

据问题均未得到良好的解决，这些反映出市域社会治理中行政执法能力和水平不高。

近段时间，"陕西榆林芹菜案"和"巴黎贝甜案"引起了理论界、实务界以及社会舆论的广泛关注和国务院督查组的高度重视。"陕西榆林芹菜案"是指一家个体户卖了5斤芹菜后，被市场监管部门认定为不合格，并对其作出6.6万元的处罚。"巴黎贝甜案"是指巴黎贝甜在未取得食品生产经营许可相关资质的培训中心制作面包并出售，因此被处58万元的罚款。"陕西榆林芹菜案"被国务院大督查定性为"过罚不当"；"巴黎贝甜案"则引起了舆论的讨论以及对于行政相对人的同情。这两个案件并非个例，近年来类似的"韭菜案""天价炒货案"等案件频发，在行政诉讼中占据了较大比例，这些引起争议的案件实际上都指向了同一个问题，即行政执法的法律适用以及如何克服机械执法，从而实现严格规范公正文明执法。在行政处罚的过程中，如何真正贯彻落实《行政处罚法》中的过罚相当原则，需要执法者和立法者两方面的努力。在政策上的"四个最严"和立法上的"史上最严《食品安全法》"背景下，执法者仍然要在过罚相当原则下实现柔性执法。立法者也需要确立《行政处罚法》的总则地位，将过罚相当原则贯彻到其他法律规范中。在行政执法的过程中，能否掌握好"度"，关系着行政执法目的之最优实现。[①] 如何综合社会危害性、人身危险性、行政相对人的经济情况进行行政执法是平衡执法力度与温度的关键，这也是在提升行政执法能力和水平的过程中所必然要面临的课题。

随着大数据技术的不断发展，公民的个人信息数据随着上网、授权、浏览等操作被计算机服务器存储下来，计算机由此汇聚了大

---

① 李晴：《论酌定减轻行政处罚——畸重处罚调适方案探寻》，《中国法律评论》2022年第5期。

量的数据。除了互联网企业将数据广泛运用于用户数据画像、私人定制、个性推送等服务，政府因为其天然的属性和优势也掌握了大量的公民个人信息。一方面，这些数据能够极大地提高行政执法能力，增加行政执法效能，对市域社会治理中智慧政府的建设起到举足轻重的作用；另一方面，如果行政执法能力不高，对这些数据利用不当，将会造成公民个人信息的泄露，从而造成对公民隐私权的侵犯。例如，在自动化行政执法过程中，公民的各类个人信息都被收集、储存在行政机关的数据库内，一旦泄露将对个人隐私权、个人信息权造成严重侵害，[①] 这种后果更具有危害性、规模性。并且，随着大数据技术水平的不断提高，数据治理能力已经成为国家治理能力和治理体系现代化的重要组成部分。因此，市域社会治理在行政执法过程中运用大数据的能力和法治化意识也亟待提升。

第五节　司法领域的困境

司法作为市域社会治理中解决矛盾、化解纠纷的主渠道，在法治化方面发挥了重要的作用，为市域社会治理法治化提供了坚实保障。"努力让人民群众在每一个司法案件中感受到公平正义"始终是司法工作首要坚持的准则，然而当前市域社会治理中的司法仍然存在一些问题：在整体上，司法被干预现象偶尔存在；在具体诉讼类型上，公益诉讼制度尚不健全，行政争议的实质性化解机制也尚未建立，由此导致市域内更多的矛盾纠纷堆积，影响法治化进程。

一　干预司法现象仍然存在

干预司法现象主要有如下几种表现形式：一是司法机关办案受

[①] 孟鸿志：《民法典时代行政执法的变革与创新》，《比较法研究》2021年第6期。

领导干部个人影响。某些领导干部与案件有私人关系，或者接受请托过问、插手案件，影响案件的公正判决。二是司法机关办案受行政机关干预，某些行政案件、民事案件甚至刑事案件涉及政府的利益，为此部分行政机关干预、插手案件。三是司法机关办案受人民代表大会等权力机关的影响。四是随着互联网的发展，越来越多新媒体、自媒体形成舆论场，对司法也产生了越来越大的干预作用。一个人的声音是小的，但是一群人的声音却能影响案件的判决结果，影响司法程序。这些现象在市域中更是凸显，由于市域的场域较小，信息与舆情等传播迅速，熟人关系网也较为广泛普遍，在地方的行政体系中，领导干部的影响力也较大。另外，如果当事人为地方的本土大型企业或者当地知名人物，受到地方保护主义等思想的影响，案件判决结果的公正性会受到影响。

干预司法现象的成因主要有以下几个方面：首先，根据我国现有的财政体系，地方各级人民法院的经费均由同级人民政府预算，由同级人民代表大会审议，由政府部门划拨。[①] 因此，司法机关在面对人民代表大会、政府时，即使主观上想坚持独立行使审判权、检察权，但是在客观上仍然面临一些问题。其次，针对舆论与司法的关系，司法为民是司法的最终目的，因此判决结果符合民意是必要的，但是当前舆论中存在一些不理智的声音，也存在利益关系的引导，在这些因素下，舆论也会变得不理智，由此错误地对司法产生影响。

二 公益诉讼制度仍不健全

在域外如英美等发达国家早已建立了成熟的公益诉讼制度，而我国由于司法发展起步晚以及特殊的时代背景，公益诉讼制度发展

---

① 陈卫东：《司法机关依法独立行使职权研究》，《中国法学》2014年第2期。

极为缓慢。改革开放后，经济得到迅速发展，由此带来了环境及生态资源破坏问题、消费者权益保护问题。特殊的国情使得我们对公共利益的保护存在许多漏洞，国有资产以每天一亿元的速度在不断流失。① 根据我国《宪法》的规定，国有财产以及各类生态资源属于全民所有，面对生态环境破坏、国有资产流失的问题，公民本应该具有起诉资格，但是我国现行诉讼法并未如此规定。在此种情形下，为了全面保护公民权利，解决生态环境破坏、国有资产流失、食品药品等问题，我国的公益诉讼制度在不断探索与实践。2015 年 7 月，全国人民代表大会授权最高人民检察院在生态环境保护、国有资产等多个领域开展公益诉讼试点，并确定了北京、江苏、甘肃等十三个省级试点行政单位。经过为期两年的试点实践，在取得良好实践效果的基础上，全国人民代表大会常务委员会正式通过立法确定了民事公益诉讼制度以及行政公益诉讼制度。②

  尽管我国的公益诉讼制度相较于以前已经产生了质的飞跃和进步，但是同发达国家相比，同人民群众的期待相比，仍然存在一定的差距。首先，法律赋予检察机关以及部分满足特殊条件的社会团体以起诉主体的资格，但是从当前案例汇总及分析来看，案件通常是由检察机关起诉，极少有社会团体成功起诉的案例。法律对社会团体作为起诉主体有着极为严格的限制条件，市域社会中能满足这样条件的社会团体更是极少。并且，当前的法律并未赋予普通公民起诉资格。总体来说，当前公益诉讼制度在起诉主体方面仍然存在较为严格的限制，并未完全放开。一方面可能是受到专业水平的限制，另一方面可能是由于当前法院案件过多，有限的办案人员难以承载过多的公益诉讼案件。随着司法体制的不断完善，公益诉讼制

---

① 参见齐树洁、郑贤宇《我国公益诉讼的困境与出路》，《中国司法》2005 年第 3 期。
② 参见李坤轩《社会治理法制化研究》，中国政法大学出版社 2020 年版，第 93 页。

度也应该更加体现出开放包容的特征，允许更多主体参与到公益诉讼中，维护自身的合法权益。其次，公益诉讼的最终目的是制止并修复生态环境问题、保护国有资产等，但是如果在公益诉讼案件作出裁定后仍然没有解决上述问题，那么公益诉讼制度也就失去了价值意义。在一些公益诉讼案例中，尽管原告方取得了胜诉判决，但是生态环境依然没有得到修复，国有资产依然没有得到回收，原因在于法律制度中缺少公益诉讼的强制执行环节以及惩罚性赔偿的威慑。

三　行政争议实质化解机制仍未建立

"实质性解决行政争议"是来源于行政审判实践的命题，是司法机制困局倒逼行政机制的新课题，目的在于防止行政诉讼程序的空转，实现行政审判法律效果和社会效果的统一。[①] 也就是说，在行政诉讼领域，要真正发挥诉讼作为"最后一道防线"的作用，要真正实现"案结事了"。在市域社会治理中，因为直接面对基层，直接面对种类更多、更为复杂的社会事务，社会矛盾也往往更加集中。一方面，大量的案件进入行政诉讼环节，司法机关承担了过重的负担和结案压力，而行政诉讼的判决结果在不如人意时又常常会引发新一轮的上诉、再审、申诉以及信访等新的方式，导致案件越积越多。另一方面，同样能够发挥解决行政争议作用的行政复议却因制度设置的弊端导致人们对其带有天生的不信任，选择行政复议的人少，行政复议的相关资源配置与所发挥的作用十分不匹配，由此形成了"大诉讼、中信访、小复议"的不合理格局，不利于行政争议的实质化解决。且行政复议机构仍然具有较强的行政性，缺乏一定的独立性，导致人们对其是否能够实现公平正义产生疑问。因

---

① 江必新：《论行政争议的实质性解决》，《人民司法》2012年第19期。

此，即使行政复议有着更高的效率，更快的结案速度，人们仍然愿意花费大量的时间、金钱、精力投入行政诉讼和无止境的信访中。

第六节　法治监督困境

法谚有言："不受监督的权力必然导致腐败和滥用。"公权力自身具有强烈的优位性、强权性特征，通过内部、外部的监督，形成自上而下、由内而外的监督体系，从而对公权力进行有效的平衡与规控。在市域社会治理中，立法、行政、司法等公权力需要完善的法治监督体系来对其进行监督，以进一步促进市域社会治理法治化进程。随着市域社会治理法治化进程的不断加快，法治监督体系取得了一定的发展和进步，但是受到各种因素的影响，法治监督体系中的监督对象、监督主体、监督方式等方面仍然存在需要进步和改进的空间，法治监督的实效仍然有待提高。

一　监督对象困境

（一）立法监督困境

市域内的地方立法工作受立法机构、立法专业人才等立法资源的影响，容易呈现出立法内容质量不高、不科学，立法主体不充足的问题。因此相较于国家层面统一的立法工作，市域内的地方立法呈现出科学性不足、民主化程度不高的特点，如果缺少必要的立法监督，将会导致数量不少的立法颁布，从而不仅造成前期的立法资源浪费，后期也并不能解决市域内社会治理面临的问题。

《立法法》第九十八条第二项规定："设区的市、自治州的人民代表大会及其常务委员会制定的地方性法规，由省、自治区的人民代表大会常务委员会报全国人民代表大会常务委员会和国务院备案。"第四项规定："部门规章和地方政府规章报国务院备案；地方政府规章应当同时报本级人民代表大会常务委员会备案;设区的市、自治州的人民政府制定的规章应当同时报省、自治区的人民代表大会常务委员会和人民政府备案。"看似《立法法》对市域内的地方性法规和地方政府规章的备案已经作了比较完善的规定,但是实践情况却并不乐观。与地方立法的庞大数量形成鲜明对比的是,进行备案的法律文件只占了极少一部分。据调查显示,从地方人大被授予立法权以来,大约有400项地方立法没有按照流程向全国人民代表大会常务委员会进行备案,比如1998年以来,厦门市政府颁布的136项法律性文件没有向厦门市人民代表大会常务委员会备案。[①] 此外,多头备案,备案审查权与改变权、撤销权不一致的情形也值得注意。[②] 多头备案是指同一份地方立法文件提交给多个机关,由多个机关来进行备案审查,在此种情形下,由于备案审查水平不同、审查人员法律素养的差异化以及对法律的不同认知,十分容易出现不同机构对同一个地方立法文件有着不同审查结果的情况,那么此时以哪个机关的审查结果为准就成了比较大的疑问。备案审查权与改变权、撤销权不一致是指部分享有备案审查权的机关却没有相应的改变权与撤销权,没有改变权或撤销权的备案审查机关就像没有牙齿的老虎,不能充分发挥立法监督作用。

(二)行政执法监督困境

在偏向"行政主导型"的市域社会治理格局中,行政机关发挥了重要的作用,其所具有的职责和权力相较于立法机关、司法机关也明显更多、更具有实质性。这就造成了在市域社会治理中行政执法监督实效性不强、监督难度大的现实困境。

[①] 胡戎恩:《中国地方立法研究》,法律出版社2018年版,第213页。
[②] 王春业、张玉帆:《设区的市地方立法备案审查制度的困境与出路》,《北方论丛》2019年第3期。

首先，市域社会治理中行政执法监督实效性不强。一方面，权力与权力之间并不平衡。地方政府作为市域社会治理的主导力量，其在各方面都能对立法机关、司法机关等发挥行政执法监督作用的机关进行掣肘。在人事方面，政府的领导干部在人事任命方面能够起到一定的建议作用，因此其他机关的工作人员为了自身的饭碗和未来的晋升空间，也不敢进行大胆、实质的监督。在财政方面，在分税制下地方政府仍能保持相当一部分比例的财政收入，此外还有土地财政等收入形式，各个机关单位未来的发展建设、基础设施保障都是紧紧地围绕着地方政府的拨款。如果说各个省市为了中央财政的拨款都需要"跑部钱进"，那么市域内其他机关的拨款更是与当地政府有着更为紧密的关联。此外，在物资调配方面，也同样受到地方政府的牵制。另一方面，权利与权力之间也并不平衡，"权利难以实现对权力的监督和制约，导致即使有法不依也难以受到追责，甚至有法不依还可以获取严格执法所不能获取的更多利益"[①]。具体行政行为在行政执法中占据了极大的比重，其直接面对作为行政相对人的公民、法人及其他组织。行政相对人也能最直观地感受到行政执法过程中的不合理、不合法现象，而权利与权力之间不平衡的地位则极大地削弱了其对行政执法权的监督作用，也削弱了私权利主体监督行政执法权的信心和热情。

其次，市域社会治理中行政执法监督难度大。监督权的前提是知情权，对行政执法开展监督意味着需要获取行政执法中的过程信息、结果信息。自 2008 年《政府信息公开条例》公布以来，行政执法领域的信息一定程度上向社会公众公开。《政府信息公开条例》在 2019 年经历了修订，取消了公民申请政府信息公开必须要限于"自身生产、生活、科研等特殊需要"的"三需要"原则。"三需

[①] 王珺：《新时代市域社会治理法治化》，《山东干部函授大学学报》2021 年第 9 期。

要"原则限制公民的知情权前提，否定公民以监督行政权为前提申请信息公开，不符合法治原则的本质要求，取消"三需要"原则体现了政府信息公开制度的进步和公民知情权的扩大。但是在此情况下公民的知情权还是会受到《国家安全法》《保密法》等上位法的限制。此外，在突发事件中，公民知情权受到限制的可能性更大，对相关信息公开的需求也会更大。另外，参与权也是对行政执法开展监督的前提。公民通过积极参与行政执法活动参与到市域社会治理过程中，不仅能够充分发挥主人翁意识，也能充分发挥对行政执法的监督作用。然而当前在行政执法中，公民往往是被当作客体，而不是主体，即使参与到重要公共行政事务的听证会、论证会中，也存在"走过场"现象，没有真正让公民的参与权得以实现。在公民的知情权、参与权不充分的前提下，难以形成对市域社会治理中行政执法的有力监督。

（三）司法监督困境

我国的司法机关包括各级人民法院和各级人民检察院。司法监督具有双重语境，即指司法机关开展的监督活动，也指其他机关对司法机关开展的监督活动，此处司法监督是指其他机关对司法机关的监督。在市域社会治理中，司法机关以"努力让人民群众在每一个司法案件中感受到公平正义"为宗旨，持续发挥着解决矛盾、化解纠纷、实现正义的关键作用。但是司法机关也并不是全能或万能的，如果缺少必要的监督也会导致公平正义难以实现。当前市域社会治理中对人民法院和人民检察院的司法监督均存在着相应的困境。

一方面，检察机关作为法律监督机关，在发挥监督作用的同时也会产生"谁来监督监督者"的必然问题。如何确保检察机关正确行使检察权、监督权，如何确保检察机关自身队伍建设的纯洁性和先进性都是需要现实解决的问题。打铁必须自身硬，如果检察机关内部出现腐败问题将会造成多重恶劣后果。首先，如果作为监督者的检察机关涉及违法违纪、贪腐问题将会严重损害人民群众对监督工作的信心，使人民群众对监督者的身份和职责产生怀疑。其次，作为监督者的检察机关及其工作人员如果利用自身职权，与贪污腐败分子开展交易往来，那么必然会涉及"权钱交易""通风报信""保护伞"等恶劣行为，从而影响打击腐败行为的力度和实效。另一方面，司法机关中的人民法院也容易发生监督困境。在市域范围内，由于区域相对较小，社会关系相对密集，发生"人情案""关系案""金钱案"的概率更高，造成司法腐败的可能性也更大。

二　监督主体困境

（一）检察监督困境

人民检察院是《宪法》规定的法定监督机关，一方面监督人民法院，发挥着维护司法公平正义的作用，另一方面监督着行政机关，发挥着维护公权力合法、合规、合理运行的作用，使得公权力的运行不脱离法治的轨道。在对人民法院的监督方面，主要有抗诉、派员出庭等方式，能够比较充分地发挥法治监督作用，但是在对行政机关的监督方面，由于多方面因素，检察院不能较好地发挥对行政机关的法治监督作用。

首先，检察机关对行政检察的重视度有待进一步加强。长期以来，刑事案件在检察机关的案件中占大部分比例，检察机关的主要作用也发挥在刑事起诉方面，因此其受"重刑事轻行政"观念影响较大，内部对行政检察工作并不重视，由此导致行政检察部门在检察机关的法律监督工作格局中处于相对薄弱的位置。[①] 尽管为行政

---

① 嘉定区委政法委：《市域社会治理视野下行政检察工作机制创新研究——以上海市 J 区行政检察监督办公室实践探索为样本》，《上海法学研究》2021 年第 15 卷。

公益诉讼专门设置了内设机构,但是根据《行政诉讼法》的相关规定,行政公益诉讼针对的是"生态环境和资源保护、食品药品安全、国有财产保护、国有土地使用权出让等领域"①的不当行政行为,具有领域和范围的局限性,无法针对所有的行政不法行为。在此种情况下,如何在不同内设机构之间划分行政检察的职责成为实践中的难题,且容易导致内设机构之间相互扯皮、互相推诿的问题。

其次,检察机关开展行政检察也同样存在专业知识和信息公开方面的壁垒。一方面,行政机关所涉事项通常专业化水平较高,需要较高的准入门槛。如果检察机关工作人员未经过一定的学习和培训,难以从这些行政事务中找到监督的击破点。另一方面,当前行政机关的各类事务信息仍主要保存在机关内部,不同机关之间信息互联互通互享机制尚未普遍建立,检察机关获取相应行政机关的信息仍具有较大难度。即使以申请调令等方式申请信息传递,基于行政机关自我保护等主观因素,也会受到来自行政机关的重重阻力,《保密法》《国家安全法》等限制性规定客观上也不利于信息的获取。在缺少专业知识、信息公开不充分等情况下,行政检察可谓困难重重。

最后,检察机关开展行政检察法治监督的实效性有待进一步加强。在行政公益诉讼中,检察机关在对行政机关发出检察建议后,如果行政机关未及时采取措施整改或者及时履行行政职责,那么检察机关就将提起行政公益诉讼进入诉讼环节,上述程序与监督方式

---

① 《行政诉讼法》第二十五条第四款:"人民检察院在履行职责中发现生态环境和资源保护、食品药品安全、国有财产保护、国有土地使用权出让等领域负有监督管理职责的行政机关违法行使职权或者不作为,致使国家利益或者社会公共利益受到侵害的,应当向行政机关提出检察建议,督促其依法履行职责。行政机关不依法履行职责的,人民检察院依法向人民法院提起诉讼。"

具有较强的实效性。在 2019 年检察机关发布的 103076 件诉前检察建议中，回复整改率为 87.5%，大部分都未进入诉讼环节。① 而在行政检察监督中，由于没有建立将检察建议与行政诉讼相连接的程序，因此不能发挥像行政公益诉讼那样良好的作用。根据相关调研结果显示，对于检察院发出的检察建议，部分行政机关置若罔闻，最后只能联动监察委以反贪的形式开展监督工作。②

（二）社会监督困境

公民、法人、其他组织等各类主体数量大、覆盖范围广，应当成为市域社会治理法治监督的重要抓手，充分发挥监督作用。且社会主体作为社会的主人翁，以多元主体的组成部分参与到市域社会治理的过程中，其更应该发挥好监督作用，从而提高自身的幸福感、获得感，也保障市域社会治理法治化。然而在当前的实践状况中，社会主体参与市域社会治理的法治监督却体现出参与领域少、参与形式单一的现象。首先，社会主体参与市域社会治理法治监督的领域少。结合各地实践情况来看，通常社会主体参与法治监督的领域多为环境保护、交通等领域，种类较为单一，其实并没有真正深入公权力体系内部，而是在公域、私域的边界地带，不能真正发挥监督作用。其次，参与形式单一的现象也较为突出，通常采用听证会、市长热线等方式，未真正建立起能发挥实质性监督作用的方式体系。

三　监督手段的困境

监督手段是指在明确监督主体、监督对象的前提下进行监督的

---

① 薛刚凌：《行政公益诉讼类型化发展研究——以主观诉讼和客观诉讼划分为视角》，《国家检察官学院学报》2021 年第 2 期。

② 参见何跃军《社会治理创新：地方样本法治化研究》，中国社会科学出版社 2019 年版，第 153 页。

方式，当前市域社会治理法治监督的手段存在单一的特征，而在未来丰富多种监督手段后，如何避免多种监督主体及多种监督手段导致的冲突，形成市域内法治监督的合力也是同样需要解决的问题。

　　随着网络技术的不断发展，市域社会治理中各监督主体的监督手段也要与时俱进，利用网络开展新的监督方式。尽管近年来微博、微信公众号、短视频平台等社交媒体在法治监督中发挥了一定的作用，但是这种作用有时并不是积极正面的。基于社交媒体的低门槛性和低审查性，不少传播内容未经严格取证、查证，甚至有的用户为了博眼球、吸引流量，采取恶意编造谣言、无中生有的方式，法治监督领域中就有不少公职人员被造谣，也有不少明明是合规合法合理的行为却被片面歪曲为不合法的行为，造成人民群众的误解和无端指责，而之后的"声明""反转""道歉"却往往少有人问津。因此在这些社交媒体上开展的网络监督也存在固有的弊端。而像网络问政平台等官方网络监督平台却通常存在大量的投诉举报信息，相关部门不可能对每一条信息都进行仔细核查、讨论，因此也存在不少形式化、走过场的回复，未能起到实质的监督作用。总而言之，如何建立真正高效且能发挥实质作用的网络监督平台，如何发展更多、更好的监督主体和监督手段，都是在市域社会治理法治化进程中亟待解决的问题。并且，如果将来发展了更多的监督主体、监督手段，如何编织更密实更体系化的监督网络，如何将多种监督力量形成监督的合力也是需要解决的问题。当不同的监督主体之间没有形成有效的协调机制、信息互联互通共享机制，就难以形成监督的合力，也将会降低监督的效能。[①]

---

　　① 李晓明：《中国特色社会主义法治监督研究》，博士学位论文，东北师范大学，2018 年，第 91 页。

第四章

加强党对市域社会治理法治化的领导

人心是最大的政治，共识是奋进的动力。党的领导是市域社会治理法治化根本保证。在全面推进市域社会治理法治化的道路上，必须充分发挥政治引领的推动作用。在"一核多元"的市域社会治理格局中必须始终坚持将党的领导放在首位，充分发挥党的核心作用。将党的领导贯穿于市域社会治理法治化全过程和各方面，始终坚持党领导立法、保证执法、支持司法、带头守法。在此基础上，还需要切实提升党领导市域社会治理法治化的能力与水平，在"三者三建设""关键少数"两方面着力。由此推动市域社会治理法治化始终朝着正确方向和更高水平发展，保障"一核多元"治理主体团结一致，凝聚共识，共同为市域社会治理法治化事业不断奋斗。

第一节 党的领导是市域社会治理法治化根本保证

党的领导、党发挥的政治引领作用与市域社会治理法治化的根本要求是一致的，这既体现在党和市域社会治理都始终以人民为中心，代表最广大人民群众的利益上，又体现在党内法规与市域社会治理法治化都要求人人平等，有法必依上。同时，党的领导又是市域社会治理法治化的本质要求和内在属性，这源于党对全面依法治国的领导以及社会治理法治化的必然要求。此外，市域社会治理法治化的内容复杂性、系统全局性特征也要求市域社会治理应当坚持党的领导。进而言之，不管从内部本质性还是外部一致性来说，都必须坚持将政治引领贯穿于市域社会治理法治化全过程。

一 党始终代表最广大人民群众根本利益

习近平总书记在庆祝中国共产党成立100周年大会上发表重要讲话指出："中国共产党始终代表最广大人民根本利益，与人民休戚与共、生死相依，没有任何自己特殊的利益，从来不代表任何利益集团、任何权势团体、任何特权阶层的利益。"中国共产党始终代表着最广大人民群众的根本利益，这并不仅仅是新时代的理论和原则，也是在任何一个历史时期都必须牢记的初心使命，有着鲜明的历史痕迹，走过了漫长的历史过程。秉持着全心全意为人民服务的宗旨理念，中国共产党始终将人民利益放在首位，实现好、维护好、发展好最广大人民群众的根本利益。

马克思、恩格斯曾在《共产党宣言》中明确指出："过去的一切运动都是少数人的，或者为少数人谋利益的运动。无产阶级的运动是绝大多数人的，为绝大多数人谋利益的独立的运动。"[①] 明确指出了无产阶级政党和资产阶级政党的本质区别。长期以来，资产阶级政党所关注的都是少部分资产阶级的利益，其所通过的法律、议案以及颁布的政策也都是聚焦于少部分人的利益。资产阶级政党多采取多党制、两党制，每个政党为了获取支持者和更高的投票率都必须保护具有更大号召力的社会强势群体的利益，对于没有号召力

---

① 《马克思恩格斯选集》第1卷，人民出版社2012年版，第411页。

和影响力的社会底层人民的利益则是弃之如敝屣，这种区别对待的态度注定了资产阶级政党不可能走得更远。而中国共产党则不同，中国共产党自成立之初就把为中国人民谋幸福、为中华民族谋复兴作为自己的初心和使命。党的一大通过的《中国共产党纲领》就明确提出了中国共产党必须"推翻资产阶级""废除资本私有制""由劳动阶级重建国家"。党的二大鲜明提出，中国共产党应当是"无产阶级中最有革命精神的广大群众组织起来为无产阶级之利益而奋斗的政党"。党的三大强调要把"拥护工人农民的自身利益"作为自己"特殊的责任"。之后党的历次代表大会都从不同角度强调党必须始终代表人民群众的利益。2021年7月1日，在庆祝建党100周年大会上，习近平总书记指出："江山就是人民、人民就是江山，打江山、守江山，守的是人民的心。中国共产党根基在人民、血脉在人民、力量在人民。"中国共产党始终代表最广大人民根本利益，与人民休戚与共、生死相依，没有任何自己特殊的利益，从来不代表任何利益集团、任何权势团体、任何特权阶层的利益。

中国共产党并不是片面地代表某部分群体、某部分地区的人的利益，而是具有最充分和彻底的代表性。在中国特色社会主义法治体系中，法作为统治阶级的工具，是工人阶级领导下的全体人民意志的体现，维护的是全体人民的利益，具有鲜明的人民性。每一项立法都需要有人民的广泛参与，人民通过全国人大代表行使立法权，通过各种途径行使建议权。重大行政事项通过听证等方式反映人民意志。司法案件倾听舆论的声音，设置人民陪审员，反映人民意志。市域社会治理的对象是人民，市域社会治理的格局中就包括"公众参与"，这意味着市域社会治理必须符合人民的意志和利益，必须解决广大人民群众日益增长的美好生活需要和不平衡不充分的发展之间的矛盾。人民对市域社会治理现代化的期待和需求构成市域社会治理现代化的主观动力；人民对市域社会治理的创造性实践构成市域社会治理现代化的力量源泉；人民对市域社会治理成效的参与程度决定市域社会治理现代化的历史走向；人民对市域社会治理现代化建设的"认同度""支持度"和"满意度"构成市域社会治理法治建设成效的评价标准。① 这充分说明当下市域社会治理的每一个组成部分都是对人民的充分体现，未来市域社会治理的每一个发展方向也是对人民的充分体现。因此，从根本上来说，中国共产党的领导与市域社会治理法治化都内含着代表最广大人民根本利益的同一方向，这也决定了市域社会治理法治化只有坚持中国共产党的领导才能体现出"人民性"，要始终将人民群众的利益放在首位，只有在党的领导下的市域社会治理才能将保障人民作为目的而不是手段。相对来说，中国共产党的领导较市域社会治理法治化具有更为前提性和保障性的地位。因为"党的领导才能根本保障人民享有最广泛的民主参与权"②，并在党的领导之下通过国家权力机构将人民意志上升为国家意志。同时，党内法规严于国家法律，各级党组织和党员不仅要遵守宪法法律，还要遵守党内法规、党章党纪。在我国法律体系中，任何人在法律面前都一律平等，不得有超越宪法、法律的特权，这又说明二者都具有"机制上的根本一致"③。

随着社会的不断发展，受到国内外多种价值观念的影响，我国社会中的思想观念越来越呈现多元化的发展趋势，不同的人对同一个问题通常有不同的观点与看法，价值的冲突与碰撞时有发生，在

---

① 龚廷泰：《"整体性法治"视域下市域社会治理的功能定位和实践机制》，《法学》2020年第11期。
② 周佑勇：《推进国家治理现代化的法治逻辑》，《法商研究》2020年第4期。
③ 贺志明等：《市域社会治理法治化研究——以长沙市为例》，中国书籍出版社2020年版，第24页。

这种特殊的时代背景下,坚持党的领导为市域社会治理法治化提供了最坚实的保证。如果把党群关系比作一个同心圆,人民群众不同的价值观念与思想就是这个同心圆中无数长长短短不同的半径,这些半径共同构成了这个同心圆。而中国共产党就是这个同心圆中的"圆心",代表并实现人民利益的"最大公约数"。[①] 这说明了尽管当下多种价值观念横行碰撞,但是中国共产党始终能找到代表不同价值观念的共同之处,这其实也正是人民群众利益的最根本所在。在市域社会治理中,也只有在坚持党的领导的前提下,才能积极面对并妥善化解市域内各种矛盾冲突,处理市域内各项社会事务。

二 党的领导是市域社会治理法治化的本质要求和内在属性

党的领导是依法治国的根本保证,必须始终坚持党对全面依法治国的领导。在 2020 年召开的中央全面依法治国会议中,习近平总书记提出的"十一个坚持",构成了习近平法治思想的主要内容,其既是重大工作部署,又是重大战略思想,必须深入学习领会,抓好贯彻落实。习近平法治思想对全面依法治国进行了深刻的论述,意义重大、影响深远,为中国特色社会主义法治道路指明了正确的方向,提供了强有力的指引,而其中位于首位的是坚持党对全面依法治国的领导,因此深刻凸显出了这一论述的重要价值。[②] 党的十八届四中全会从宏观的视角和顶层设计的层面确定全面依法治国的路线与框架,党的十九大明确全面依法治国是中国特色社会主义的本质要求和重要保障,党的二十大进一步指出,全面依法治国是国家治理的一场深刻革命,关系党执政兴国,关系人民幸福安康,关

[①] 祝灵君:《党领导基层社会治理的基本逻辑》,《中共中央党校(国家行政学院)学报》2020 年第 4 期。

[②] 邓经超:《党领导全面依法治国的法理阐释》,《学理论》2021 年第 7 期。

系党和国家长治久安。这一系列会议和讲话都明确了党的领导是依法治国的根本保证。然而长期以来,却有不少人对坚持党对全面依法治国的领导提出疑问,并在较长时间内陷入了"党大还是法大"的争论中。如果承认"党大",那么党就超越了法律;如果承认"法大",那么党就不能超越法律。就党对全面依法治国进行领导这一论断,有人将其看作是"党大于法"的解答。这种判断毫无疑问是错误的,"党大还是法大"的争论其实本质上也是一个错误的问题。习近平总书记指出:"'党大还是法大'是一个政治陷阱,是一个伪命题。""对这个问题,我们不能含糊其辞、语焉不详,要明确予以回答。""我们说不存在'党大还是法大'的问题,是把党作为一个执政整体而言的,是指党的执政地位和领导地位而言的,具体到每个党政组织、每个领导干部,就必须服从和遵守宪法法律,就不能以党自居,就不能把党的领导作为个人以言代法、以权压法、徇私枉法的挡箭牌。我们有些事情要提交党委把握,但这种把握不是私情插手,不是包庇性的插手,而是一种政治性、程序性、职责性的把握。这个界限一定要划分清楚。"因此,党的领导工作要在宪法法律的框架内进行,依法治国等各项工作的开展也要坚定不移在党的领导下进行,党的领导与依法治国并不是矛盾对立、相互冲突的,相反,党的领导和依法治国其实是有机统一的。这种观点是对"党大于法""党凌驾于法之上"等极其错误的观点的有力回击与驳斥。

社会治理法治化作为国家治理能力与治理体系现代化和依法治国方略的必然要求,也必须始终坚持党的领导。同时,就市域社会治理法治化的内部特征而言,坚持党的领导又是实施市域社会治理法治化的本质要求和内在属性。首先,市域社会治理属于一项"系统工程",市域社会治理法治化则更加具有系统性特征。在纵向上,市域社会治理处于中央统一管理和基层治理、县域社会治理之间,具有层级上的中间属性。市域不仅要对基层、县域治理起到领导、指导作用，还要接受中央的领导、统筹管理，发挥着承上启下、以城带乡、以点带面的功能，是一种可以联结国家宏观治理结构与基层微观治理行为的枢纽，是治理体系的"中坚带"。[①] 在纵向体系畅通的基础上，才可以串联起由县域社会治理、市域社会治理、省域社会治理共同构成的国家社会治理体系，确保有关政策的上通下达、确保社会治理的整体性、有效性。在横向上，市域社会治理法治化涉及多元治理主体，包括政府、社会组织、人民群众，也涉及不同职能部门、事业单位之间的职能沟通协调、互助合作。在具体分支领域上，又涉及立法、行政执法、司法、公共法律服务保障等多个领域。因此，市域社会治理法治化具有极强的系统性，整体内容较为庞大，如果缺少一个整体的支点发挥统筹作用，整个市域社会治理法治化体系将会变得溃散、凌乱。中国共产党发挥着总揽全局、协调各方的重要作用。党政军民学，东西南北中，党是领导一切的，各级党组织要充分发挥"掌舵作用"[②]。在市域社会治理法治化进程中，通过党的领导，进行横向、纵向、各领域的协调，发挥党组织的统筹掌舵作用，促进社会治理法治化有序进行。其次，市域社会治理法治化具有复杂性的特征。相较于基层及县域，市域社会治理不仅面临的场域更大，所面临的风险和挑战也更大。市域层面的人口流动相对基层更加频繁，治安、犯罪等各类社会矛盾问题越发严峻。经济的迅速发展也相应地带来了金融风险，社会治理的难度不断提高。同时市域社会治理法治化需要综合考虑经济、政治、文化、社会、科技等各方面的内容，涉及因素也更加复杂。面

---

① 王海峰：《市域党建引领社会治理问题探析》，《学习论坛》2021年第6期。
② 陈成文等：《市域社会治理现代化：理论建构与实践路径》，《江苏社会科学》2020年第1期。

对市域社会治理的复杂情况，在党的领导下能够充分发挥出党员干部的大局意识和全局意识，统筹应对市域社会治理中的各类风险挑战。一方面能够化解已经存在的各种风险，另一方面也能够发挥预防作用，未雨绸缪地防范未来可能会发生的各类重大风险挑战。因此，市域社会治理法治化的复杂性特征也要求必须遵循党的领导，在党的领导之下统筹化解各类纠纷矛盾。

三 党在"一核多元"治理格局中发挥领导核心作用

党的十九届四中全会通过的《中共中央关于坚持和完善中国特色社会主义制度 推进国家治理体系和治理能力现代化若干重大问题的决定》指出："必须加强和创新社会治理，完善党委领导、政府负责、民主协商、社会协同、公众参与、法治保障、科技支撑的社会治理体系，建设人人有责、人人尽责、人人享有的社会治理共同体，确保人民安居乐业、社会安定有序，建设更高水平的平安中国。"体现了党领导下多方参与、共同治理的理念，是社会治理理念、治理体制和治理方式的一次重大创新，是推进国家治理体系和治理能力现代化的必然要求，同时也确定了"一核多元"的社会治理格局。

"一核多元"的社会治理格局中的"核"即指中国共产党在多种社会治理主体中充分发挥领导核心作用。"一核"是市域社会治理法治化的根本保证，如前所述，中国共产党始终代表着最广大人民群众的根本利益，且党的领导是全面依法治国的根本保证，是市域社会治理法治化的本质要求和内在属性。"多元"是市域社会治理与市域社会管理等传统方式的根本区别所在。因此"一核多元"的市域社会治理格局符合当前的社会背景和时代背景，符合人民群众的利益。在"一核多元"市域社会治理格局中，党委充分发挥统筹全局、协调各方、调度整合各类资源的宏观领导作用。市域社会治理共同体建设本质上是党委领导下的各主体的互动参与过程，要实现市域社会治理共同体建设必须坚持党建引领，将党的领导贯穿于市域社会治理全过程，充分发挥中国共产党的思想引领、组织引领、行动引领功能。① 市域内的党委在本地区要发挥总揽全局、协调各方的领导核心作用，按照协调推进"四个全面"战略布局，对市域社会治理法治化发展实现全面领导，将党的领导融入市域社会治理的各个方面。政府作为实施主体，负责在党委领导下各类宏观规划、政策、计划的具体落实，同时作为一个行政执法者执行各类法律法规和地方立法文件，在市域社会治理中扮演着一个"大管家"的身份，如部分地方在市委政法委的帮助下，成立了集指挥调度中心、矛盾纠纷调处中心、警务室、办事大厅、心理咨询室、法律服务中心、图书室、便民超市、教育基地、消防体验馆等为一体的综合治理中心，充分发挥政府在市域社会治理中的"前沿指挥部"功能。通过成立由市委、市政府主要领导总负责，分管领导具体抓，各级各部门一把手齐抓共管的市域社会治理现代化工作领导小组，把政府负责充分贯穿到市域社会治理法治化发展的全过程。社会协同强调各类社会组织也要充分发扬主体意识，积极参与到各类市域社会事务中，发挥自己的专业所长和优势，与政府治理中的短板相结合，提供各类专业的服务，真正解决人民群众所需、所急、所愁、所盼。其中，行业协会商会类、科技类、公益慈善类、城乡社区服务类社会组织更贴近市域社会生活以及经济发展的实际需要，应当作为组织培育的重点，积极扶持。根据不同社会组织的特点和适用领域，制定具有针对性和适应性的管理办法，对社会组织的权利义务关系进行调整和规范。江苏省太仓市作为全国较早探

---

① 戴欢欢、陈荣卓：《联动治理：市域社会治理的逻辑与路径》，《社会科学家》2022 年第 10 期。

索政府和社会组织有效衔接和良性互动理论研究和实践探索的县级市之一，在社会组织方面取得了丰富的实践经验，成为江苏省社会治理的先进典型。[①] 十年来，累计登记社会组织达513家，培育了1600多家社区社会组织，出台了社会组织扶持、社会工作专业岗位设置、社会组织和社会工作资金支持等配套实施文件30余个，构建起较为完善且具有太仓特色的社工人才支持体系。这不仅有效促进政府职能的转变，也促进社会组织在市域社会治理中充分发挥协同作用。公众参与则意味着人民群众也要充分发挥监督作用、发扬主人翁精神，将自己的真实诉求和合理需要表达出来，让市域社会治理法治化真正能够解决自己的需要和问题。不仅要引导公众了解市域社会治理的相关法律规范、规章制度，引导公众同党组织共商共建，还要充分调动公众的民主意识、权利意识、参与意识，让公众积极参与基层自治章程、村规民约、居民公约的制定和修改过程，表达自己的诉求与合理建议，从而形成市域社会治理中多元主体共商共建共治的良好局面。

然而，"一核多元"体制也产生了一些问题，即如何协调"一核"和"多元"的关系，如何协调"多元"主体之间的关系，如何将多种主体之间的治理能力共同形成市域社会治理的合力，促进市域社会治理法治化又好又快发展。笔者认为，这需要准确界定"一核多元"市域社会治理格局下不同主体之间的关系。首先，政府、社会组织、公众三类社会主体都是在党的领导之下开展社会治理活动。党的领导位于市域社会治理的最顶层，发挥着最宏观的领导、调控作用。其次，政府、社会组织、公众三类主体属于同一层级、具有同一地位，构成一个钝角三角形的形状，而政府与社会、

---

① 龚廷泰：《"整体性法治"视域下市域社会治理的功能定位和实践机制》，《法学》2020年第11期。

政府与公众、社会组织与公众之间都两两相互建立了密切的联系。且在这个三角形中，应当明确政府作为其中的核心，居于钝角的位置，因其体系化的行政建设和专业人员，整体上发挥着更加关键的作用。最后，在明确各类主体之间关系的情况下要促进党委和政府及其各部门之间的相互沟通协调、交流，不断破除党政机关之间以及政府不同部门之间的壁垒。① 政府以及社会组织、公众之间也要不断畅通信息共享机制，不断完善政府信息公开制度，消除设置于公权力主体与私主体之间的信息藩篱，因为私主体有所知，才能有所为，才能更好地参与到市域社会治理过程中并贡献出自己的力量。在社会组织与公众之间，也要鼓励公众积极参与到各类社会组织中，使其不但能培训提高自己的各项能力，也能以一种不同的主体身份参与到市域社会治理过程中，充分发挥自身作用。例如，贵州省贵阳市在建立"一核多元"市域社会治理格局中妥善处理协调了各类主体的关系，市、区两级成立了由党委、政府主要领导任组长的社会建设工作领导小组，定期研究部署社会治理工作。此外，还成立了由党委专职副书记担任主要负责人的市、区两级党委群众工作委员会，负责代表党委统筹、协调、督促、指导全市社会治理工作。②

第二节　将党的领导贯穿于市域社会治理法治化全过程和各方面

　　将党的领导贯穿到依法治国全过程和各方面，是我国社会主义

---

① 肖丹、袁方成：《元治理视域下"一核多元"治理体系构建路径研究》，《中共天津市委党校学报》2019 年第 2 期。

② 张平：《一核多元，五力共治——推进社会治理现代化的贵阳实践》，《社会治理》2016年第 1 期。

法治建设的一条基本经验。习近平总书记指出："坚持党的领导，不是一句空的口号，必须具体体现在党领导立法、保证执法、支持司法、带头守法上。"① 习近平总书记清晰地指出了党领导法治工作的科学内涵和主要任务，依法治国并不是简单的方针或者某个理论，而是一项需要实实在在去落实的系统性工程，为了确保党的领导和社会主义法治的一致性，必须把党的领导贯穿于依法治国的全过程和各方面。市域社会治理法治化作为依法治国与国家治理体系和治理能力现代化的共同命题，也同样是一项兼具系统性、复杂性、风险性的工程。为了确保市域社会治理与党的领导保持一致性，市域社会治理法治化与党的领导保持一致性，就必须将党的领导贯穿于市域社会治理法治化全过程和各方面，真正贯彻好、落实好党领导立法、保证执法、支持司法、带头守法。

一　坚持党领导立法

《中共中央关于加强党领导立法工作的意见》指出，立法作为国家的重要政治活动，必须始终坚持党的领导，强调"党的领导是中国特色社会主义最本质的特征，是社会主义法治最根本的保障"。中国共产党长期以来都十分重视对立法工作的领导，多个党内法规、中央文件对党领导立法工作作出了比较详细、系统的规定。改革开放以后，我国的立法工作取得了极大的进步，党对立法工作的领导也在不断深化。1991年颁布实施了《关于加强对国家立法工作领导的若干意见》，其中明确规定党对国家立法工作的领导，并对领导的内容和方式以及需要党中央讨论的重要法律的范围及程序作了明确的规定。《关于加强对国家立法工作领导的若干意见》的颁布实施意味着党对立法工作领导规律有了科学和正确的认识，对

---

① 习近平：《论坚持全面依法治国》，中央文献出版社2020年版，第107页。

后续党领导立法工作发挥了积极作用。2015 年以来，更是颁布实施了一系列重要党内法规及文件，强调党对立法工作进行领导的重要性。2015 年 12 月 25 日起施行的《中国共产党地方委员会工作条例》规定了地方党委领导地方立法的职责。2016 年颁布并实施的《中共中央关于加强党领导立法工作的意见》对于党对立法工作的领导作出了进一步的规定，是新时代关于党如何领导立法工作最为详细，也是最为具体的重要文件。《中共中央关于加强党领导立法工作的意见》继承和发展了 1991 年党中央印发的《关于加强对国家立法工作领导的若干意见》，后者主要集中在党中央对国家立法的领导。在 2015 年《立法法》将地方立法权进一步拓展到设区的市，扩大地方立法权的主体范围之后，前者也应时而变，顺应《立法法》的变化扩展到有立法权地方的党委对本地区立法工作的领导，为新时代更好地把党的领导贯彻到立法工作的全过程和各方面提供了坚实基础和基本遵循。① 2019 年颁布的《中国共产党党组工作条例》规定了党组需要发挥好"把方向、管大局、保落实"的重要作用以及对"制定拟订法律法规规章和重要规范性文件"等重大事项的领导责任。

  在市域社会治理法治化中坚持党领导立法就必须在立法上发挥好党的政治引领作用。领导立法，就是领导和推动立法机关将党的主张通过法定程序上升为国家意志，成为全社会一体遵循的法律规则，从制度上、法律上保证党的路线方针政策的贯彻实施。② 因此，党领导立法并不是指党直接提交立法提案进行立法，而是通过确定立法方针、提出立法建议、明确立法工作中的重大问题等方式把党

---

  ① 参见冯玉军《党领导立法的历史与经验》，2022 年 3 月 16 日，中国人大网，http://www.npc.gov.cn/npc/zgrmdbdhzdllyjh002/202203/6804476fa71e4759ab4e3b28490ff9ed.shtml，2022 年 7 月 20 日。

  ② 黄文艺：《坚持党对全面依法治国的领导》，《法治现代化研究》2021 年第 1 期。

的主张转化为相应的立法提案。在法律立项上,党发挥着"把关人""掌舵手"的关键作用。党始终以人民的根本利益作为出发点和落脚点,因此在对立法工作的领导上,党也要始终根据人民意愿来提出立法建议,让人民急难愁盼的事情能够得到有效解决。一方面,地方党委需要始终坚持联系群众、从群众中来、到群众中去的工作方式。在与人民群众的密切联系中始终保持对人民群众需求的敏感度和熟悉度,时刻避免脱离群众。立法的最终目的是人民,市域社会治理的最终目的也是人民,因此需要从人民的现实需求中找准市域社会治理立法的突破口,既要从老百姓最关注、反应最激烈的社会问题入手,也要充分发挥人民在社会治理中的重要作用,不断汇聚民思民智,切实解决社会治理难题。① 通过召开市域范围内的群众座谈会,发布征集问题与需求的问卷调查、小程序、应用软件来搜集人民最关心的问题,让人民参与市域社会治理,主动发现问题、提出问题,从而实现市域党委与人民的紧密联系,为市域社会治理的立法提供内容支撑和人民力量。另一方面,地方党委需要不断贯彻落实中央出台的重大文件、颁布实施的重大方针,保持地方党委与中央党委的统一性、协调性,并将中央出台的重大文件、颁布实施的重大方针与人民群众的所思所想相结合来确定立法方针、提出立法建议。浙江省杭州市委出台的《中共杭州市委关于加强党领导立法工作的实施意见》明确党领导立法工作的指导思想和基本原则,有助于党在市域社会治理立法中发挥好政治引领作用。2017 年 9 月出台的《杭州市会展业促进条例》是浙江省杭州市人民代表大会常务委员会贯彻落实党对立法工作的领导,在常务委员会会议表决通过之前先报送市委常委会研究的第一个法规项目。市

---

① 王伟华:《以党建引领"五治融合"扎实推进市域社会治理现代化》,《求知》2022 年第 12 期。

人民代表大会常务委员会有关部门与市委法治机构建立了良好的沟通衔接关系，与市委常委们形成了正向的沟通反馈机制。市委审定立法项目贯彻党领导立法工作的工作要求，有利于充分发挥党委协调各方、凝聚共识的作用，有利于相关立法符合最广大人民群众的根本意志，有利于法规出台后的顺利实施。

在市域社会治理中坚持党领导立法就必须不断加强立法队伍建设。专业高效的立法队伍建设在地方立法工作中发挥了重要作用，但受制于不同的地理条件、教育水平、人才水平，各地的立法队伍水平也各不相同。在客观条件受到限制的情况下，如何充分利用现有条件，建设一支专业高效的立法队伍，关键就在于坚持党的领导。首先，地方人大常委会党组在人民代表大会及其常委会中要发挥领导核心作用，在地方立法中坚决贯彻落实党中央和地方党委的决策部署。① 因为地方人大常委会党组政治意识较强、大局观念和全局意识较高，能够在地方立法工作中发挥一定的模范带头作用，为建立专业高效的立法队伍起到先行作用。其次，市域社会治理中的立法队伍建设也是地方党委进行党管干部、党管人才的重要举措和内容。将人大机关干部培养使用和交流纳入市域干部队伍建设总体规划，切实加强人大机关干部与各级党政机关和企事业单位干部之间的交流力度，将具有法律背景、专业立法才能的人才不断吸纳到立法工作队伍中，形成一支立法"强军"。如2016年，西藏自治区拉萨市有十多位从事人大工作的干部被提拔到党政重要岗位工作，有力地调动了人大干部的积极性，同时支持人大及其常委会引进立法专业人才。② 又如，浙江省温州市市委、市人大常委会党组把

---

① 高绍林：《地方立法工作体系研究》，天津人民出版社2019年版，第32页。
② 拉萨市人大常委会：《强化党的领导 完善体制机制 加强队伍建设》，2016年9月18日，中国人大网，http：//www.npc.gov.cn/zgrdw/npc/lfzt/rlyw/2016 - 09/18/content_1997631.html，2022年2月14日。

立法队伍建设纳入重要工作议程，超常规保障、持续性引领和持之以恒推动，由此推动温州地方立法工作不断取得新成绩、实现新发展。①

二 坚持党保证执法

党保证执法就是领导和推动各级政府加快建设职能科学、权责法定、执法严明、公开公正、廉洁高效、守法诚信的法治政府，做到严格规范公正文明执法。② 在"党领导立法、保证执法、支持司法、带头守法"格局中，党保证执法是助推实现全面依法治国目标，建立法治国家、法治政府、法治社会，实现市域社会治理法治化的重要环节和关键抓手。在市域社会治理中，政府作为责任主体发挥着重要且关键的作用，面对复杂庞杂的社会事务，行政执法体系也十分"臃肿"，因此更加需要坚持在党的统一领导和协调推动之下推进行政执法体系改革，推动行政执法人员队伍建设，推动市域社会治理的行政执法朝着简政放权、高效、便民、服务型的方向转型。

改革开放以来，我国的行政执法体系一直在不断地改革、发展，不断克服自身的弊端，不断朝着更好的方向发展。总体来说，我国的行政执法体制在改革开放以后经历了初步发展、相对集中改革、综合行政执法改革三个阶段，党保证执法也同样经历了这三个阶段。改革开放后，我国法治方面的工作迅速得到了恢复和发展。1987年党的十三大明确提出，"行政改革的核心问题是政府的职能转变"。面对当时较为落后的低效率行政执法体制，根据党的十三大报告和第七届全国人民代表大会通过的《国务院机构改革方案》，党中央、国务院全面部署了政府机构改革方案，这次改革为建立法治政府、

---

① 戴园园：《加强新时代我省立法队伍建设工作推进会在杭州召开，温州市人大作经验交流发言》，2020年8月20日，温州市人大网，http://www.wzrd.gov.cn/art/2020/8/20/art_1382129_54977517.html，2022年2月14日。

② 黄文艺：《坚持党对全面依法治国的领导》，《法治现代化研究》2021年第1期。

建立科学高效的行政执法体系奠定了坚实的基础。1996年到2002年期间，行政执法体制经历了从相对集中行政处罚权到相对集中行政执法权的转变过程，一定程度上解决了当时行政执法体制中存在的多头执法、重复执法、分散执法问题，进一步完善了行政执法体系。2003年召开的中国共产党第十六届二中全会审议通过了《关于深化行政管理体制和机构改革的意见》。《关于深化行政管理体制和机构改革的意见》指出，"要充分认识行政管理体制和机构改革的重要性和必要性，按照十六大提出的要求深化改革，进一步转变政府职能，改进管理方式，改进工作作风，提高行政效率，努力形成行为规范、运转协调、公正透明、廉洁高效的行政管理体制，更好地为改革开放和社会主义现代化建设服务"。《关于深化行政管理体制和机构改革的意见》为相对集中行政执法权向综合行政执法权的转变提供了方向指引。随后，《关于推进相对集中行政处罚权和综合行政执法试点工作有关问题的通知》正式实现了从相对集中行政执法权向综合行政执法权的转变和改革。2013年以后，我国的行政体制改革进入了全面推行综合行政执法权的阶段。2013年发布的《中共中央关于全面深化改革若干重大问题的决定》以及2014年发布的《中共中央关于全面推进依法治国若干重大问题的决定》都提出了要在社会各个领域全面推进综合行政执法的要求。

在市域社会治理中坚持党保证执法需要正确处理党政之间的关系。自20世纪80年代邓小平提出"党政分开"以来，完全由党代行政府职能的情形得到改观，党和行政机关之间的关系为领导与被领导、监督与被监督的关系，党的领导与监督体现出权威性、间接性、法治性的特色。[①] 也就是说，在党对市域社会治理法治化工作

---

① 郭榛树：《政党民主与法治——当代中国政治文明中的"三统一"问题研究》，中共中央党校出版社2008年版，第150—151页。

的领导中，党保证行政执法并不是指党对一切行政事务、司法事务的插手、过问、决定，而是通过制定宏观的文件、计划、方针来实现整体的调控和把关，而政策、文件的微观落实则需要政府来具体实施，这也就是说党委"应该只管大事，不管小事"。党的十八届三中全会提出了改革党政二元一体的传统治理体系，这意味着党政关系朝着更加多元、更加开放、更具有互动性的方向发展。① 此外，党政的关系并不是完全分离、互不关联的，二者之间的互动转化性质越来越凸显，中国共产党的领导能力逐渐转化为政治体制能力，从而不断将政治制度优势转化为国家治理效能。② 在行政执法体制改革中，我国的行政执法体制逐渐朝着更加高效、更加专业的方向发展，这正是党的领导能力反映到行政执法的政治能力后最鲜明、最直接的结果。

在市域社会治理中坚持党保证执法需要加强对重点领域执法活动的聚焦和关注。中共中央、国务院印发的《法治政府建设实施纲要（2021—2025年）》提出要加大重点领域的执法力度，特别是食品药品、公共卫生、自然资源、生态环境、安全生产等与人民群众的生活密切相关的重点领域。地方党委通过落实中央和上级党委发布的针对重点领域的相关文件来进一步贯彻中心思想和核心观念，在重点领域执法上进行宏观布控、把好大局。一方面，地方党委能够充分利用各种群众路线深入群众，挖掘考察并发现人民真正关心、需要重点执法的领域；另一方面，地方党委能够充分调动各项资源，集中精力投入重点执法领域，充分发挥党"集中资源办大事"的鲜明优势。近年来，"双减"政策下的教育培训问题，环境

---

① 胡庆亮：《推进国家治理体系现代化的逻辑与理路：从党政二元一体到主体多元共治》，《求实》2015年第9期。
② 汪仕凯、冯雅静：《从领导能力到政治体制能力：中央党政关系演化的经验与解释》，《天津社会科学》2021年第4期。

保护政策下的工业污染问题，互联网经济迅速发展造成的互联网不正当竞争、互联网平台垄断问题等都是关系民生、关乎社会治理的重点执法领域，在党保证执法的条件下，市域社会治理对这些领域的执法已经取得了一定的成绩。例如，2021 年，江苏省常州市出台《关于建立健全重点领域行政执法联动与司法协作机制的意见》，旨在让党保证的重点领域执法联动与司法协作上形成长效协作机制，由此促进市域社会治理法治化的进一步发展。[①]

在市域社会治理中坚持党保证执法需要以保证严格执法为实现目标。"对执法机关严格执法，只要符合法律和程序的，各级党委和政府都要给予支持和保护，不要认为执法机关给自己找了麻烦，也不要担心会给自己的形象和政绩带来什么不利影响。我们说要敢于担当，严格执法就是很重要的担当。"[②] 这充分说明了党是保证符合法律和程序的行政执法，这有利于促进各级政府严格执法和法治政府的建设，也有利于推动市域社会治理法治化。在市域社会治理中，由于地域的局限性和人员的重叠性，人民群众对党委和政府形象好坏的评价，就是在与一个个行政执法人员打交道的过程中形成的。[③] 这意味着一旦行政机关作出违法的行政行为，或者没有严格依法行政，就会影响人民群众的认同感，也会影响地方党委和政府的形象，符合法律和程序的行政行为则会为地方党委和政府建立起良好的形象。市域社会治理中，由于行政执法人员素质参差不齐、行政执法队伍建设尚不完善、利益关系错综复杂，导致违规执法、执法不严等现象时有发生。因此市域社会治理中党委要切实保证严

---

① 常州市司法局：《常州司法行政"五深化五筑牢"护航市域社会治理现代化建设》，2022 年 2 月 22 日，常州市司法行政网，http://sfj.changzhou.gov.cn/html/sfj/2022/PFOQJOFH_0222/16543.html，2022 年 3 月 1 日。

② 习近平：《论坚持全面依法治国》，中央文献出版社 2020 年版，第 52 页。

③ 章志远：《习近平法治思想中的严格执法理论》，《比较法研究》2022 年第 3 期。

格执法。一方面，要充分发挥党内监督的作用，充分发挥"党内监督权威性强、起点高和责任重"①的独特优势，使行政执法人员在行政执法的过程中时刻遵循法律与程序的红线，避免违规执法、执法不严。另一方面，要充分用好党政联合发文这一治理工具。党政联合发文是当代中国政治和法治实践中独特的制度现象。它泛指中国共产党各级党委与国家政权机关因治理事项存在交集而共同发布相关通知、意见、决定、规定、指示等制度文件。②在市域社会治理中，出于提高行政效率、增强文件效力、促进决策执行的现实需要，党政联合发文的数量更是呈现出逐年攀升的趋势。党政联合发文能够实现对党政机关双重意志的共同体现，有利于促进相关规范的整体性、协调性，也有利于党以高效、规范的方式保证执法。

三 坚持党支持司法

党支持司法，就是支持和保障司法机关依法独立公正行使司法权，不受行政机关、社会团体和任何个人的非法干涉，切实维护司法的公正性。③回顾中华人民共和国成立以来我国党法关系的发展历程，大致可以分为探索期、成型期和转型期三个阶段。1949年中华人民共和国成立至1978年，我国党领导司法的体系机制大致形成，为党法关系的进一步改革深化提供了坚实的基础，但是这一时期过于强调党的绝对权威，出现了以言代法、以权压法的错误现象，导致党与司法关系的不科学、不合理、不和谐，不利于这一阶段司法工作的开展。1978年改革开放至2014年为党法关系的成型期。在总结上一阶段经验与教训的基础上，在学习先进理念和思维

---

① 陈红梅、阳煜城：《依法治国和依规治党有机统一的逻辑解读》，《政法学刊》2021年第3期。
② 封丽霞：《党政联合发文的制度逻辑及其规范化问题》，《法学研究》2021年第1期。
③ 黄文艺：《坚持党对全面依法治国的领导》，《法治现代化研究》2021年第1期。

的前提之下,"党管政法"开始朝着职能分工与专业化的方向发展,逐渐形成了更为科学、更为有效的党法关系。2014年至今属于转型期,党法关系又有了新的发展,朝着更为科学的方向转化。①

2014年10月,党的十八届四中全会审议通过的《中共中央关于全面推进依法治国若干重大问题的决定》首次采用了"党支持司法"的表述,为党如何处理与司法权的关系作出了最新也是最为科学的说明。徐显明教授指出,用"支持"而不是用以往通常所用的"领导",其科学性就在于,这是在落实宪法中保证人民法院、人民检察院依法独立公正行使审判权和检察权的原则。② 独立公正行使审判权和检察权是司法的必然属性和特殊要求。司法是解决纠纷、化解矛盾的最后一道防线,面对诸多法律关系,司法机关必须以不带任何偏见、不受任何不良影响的中立者的身份来处理问题,由此才能实现让人民群众在每一个司法案件中感受到公平正义。受西方司法权体制的影响,有学者认为我国的司法机关应该完全独立,其中就包括党与司法关系的完全分离,这是完全错误的观点。首先,正如苏力教授所指出,"完全独立于政治的司法本身就是一种没有现实根基的政治主张,不仅在中国如此,在世界各国也都如此"③。因此将司法与政治截然分立不仅不符合实际,也不符合理论,这种做法必然行不通。但是在独立公正行使审判权和检察权原则的影响下,司法也不能完完全全被政治影响从而失去了自身的独立性与公正性,找到司法与政治的平衡点和适当的距离就是解决党法关系最为关键的点。这有助于保持作为国家权力重要支撑点的党的执政权

---

① 参见王学辉、曹梦娇《党支持司法的规范内涵及其制度逻辑》,《华侨大学学报》(哲学社会科学版)2022年第2期。
② 《"党支持司法"是党在处理与司法权关系时的最新最科学的表述——司法体制改革时顶层设计的政治改革》,《北京日报》2017年9月11日第13版。
③ 苏力:《关于能动司法》,《法律适用》2010年第2期。

力和司法权力的平衡，有利于国家整体结构的稳定。① "党支持司法"的表述正是在寻找司法与政治平衡点问题上最好也是最科学的回答。"党支持司法"意味着党并不插手过问司法案件，并不指示、决定司法案件的走向与结果，而是"管方向、管政策、管原则、管干部，不是包办具体事务，不要越俎代庖"②。市域社会治理由于地理范围较小，受到错综复杂人情关系、利益关系的影响，更容易出现以权代法、以言压法、党委过度干预司法的情况，因此更是需要深刻领悟贯彻"党支持司法"的核心思想与理念，正确处理党委与司法之间的关系。

在市域社会治理中坚持党支持司法需要充分发挥党管干部的原则。党管干部主要是指各级党委坚持贯彻执行党的干部路线、方针和政策，严格按照党的原则选拔任用干部，并对各级各类干部进行有效的管理和监督。在司法机关中，法官和检察官是司法系统中的核心和灵魂，因为一个个具体的案件需要检察官代表检察院来提起公诉，一个个具体的个案需要法官代表法院来作出裁判，司法系统中的"人"是关键。法律是抽象的，司法案件是具体的，每一个具体案件的公诉、审理都需要充分发挥检察官、法官的主观能动性，"自由心证""合理标准"等较为抽象的词汇频繁出现在法学体系中，如何正确地发挥好主观能动性，如何在利益诱惑面前始终保持坚定的信念、始终保持为人民服务的理念就显得至关重要。要确保司法机关中的法官、检察官等工作人员始终保持忠诚、正直、担当的初心使命。党管干部的人才选用及培养模式在对司法工作人员的思想建设、业务能力建设、作风建设方面都以无形的力量塑造着司

---

① 汪火良：《论党支持司法：理论阐释和实现方式》，《湖南行政学院学报》2017年第6期。
② 习近平：《论坚持全面依法治国》，中央文献出版社2020年版，第44页。

法工作人员的能力与品格。① 在司法机关中，党管干部的具体方式包括在员额制改革中对法官遴选程序和具体入额人选的把关、审核。在司法改革后，市域内的中级人民法院及基层法院的院长已经实现由省委管理，法院其他班子成员由省委组织部或委托市域地方党委管理，以此避免审判权的地方化倾向。②

在市域社会治理中坚持党支持司法需要充分发挥党的监督作用。尽管党管干部原则及相应的选人用人机制已经发挥了一定的监督作用，但是由于在司法过程中法官、检察官等工作人员的主观能动性还是存在相当大的发挥空间，且市域范围内利益网交错复杂，因此在党支持司法的前提下，还需要不断加强党对司法机关的监督作用，避免人情案、关系案、金钱案的发生，维护并促进公平正义。首先，在监督主体上，司法机关内部党组以及同级党委、党的政法委员会以及上级党委，四方主体构成了较为牢固且体系化的监督主体机制，充分发挥监督作用。其次，在监督方式上，党委领导下的司法责任制改革是全面深化司法体制改革的"牛鼻子"，在其中发挥着重要的监督作用，有助于实现"让审理者裁判、由裁判者负责"的司法精神。此外，在市域内的地方党委助推司法责任制深入实施的同时，纪委、监察委也需要持续深入推动对司法工作人员的监督，由此形成多主体、全方面、多角度的监督网络，更好地发挥党支持司法的作用，激活党监督司法的能量，让司法腐败无处遁形。

---

① 参见王学辉、曹梦娇《党支持司法的规范内涵及其制度逻辑》，《华侨大学学报》（哲学社会科学版）2022年第2期。

② 马骁：《行走的宪制：司法改革中的"党管政法"原则》，《中国政法大学学报》2018年第5期。

四 坚持党带头守法

党带头守法具有两方面的含义:一方面,党员自己需要自觉尊法守法学法用法,发挥好模范带头作用和表率作用;另一方面,要在党的领导下推动全社会形成尊法守法学法用法的良好风气,形成全民守法的良好格局,推动市域社会治理法治化的进一步发展,也推动法治社会的早日建成。古今中外,诸多法学家都早已认识到守法的重要性。亚里士多德在《政治学》一书中就曾指出:"法治应该包含两重意义:已成立的法律获得普遍的服从,而大家所服从的法律又应该是本身制定得良好的法律。"① 亚里士多德的这一表述构成了关于法治最经典的定义,从而为后世无数法学家所引用。"已成立的法律获得普遍的服从"即指守法,由此可以看出守法在法治建设中的重要性。

此外,法国哲学家、思想家卢梭也同样指出了守法的重要性。卢梭认为,服从法律:无论是我或任何人,都不能摆脱法律的光荣的束缚。这说明了卢梭认为法律面前的任何人都必须遵守法律,不因身份、地位、阶级、职业等因素而有所区别,同时,守法也是一件光荣的事情,每个人不仅应当去做,也值得去做。由此可见,关于守法的重要性不仅在诸多法学家、思想家的著作、言论中出现,也被一段段历史所印证。历史上繁荣昌盛、发展良好、得民心的朝代、国家大多有个共同的特征,即人民普遍遵守法律、敬仰法律、服从法律。人民普遍不遵守法律、不敬仰法律、不服从法律的朝代、国家则动乱频发、硝烟四起、民不聊生,更不要提经济发展和生活水平的提高。因此法治国家、法治政府、法治社会的建成和市域社会治理法治化的发展都始终要做好"守法"方面的工作,更需

---

① [古希腊]亚里士多德:《政治学》,吴寿彭译,商务印书馆1965年版,第199页。

要坚持党带头守法。

俗话说:"打铁必须自身硬。"推动全社会形成良好的尊法守法学法用法良好风气的前提是党在守法方面发挥好模范带头作用。党的执政公信力源自人民;党的执政正当性也源自人民对执政党的执政地位和执政力的认同。人民对党的认同与党的执政公信力、执政正当性水平成正比。[①] 在守法方面,法律面前人人平等是最基本的原则,所有主体都需要遵守法律。中国共产党作为中国工人阶级的先锋队,同时也作为中国人民和中华民族的先锋队,更是要带头守法。只有无数党员带头守法,充分发挥模范带头作用,才能赢得人民对党的信任和认同,才能为党领导立法、保证执法、支持司法奠定更为坚实的基础。在党带头守法上,要抓住领导干部这个"关键少数",发挥更为关键和核心的带头作用。2015年2月2日,在省部级主要领导干部学习贯彻党的十八届四中全会精神全面推进依法治国专题研讨班开班式上,习近平总书记强调:"各级领导干部在推进依法治国方面肩负着重要责任,全面依法治国必须抓住领导干部这个'关键少数'。"领导干部要做尊法学法守法用法的模范,带动全党全国人民一起努力,在建设中国特色社会主义法治体系、建设社会主义法治国家上不断见到新成效。[②] 党员领导干部在党内以及所担任的职务上往往发挥着更为重要的作用,对决策的产生、审议发挥决定性作用,如果党员领导干部不守法、带头破坏法治,这将产生巨大的危害后果。同时党员领导干部对其他党员也能发挥带头模范作用,如果党员领导干部不能带头守法,其他党员也难以做到带头守法,更难以实现全民守法,无法形成从"党员领导干部

---

① 钱锦宇、孙子瑜:《论党的领导与全民守法:以党的治国理政领导力为视域的阐释》,《西北大学学报》(哲学社会科学版)2021年第5期。
② 习近平:《领导干部要做尊法学法守法用法的模范 带动全党全国共同全面推进依法治国》,《人民检察》2015年第4期。

—党员—人民"的守法下沉路径。

在坚持完善党员带头守法上，一方面，党员自身需要在内心形成良好的法治意识，时刻保持对法律的尊崇和敬畏，自觉遵守法律，形成自己内心的法律束缚与法治准绳。同时，还需要提升运用法治思维和法治方式进行工作、领导的水平，不断提高个人的法治能力。北京市怀柔区于2018年搭建了北京首个领导干部和国家工作人员学法考法平台，只有在满足每人每年在线学法8小时的要求后才能获取参加年度测法的资格，而年度测法的成绩又与个人年底考核、奖励直接挂钩，一旦在年度测法中的成绩被评定为不合格，当年评优资格和相关奖励都会被取消。通过将学法考法与个人考核绩效挂钩，有效提升了党员、领导干部、国家工作人员学习法律、提升法治思维的动力。此外，各地也创新党员学法用法守法的方式，以多元化手段提升党员干部学习的积极性。如山东省青岛市依托"青年普法志愿者法治文化基层行"线上普法平台，开展以"学法用法，依法为民"为主题的宪法法律知识学习活动，组织市直机关党员干部进行宪法法律知识学习，将宪法法律的学习以及法治思维的提升贯穿到日常工作和生活中。另一方面，外部监督激励机制也同样需要完善。要加强对党员的监督机制，还要完善选拔具有法治思维和法治方式的人才干部选拔任用机制，以此更好地发挥党带头守法的示范作用。对于缺乏守法意识，违反党纪、法律，不能发挥带头守法作用的党员也要依法严肃处理。在市域范围内，要常态化开展作风建设专项整治行动，坚决整治党员工作、生活中的违纪、违法、违规行为，并做到露头就打、严肃问责。通过"以案为鉴、以案促改"警示教育大会、警示教育专题纪录片等方式引导党员干部举一反三，吸取教训，做好带头守法的表率，推动从严治党不断向纵深发展。

党带头守法还需要通过多种手段、方式，提升全社会尊法学法守法用法的水平，进一步促进法治社会建设，提升市域社会治理法治化水平。新时代背景下党动员全民尊法学法守法用法的方式包括政府动员、组织动员、社会公众的自我动员。① 首先，市域范围内的地方党委可以带头开展多种形式的法治宣传活动，以人民群众喜闻乐见的方式展现，在丰富人民群众生活的同时，也增长了法治意识和守法精神。法治宣传活动也需要与最新的立法、执法、司法情况相结合。如在《民法典》等重大法律出台前后，要加大对新法的普及宣讲活动；在扫黑除恶等专项行动期间，也要加大相关法律知识及典型案例的宣讲力度。其次，还要加强社会公众的自我动员。鼓励公众以主人翁的身份积极参与法律实施的各个环节，汲取其中的法治精神，从而实现"主体性守法"②。

第三节　切实提升党领导市域社会治理法治化的能力与水平

习近平总书记指出："全面依法治国是要加强和改善党的领导，健全党领导全面依法治国的制度和工作机制，推进党的领导制度化、法治化，通过法治保障党的路线方针政策有效实施。"③ 因此在明确党的领导是市域社会治理法治化根本保证，并将党的领导贯穿市域社会治理法治化全过程后，如何切实提升党领导市域社会治理法治化的能力与水平就成为完善党的领导制度的关键。在市域范围内，需要充分发挥政治引领者、组织参与者、服务供给者的作用，

---

① 钱锦宇、孙子瑜：《论党的领导与全民守法：以党的治国理政领导力为视域的阐释》，《西北大学学报》（哲学社会科学版）2021 年第 5 期。

② 江荣荣：《党的领导与全民守法：嵌入机制及其路径优化》，《大连干部学刊》2019 年第 6 期。

③ 习近平：《论坚持全面依法治国》，中央文献出版社 2020 年版，第 2 页。

在政治建设、思想建设、组织建设方面发挥作用。此外,还需要抓住领导干部这个"关键少数",通过各项制度提高领导干部对各项工作特别是政法工作的领导能力。

一 充分发挥市域党委政治引领者、组织参与者、服务供给者的作用

地方党委的政治引领力、思想动员力、群众组织力、社会号召力为党领导市域社会治理发挥了充分的制度支撑和保障。[①] 在此基础上,市域地方党委需要发挥好"三者三建设"的作用:一方面,做好市域中的政治引领者、组织参与者、服务供给者;另一方面,充分做好政治建设、思想建设、组织建设。

根据当前实践,可以将党组织定位为"政治引领者、组织参与者、服务供给者"[②]。首先,市域中各级党组织最重要的身份是政治引领者,要在政治上起到宏观的导向作用。既要在政治方向上把好舵,凝心聚力,又要在引领的内容上把好关,守好门。始终坚持"党建统领活的灵魂,一根红线贯彻始终",让党的政治引领充分贯穿市域社会治理法治化的各个过程和各个方面。在社会关系复杂、各类风险频发、典型问题突出的市域社会治理中,只有充分发挥党的政治引领功能,才能在历经风浪后仍岿然不动,才能促进市域社会治理法治化的长足发展。天津市在市域社会治理过程中长期坚持以党建为统领、以人民为中心,把党建引领社会治理作为推进市域社会治理现代化的一根"红线",并把党的政治优势、组织优势、思想引领优势和群众工作优势转化为推动市域社会治理的强大效

[①] 于秋颖:《市域社会治理现代化的功能定位、目标导向与建构逻辑》,《长春理工大学学报》(社会科学版) 2022 年第 1 期。

[②] 上海市黄浦区依法治区办、区司法局课题组:《基层社会治理法治化研究》,《中国司法》2019 年第 4 期。

能,通过"战区制、主官上、权下放"等体制机制形成了天津市域社会治理现代化的成功经验。① 这意味着市域社会治理中发挥党的政治引领作用需要形成系统性、整体性思维,要从整体上对如何发挥政治引领作用进行谋篇布局。其次,要充分发挥组织参与者的作用,党组织不仅要发挥自身在市域社会治理法治化中的主体身份、参与者身份,还要组织协调各机关、组织、个人等多元主体共同推进市域社会治理法治化。一方面,要为各类社会主体参与市域社会治理的事务提供参与途径和方式,在满足要求的同时尽量降低社会主体参与的门槛,便利各类社会主体参与,为市域社会治理增添新的活力。另一方面,要加强各类社会组织之间的沟通协作,建立信息交流的共享机制,让各类主体之间的信息更畅通。加强协作,形成市域社会治理的合力,增加市域社会治理法治化的效能。具体来说,可以构建市域内的"大党委"机制,将市、区、街道、社区、网格五级纳入市域社会治理体系,让机关党员进小区报到,引导社区党员积极参与社区志愿服务,通过建立以党员为主体的居民小组(网格)议事会、小区自管会及院落、楼栋理事会的方式,形成市域社会治理主体的系统化,促进市域社会治理主体之间的紧密联系,组织各类主体积极参与到市域社会治理中。最后,作为服务供给者,在市域社会治理法治化中,党组织要始终秉持着"为人民服务"的初心和使命,从群众中来,到群众中去,为人民群众办实事。在此方面,浙江省各市在市域社会治理过程中始终坚持服务引领,巩固党在基层的执政基础。比如,浙江省一直坚持省市县乡四级党委书记在任期内要履行"四个走遍",其中市域范围内市委书记要做到走遍乡镇(街道),带动各级干部"走村不漏户,户户见

---

① 王伟华:《以党建引领"五治融合"扎实推进市域社会治理现代化》,《求知》2022 年第 12 期。

干部"。努力做到群众有不满情绪必到、有突发事件必到、有矛盾纠纷必到、有红白喜事必到，困难家庭必访、危重病人家庭必访、空巢老人及留守儿童家庭户必访、信访户必访的"四必到，四必访"，不断探索地方党委作为服务供给者的路径和方式。①

在政治建设上，需要不断健全党委领导机制，充分发挥政治引领作用。党委领导需要不断学习政策方针、国内外的政治动向，以保持对政治的灵敏触觉。对此，不少地方已经有了相对成功的经验，不仅可以为当下其他地方的市域社会治理法治化实践提供经验和模板，同时也能为今后的发展指明方向。例如，浙江省衢州在市域社会治理法治化的实践中，坚持"一根红线"贯穿始终，这根红线就是坚持党的领导，发挥政治引领作用。衢州市在实践中坚持党委领导纵览统筹，将促进市域社会治理法治化作为衢州市发展的战略任务，并与其他社会发展任务一体化协同推进，多元助推。在党委领导下，多次以市委专题会议进行部署。② 在思想建议上，党组织需要发挥思想上的表率作用，并通过多渠道、多方式加强思想政治的宣传教育工作。在市域社会治理中，结合法治化的要求，习近平法治思想以及习近平总书记关于深化依法治国实践的重要论述，是各级党组织及领导干部必须要不断深入学习的重要内容。在思想宣传教育工作上，要多方协调，协调组织部门、教育部门、宣传部门，共同发挥思想政治宣传教育作用。同时，要以群众喜闻乐见的方式进行宣传教育，消除群众的抗拒感，增强群众的积极性与可接受性。在组织建议上，需要通过良好的制度设计、组织协调，促进市域社会治理法治化进一步发展。例如，上海市徐汇区设立了党建

---

① 参见车俊主编《透过浙江看中国的社会治理》，外文出版社 2019 年版，第 22 页。
② 浙江省衢州市域社会治理现代化研究课题组：《党建统领 + 基层治理：市域社会治理现代化的衢州样本》，《社会治理》2020 年第 5 期。

指导员和联络员制度,二者相辅相成,发挥着不同的作用。指导员主要发挥各项决议、精神的传达、枢纽作用。联络员主要发挥工作的具体落实作用。指导员和联络员相互配合,形成了良好的合作关系,促进徐汇区的社会治理法治化建设。① 广东省佛山市则采取了不同的措施,其通过党员干部驻点直联,零距离、零时效地第一手了解群众的需求和建议。深入贯彻群众观点与群众路线,加强党组织与群众的联系。②

二 抓住领导干部这个"关键少数"

领导干部是法治建设的关键,也是市域社会治理法治化进程中的主要抓手和重要推动力。一方面,领导干部能够充分发挥表率作用,带动市域范围内形成良好的法治氛围,推动形成法治社会。另一方面,提高领导干部运用法治思维和法治方式进行市域社会治理的能力,能够进一步推进市域社会治理法治化的进程。因此,在市域社会治理中抓住领导干部这个"关键少数"至关重要。

第一,要落实主体责任,充分发挥好市域社会治理中党政主要责任人的第一责任人身份。2016年中共中央办公厅、国务院办公厅印发了《党政主要负责人履行推进法治建设第一责任人职责规定》,该规定属于党内法规,适用于县级以上地方党委和政府主要负责人,与市域社会治理法治化所对应的行政级别相符,可以作为市域社会治理法治化建设的主要党内法规依据。总体来说,《党政主要负责人履行推进法治建设第一责任人职责规定》在宏观上规定了党委的领导作用、引领作用对于法治建设的重要性、必要性,明确了

---

① 戴康:《新时代社会治理法治化的实践创新与优化路径——基于上海徐汇区公共法律服务的调查》,《四川行政学院学报》2020年第3期。
② 参见豆潇潇《市域社会治理法治化研究》,《上海法学研究》2020年第17卷。

党委及政府的主要负责人在推进法治建设中所应当承担的第一责任人职责,其中党委不仅要发挥领导核心作用,还要提高党内法规制度的执行力,依法依规决策,依法依章履职。党政主要负责人对市域社会治理的实际情况、发展目标、法治化进程有着更为准确地把握,能够积极协调各类机关部门,并紧盯各级领导干部,统筹推进市域社会治理法治化。如云南省玉溪市在市域社会治理过程中始终坚持"书记抓、抓书记"。市、县(区)均成立由党委书记任组长,专职副书记、相关常委和政府班子成员任副组长的治理工作领导小组,建立定期报告、沟通调度、跟踪督查等制度,切实把加强城市基层党建作为一项重大政治任务抓紧抓实。① 同时,根据职权与责任相匹配的原理,既然党委主要负责人在推进法治建设中承担了如此重要的责任,那么相应地,党委需要行使与其责任相匹配的职权,发挥与其责任相匹配的作用,其中政治引领是党委在法治建设中所发挥的最为本质、最为根本的作用。有责任担当,才能促生作为意识。以责任机制倒推领导干部在市域社会治理法治化领域中实现积极充分的作为。为此,需要以市域社会治理法治化发展成果为指标对党政主要负责人进行年度、中期、短期专项考察,并将其纳入党政综合考察和档案中,从而以"关键少数"为起点抓起党政机关整体以及社会全体成员对市域社会治理法治化建设的重视,确保市域社会治理法治化建设的有序推进。② 对于在这方面没有正确履行法治建设第一责任人职责的相关党政主要负责人,要依照党内相关规定进行问责处理。

第二,要以多途径、多渠道发挥对领导干部的监督作用,形成有效的制约机制。党内监督方式包括对领导干部的考核机制,以

---

① 《玉溪市:党建引领市域社会治理现代化》,《中国城市报》2020 年 12 月 7 日第 B8 版。
② 孟庆吉:《新时代市域社会治理的法治思考》,《经济研究导刊》2021 年第 32 期。

"考"促"监督",监督的同时形成良好的促进效果。此外,党内监督方式还包括党务公开、督察督办以及事后的问责追责机制。党内法规严于国家法律,领导干部及其他党员在牢牢树立法律意识、遵守法律的同时也必须严格遵守党内法规,严格履行党内的纪律规定,以更严格的标准要求自己,形成具有强烈约束的自我监督。党外监督方式包括来自人民群众的监督、来自新闻媒体的监督等多种方式。随着互联网的普及,以网络监督为主的互联网监督方式提高了监督的便利性,能对领导干部形成更加全方位的监督,在监督中发挥着重要的作用。近年来,多起领导干部的典型问题、典型事件都是通过互联网中的社交媒体才被发现和追责。同时,这也对其他领导干部起到了威慑作用。为此,对领导干部这些"关键少数"的监督要不断发挥好党外监督的作用,以审慎和严谨的态度对待来自党外的监督。

第三,要切实提升领导干部运用法治思维和法治方式的能力,提升市域社会治理水平。2019年出台的党内法规《中国共产党政法工作条例》(以下简称《条例》)进一步明确了各级党委在政法工作、法治建设中所应发挥的作用和所应承担的工作,再次明确了市域社会治理法治化中政治引领、党的领导的重要性。《条例》更为明确、具体地在党的领导机关、党的领导程序上作出了规定,为市域社会治理法治化提供了更为明晰的规范指引。《条例》要求加强党中央对政法工作的集中统一领导,具体到市域社会治理领域,就是对市域社会治理法治化运行和保障的领导,完成法治中国、法治社会的目标建设工作。《条例》旗帜鲜明地强调必须坚持党的绝对领导,这不仅包括党中央的集中统一领导,也包括地方党委结合地方法治工作的实际情况进行的领导、党委政法委员会的领导、政法单位党组的领导,由此构成了一个完整充分的纵向的党的领导体系。横向的党的领导具体程序则包括请示报告、决策和执行、监督和责任三部曲。纵横交错，由此将政治引领、党的领导充分地贯穿到市域社会治理法治化、法治国家的建设过程中。为提升市域社会治理水平，需要充分运用法治思维和法治方式行使这些党的领导的具体制度和程序。一方面，领导干部需要主动学习各类法律原理和法律条文，知其然并知其所以然。主动学习法律才能将其运用到工作中来，并进一步提升自己的法学素养和理性思维能力，用更严密的思想和逻辑参与市域社会的治理活动。江苏省无锡市聚焦"学法对象、学法内容、学法形式"，不断建立健全领导干部学法的专题化以及常态化机制。不仅鼓励局机关一定年龄以下的年轻干部统一报考法律职业资格考试，在学习、复习的过程中提升法治思维和法治意识，还明确了包括领导班子成员、市管干部、局机关处室和下属事业单位主要负责人、业务处室副科级以上领导干部五类人员在内的重点学法对象，抓紧抓牢领导干部的法律知识积累和法治思维提升，由此在全市范围内形成尊法学法守法用法的浓厚法治氛围。另一方面，需要不断完善领导干部法治建设考核机制。把能不能遵守法律、依法办事作为考察干部的重要内容和识别干部的重要条件，在相同条件下，优先提拔任用法治素养好、依法办事能力强的干部，由此提高领导干部主动学习法律、主动提升法律意识、主动运用法治思维和法治方式的积极性和主动性。

第五章

提升市域立法质量和水平

法治是治国理政的最优模式。良法善治是古今中外一直追求的理想法治社会,其中要想实现"善治"这一目标,必须要有"良法"这一重要基础,而"科学立法、民主立法"则是判断良法的基本准则。市域作为国家社会治理的重要场域,必须始终坚持科学立法、民主立法的基本原则,并在此基础上完善发展区域协同立法机制,最终实现市域乃至国家层面的"良法善治"。

第一节 提升市域立法质量和水平的重大意义

为提升市域社会治理法治化水平,促进国家治理能力和治理水平朝着现代化方向不断发展,进一步落实依法治国的基本方略,必须要不断加强市域社会治理立法。这不仅是《中共中央关于全面深化改革若干重大问题的决定》的文件精神所指,更是《立法法》的法律规定。同时,加强市域社会治理立法在促进细化落实具有普适性的法律规范,促进重大改革于法有据,促进市域社会治理法治化方面都发挥了重要的作用。在加强市域社会治理立法的前提下,还需要进一步提升市域立法质量和水平,同时拓展立法的深度和广度。提升市域立法质量和水平是贯彻落实规范文件的要求，不仅有利于法律的适用、协调改革与立法的关系，还有利于促进市域社会治理法治化进一步提升，具有重大的现实意义。

一 提升市域立法质量和水平是规范文件的现实要求

从《中共中央关于全面深化改革若干重大问题的决定》的发布到《立法法》的进一步修改，市域社会治理立法的规范支撑不断坚实，不断壮大，进行市域社会立法的重要性和必要性也进一步凸显。市域社会治理立法不仅是推进法治中国建设的必经之路，也是促进社会治理能力和治理水平现代化发展的重要工具，必须充分利用好"地方立法权"这一重要治理手段。

新时代以来，为了进一步完善和发展中国特色社会主义制度，解决改革发展进程中的问题，促进改革发展，党中央在十八届三中全会上通过了《中共中央关于全面深化改革若干重大问题的决定》（以下简称《决定》），该重大文件指明了全面深化改革的走向和我国在今后相当长一段时间的发展方向。《决定》将推进法治中国建设作为重要的一部分内容，并特别强调要"逐步增加有地方立法权的较大的市的数量"，赋予市域社会治理更多切实有效的治理工具和手段，充分显示了市域社会治理中"地方立法"的重要性。

相较于《决定》在宏观上起到的指导和引领作用，《立法法》的修改则是为市域立法提供具体规范依据，进一步起到了明确作用。2015年召开的十二届全国人大三次会议对《立法法》进行了首次修订，其中最令人瞩目的变动是授予设区的市地方立法权，一改以往只有国务院所规定的"较大的市"才能行使地方立法权的局面，将地方立法权的行使范围扩大到"市域"，所有设区的市和部分特殊的不设区的市都享有地方立法权。当下市域集聚着越来越多的人口，面临着越来越多的风险和挑战，享有地方立法权能有效解决当前社会治理面临的问题，进一步促进市域治理能力和治理水平现代化。另外，修订后的《立法法》还进一步缩减了地方立法权的权限，地方性法规的制定范围包括对法律、行政法规等上位法律规范的具体落实，也包括就地方社会治理中的问题因地制宜地制定相关规范。但总体而言，地方性法规不能逸出法律与行政法规的范畴。同时设区的市的地方性法规以及地方政府规章的制定范围限于城乡建设与管理、环境保护、历史文化保护等内容。① 一方面，在一定范围内限缩设区的市地方立法权是为了避免在缺少监管及中央统一管理的情况下滥用地方立法权，最终导致重复立法、无效立法的现象，引起法律体系的混乱，有利于维护中国特色社会主义法律体系的统一。② 另一方面，当前地方立法的权限范围已经能较全面地涉及地方社会治理的主要方面，法律保留事项必须通过法律或者法律授权的方式进行规定，以保持社会秩序的稳定。

二 提升市域立法质量和水平有利于法律的适用

强化市域立法有利于细化落实具有普适性的法律规范，促进法律的适用。明代著名政治家张居正曾说过："盖天下之事，不难于立法，而难于法之必行。"《中共中央关于全面推进依法治国若干重大问题的决定》同样指出，"法律的生命力在于实施，法律的权威也在于实施"。由此可以看出，不论时代、社会如何发展，强调法律的具体落实，强调法律的实施永远是一个重要的法治命题，都需要结合时代给出具体答案。如果空有一套完善的法律规范体系却难以具体落实，则该法律规范就毫无意义。如何将已经制定完备的法

---

① 《中华人民共和国立法法》第八十二条第三款。
② 参见乔晓阳主编《中华人民共和国立法法导读与释义》，中国民主法制出版社 2015 年版，第 241 页。

律规范具体落实是法治建设中的关键点和重要着力点。我国国土面积较大，涉及地区多，不同地区之间的经济发展水平、生活习惯、生态环境等均有着较大的差别。比如东西部之间存在着较大的经济发展水平差异，沿海地区和内陆地区的生态环境也有着很大的区别，城市和农村的消费习惯、生活习惯也有着较大的差异，并且不同地区在同一时期市域社会治理中所面临的现实问题、发展目标、发展重点也存在差异，这些差异随着社会的飞速发展会变得更加明显。诸多因素决定了由国家层面统一制定的法律、行政法规、部门规章只能体现"普适性"特征，只能就顶层设计、体制机制、原则精神作出较为宏观的规定，而不能就具体的规范执行落实作出更为详细的规定。苏力教授也指出，如果过分强调立法权集中在中央层面和法律的普适性，以至于剥夺了对某些必须予以考虑的地方因素，那么就会导致更大的问题。[①] 因此，通过赋予更多的地方享有立法权，也就意味着国家层面具有普适性特点的立法能够在更多的地方获得细化，不仅有利于地方的社会治理工作，还有利于国家整体法秩序的统一协调。我国的法律规范体系是一种"金字塔"形状的立法结构，规范性文件的数量随着层级的降低而不断增加，如果没有诸多的地方性立法，法律等上位法就会成为空中楼阁。[②]

《立法法》赋予设区的市地方立法权后，各地市不仅可以结合市域社会治理的实际情况对法律法规等上位法进行细化，还可以结合立法中的空白内容与本地亟须解决的问题制定查漏补缺的创制性立法。这两部分内容共同确保市域社会治理的立法更加贴近地方实际，紧紧围绕市域社会治理的实际需要，以地方立法破解地方社会

---

① 参见苏力《当代中国的中央与地方分权——重读毛泽东〈论十大关系〉第五节》，《中国社会科学》2004年第2期。

② 参见陈公雨《地方立法十三讲》，中国法制出版社2015年版，第10—11页。

治理难题。一方面，市域立法可以围绕法律、行政法规等上位法作出具有可操作性的细化规定，即出台相应的实施细则或者条例。这不仅有利于上位法在市域范围内的贯彻落实和深入实施，也有利于结合当地的实际情况作出法律允许范围内的变通，以此增加法律与实际情况的适配性和契合性。另一方面，针对《立法法》授予市域范围内可以立法的"城乡建设、环境保护、历史文化保护"等事项作出具有当地特色的地方立法，以进一步提升市域社会治理法治化水平。比如广东省珠海市为了健全平安法制体系，根据当地的实际情况和法治建设的薄弱点、缺口，推动出台了《珠海经济特区见义勇为人员奖励和保障条例》《珠海经济特区公共安全技术防范管理条例》《珠海经济特区养犬管理条例》[①]，以此进一步提高珠海市市域社会治理法治化水平。还有部分地方从特色之处入手，结合与老百姓生活息息相关的领域，以此增加市域立法的适用性和可实施性。如为了加强全民阅读服务工作，保障公民阅读权益，培养全民阅读习惯，提升全民阅读能力，浙江省温州市自 2019 年年底以来相继出台了《关于加快推进全民阅读建设书香温州的实施意见》《温州市全民阅读促进条例》两部地方性立法，以立法推动温州全民阅读工作再上新台阶。广西壮族自治区是边疆少数民族地区，其下属的地级市以立足实际、融入民族元素、解决本地问题为方针开展市域社会治理的立法工作。比如被誉为"铜鼓之乡"的河池市为保护壮族的铜鼓民族文化制定并实施《河池市民间传世铜鼓保护条例》；北海市作为古代"海上丝绸之路"重要始发港制定了《北海市海上丝绸之路史迹保护条例》；《贺州市黄姚古镇保护条例》《来宾市忻城土司文化遗产保护条例》等地方性法规也具有同样的特点，立

[①] 中国社会科学院国家法治指数研究中心、中国社会科学院法学研究所法治指数创新工程项目组：《社会治理：珠海平安社会建设》，中国社会科学出版社 2018 年版，第 25 页。

足当地实际,对当地的民族文化、历史文化保护发挥了重要作用。

三 提升市域立法质量和水平有利于协调改革与立法的关系

习近平总书记在庆祝中国共产党成立95周年大会上的讲话中提出:"改革和法治如鸟之两翼。"这指出了改革与法治的密切关系,其中立法是关键。立法与改革二者能够相互作用,因此提升市域立法质量和水平有利于协调改革与立法的关系,有利于促进重大改革于法有据。《中共中央关于全面推进依法治国若干重大问题的决定》中明确指出"要做到重大改革于法有据",这为今后的改革指出了明确的方向。

在法学相关学术研究中,长期存在一种学术观点,即"良性违宪"或者"良性违法"。20世纪末,郝铁川教授首先提出了"良性违宪"的概念,认为"所谓良性违宪,就是指国家机关的一些举措虽然违背当时宪法的个别条文,但是有利于社会生产力,有利于维护国家和民族的根本利益,是有利于社会的行为"[①]。在当时改革开放的背景下,这些被称为"良性违宪"的行为主要是指改革过程中的先行措施。这一观点随即拉开了学界关于"良性违宪"的论争,出现了诸多反对"良性违宪"的学者,其中以童之伟教授为代表。童之伟教授认为,良性违宪也是违宪,违宪的本质属性要求对任何违宪行为都从一般意义上加以否定。[②] 在改革中,"良性违宪"或者说"良性违法"其实也就是指"先改革后立法",当改革时尚未有宪法或者法律的相关规定就会造成所谓的良性违宪或良性违法的结果。在改革开放的初期阶段,不仅没有相应的经验,也没有相应的法律

[①] 郝铁川:《论良性违宪》,《法学研究》1996年第4期。
[②] 童之伟:《"良性违宪"不宜肯定——对郝铁川同志有关主张的不同看法》,《法学研究》1996年第6期。

规范作为各项改革行为的支撑，基本上是处于"摸着石头过河"的阶段，只能通过先探索实践、试点试验获得改革成果，在改革成果经过检验后再通过立法予以确认，那时候采取"先改革后立法"的措施是特殊时代背景下的无奈之举，在当时的历史背景和客观条件下具有一定的合理性和必然性。在当下立法技术较为完备、改革经验较为充分的情况下，"先改革后立法"已经不适合时代发展情况和社会背景，而应当采取"先立法后改革"的措施，做到重大改革于法有据，进一步促进法治中国、法治社会、法治政府的建设，使市域社会治理始终处在法治轨道上，没有偏离法律的基本规定。

就改革的具体场域而言，结合当下全面深化改革的基本情况，市域基于其自身承上启下的特殊位置，"承担着全面深化改革战略任务的重任，并且一直都是改革创新和改革开放的前沿阵地"[①]。从改革开放以来，设区的市就一直担任着重要的角色，在改革开放的历史上画下了浓墨重彩的一笔笔印记。比如深圳特区始终是改革开放的排头兵，从在全国首次进行土地拍卖，到后来率先进行的律师制度改革、建立的第一家企业法人持股的商业银行，深圳无不走在了全国的前列。再如位于浙江省的温州市，以"敢为天下先"的精神给改革开放创造了诸多宝贵的经验，比如颁发首张个体工商户营业执照、建设全国首个股份制铁路金温铁路。基于上述经验，赋予设区的市立法权，加强市域立法是十分必要的，因为立法对改革有重要的推动作用。第一，在改革前修改法律或者颁布新的法律能够让重大改革于法有据，有利于维护宪法和法律的权威，提升宪法和法律的公信力、实施力。第二，可以充分调动市域提高社会治理能力和社会治理水平的积极性，深入人民群众寻找改革的切入点和落脚点，认认真真做好调研工作，并将其转换为立法。第三，通过地

[①] 伊士国：《设区的市立法权研究》，知识产权出版社2019年版，第54页。

方性法规和地方政府规章的支撑，能够减少地方改革中可能存在的风险和不确定性。地方立法需要经过充分的论证、调研、研讨、公布、征集意见等多个环节，通过精细管控各环节提升地方立法的科学性和严密性。改革过程中必然会遇到诸多风险和挑战，通过地方立法的科学论证和制定能够一定程度上提前预测风险并积极作出应对。第四，立法先于改革还有利于减轻改革过程中可能会有的阻力，提升人民的可接受性。市域立法的民主性决定了必须要让公众参与到立法过程中，通过公众参与立法、参与法律草案的意见征集，能够有效反映民情民意，以人民的声音来改进关于改革的相关立法工作，真正做到让人民群众满意才能助推改革的顺利进行。在协调市域范围内的改革与立法关系时，还需要借鉴有益经验，通过多种做法不断提升市域社会治理法治化的能力和水平。首先，在改革前制定立法时，也必须要对市域内的地方性法规和地方政府规章体系进行全面梳理。市域内的地方立法数量庞杂、内容繁多、涉及面广，所规定的事项容易与有关改革的立法发生冲突，因此需要及时进行梳理，及时进行地方立法的立改废释工作，防止日后改革过程中因地方立法的冲突而阻碍进程，造成效率低下和资源的浪费。其次，地方立法也需要不断提升立法技术，为改革预留空间。[①] 多运用原则性、概括性的规定，这样不仅能增加实践的弹性和宽度，也有利于根据改革实践中的经验教训不断修改完善立法，以此进一步提升法治化水平。

四　提升市域立法质量和水平有利于促进市域社会治理法治化

强化市域立法有利于促进市域社会治理法治化。在全面依法治国、促进国家治理能力和治理体系现代化的背景之下，基于市域所

---

① 高绍林：《地方立法工作体系研究》，天津人民出版社 2019 年版，第 47 页。

处的承上启下的特殊位置，提升市域社会治理法治化水平具有十分重要的意义。市域社会治理法治化涉及立法、行政执法、司法、公共法律服务保障等多方面的内容，但归根结底，立法是最为基础和根本的环节。尽管在之前很长一段时期内，大部分市域尚未享有地方立法权，但是因地方治理的现实需求必须要有相关的规范，因此许多地方通过制定其他规范性文件也就是通常所说的"红头文件"来对市域社会治理中的各种内容进行规定。由于其本质上并不属于法律，而是属于政府的一种文件，同时《立法法》等法律规范对红头文件的规定较少，导致红头文件在制定、实施的过程中都缺少必要的监管与审查，使得红头文件往往内容质量较差，甚至出现部分红头文件损害公民、法人、其他组织利益的情形。[①] 而地方性法规、地方政府规章要受到各项法律法规的严格监管，要受到上级立法机关的层层备案审查，同时在法律体系内部也要接受上位法的巡视和检验，不能违背上位法，因此地方性法规、地方政府规章通常具有较强的合法性、合理性，符合法治化的治理要求和标准。

加强市域立法能为行政执法、司法、公共法律服务保障等多方面的内容提供法律规范的支撑，使得社会治理的诸多手段和措施都于法有据，能够受到相应法律规范的有效监督和管理，防止公权力滥用损害公民、法人、其他组织利益的现象出现。

提升市域立法质量和水平有利于保障市域社会行政执法。行政执法属于法的适用的一部分，行政机关作为法律适用的主体，发挥着重要的作用。行政执法主体需要始终秉持着"法无规定不可为，法定职权必须为"的准则，根据法律规定的授权来行使职权。因为法律、行政法规等上位法适用于全国范围，因此无法根据地方治理的特有问题和客观情况来规定地方行政机关的特有职

[①] 伊士国：《设区的市立法权研究》，知识产权出版社2019年版，第52页。

权,难以针对性地解决地方治理的现实问题。通过市域立法,结合市域范围内社会治理的真正堵点和问题所在,让行政执法机关能够有所为;针对人民群众就市域内行政执法机关问题的反映,对行政机关提出警示,让行政机关依法行为,从而有效解决市域内行政机关的不作为或者乱作为现象。比如,当前部分地方环境污染问题突出、电信诈骗问题严峻,也有部分地方在金融商业方面存在需要整改之处,针对不同问题进行有侧重点的市域立法,开展市域专项行政执法活动,才能切实解决问题,提升市域社会治理法治化水平。

提升市域立法质量和水平有利于保障市域社会的司法活动。司法机关中法院的审理裁判都需要根据现有的法律规范。如前所述,法律、行政法规等上位法偏向普适性,从而一定程度上忽略了地方适用的特殊性。司法机关的主要作用是解决纠纷、化解矛盾。社会生活中,各类法律关系、各类矛盾纠纷产生的原因多种多样,部分纠纷矛盾更是具有地方特色。实践中,即使遇到法律关系复杂、案情曲折,难以寻找到法律裁判依据的案件,根据法律的规定,法官也不能拒绝适用法律,也就是说法官只能通过语义解释、扩大解释、缩小解释等各种解释方法来对现有法律进行进一步的解释。然而由于法官对法律的认识水平和法律素养不同,不同的法官可能会对类似的案件作出不同的判决,从而造成同案不同判的结果,由此损害法的统一性和安定性,这归根结底还是因为缺少更为细致、更为具体化的法律规定。市域范围内的地方立法通过制定更为细致、更为具体化的法律规定,恰恰能为司法裁判活动提供更为清晰和统一的指南。

提升市域立法质量和水平有利于保障市域社会的公共法律服务和法治宣传活动。受地区经济发展水平和教育水平的影响,不同地区的公共法律服务供给程度、需求程度,人民群众的法治观念、法治意识，政府的法治宣传力度都有所区别。在公共法律服务方面，法律援助、法律咨询和调解等活动的需求因地而异，公共法律服务建设水平也有所不同。在市域立法的推动下，各地可以更有针对性地开展公共法律服务。如2021年，云南省昆明市出台了《关于加快推进公共法律服务体系建设的实施方案》，在市域立法的引领下，围绕"服务平台组织、服务产品项目、服务供给配量、服务社会参与、服务群众指标考评"这五大方面细化了18项公共法律服务体系建设工作任务及43项公共法律服务发展指标，为广大市民提供更规范的公共法律服务。在法治宣传方面，结合不同的立法、行政执法重点任务以及公民不同的法治意识和法治理念，各地可以充分运用当地资源，结合多种手段和现有优势，开展多样化、个性化的法治宣传活动。如在市域立法的指引下，云南省普洱市结合当地市域范围内独特的地理环境和问题导向，针对特定的问题和现象，创新法治宣传教育，着力解决命案难防、边境难管和农村法治基础薄弱等问题，采取以案释法、送法到边、法润农村等方式开展宣传，取得了良好的宣传效果。从整体性角度来看，提升市域立法质量和水平能为其他区域提供借鉴经验，从而促进整体社会治理水平的不断提升，加快实现国家治理能力和治理体系现代化。尽管不同地区之间在各方面切实存在的差异性导致各自市域社会治理面临的问题、重心均存在一定差别，但是这并不意味着不同地区之间的立法经验、社会治理经验不能相互交流借鉴。不同地区的社会治理中存在一定的共性问题，并且一地区当前市域社会治理面临的问题可能是另一地区在上一阶段已经解决了的问题。这意味着市域社会治理立法的相关经验可以在不同地区之间流转，具有较高质量和水平的市域立法不仅能够有效解决自身所面临的问题，也能成为其他地区学习借鉴的模板，并为某一领域或事项的全国性立法提供实践样本与论证素材，促进整个立法体制的不断完善。① 在数字经济快速发展与加快培育数据要素市场的大背景下，数据立法成为市域立法的重点工作。在我国数据领域的基本法《中华人民共和国数据安全法》于 2021 年 6 月公布前，《贵阳市政府数据共享开放条例》《上海市公共数据开放暂行办法》《沈阳市政务数据资源共享开放条例》等关于数据的地方性法规和地方政府规章已经相继出台。不同市域数据立法中的共通之处以及差异之处、现存问题为国家层面的数据立法提供了良好的素材和经验，有利于从整体上构建完善的中央、地方数据立法体系。

第二节　提升市域科学立法水平

古谚有云："立善法于天下，则天下治；立善法于一国，则一国治。"立善法是持续推进依法治国方略，建设法治国家、法治政府、法治社会的根本所在，而立善法的关键就在于不断提升市域科学立法水平。科学立法是立法的基本原则，其所指的科学性主要包含规律性、有序性、和谐性三个基本特征，② 这同样适用于市域社会治理立法之中。从长期以来我国中央或者地方的立法实践来看，一部具有科学性、高质量、高水平的立法好于多部水平参差不齐的立法，其在法律体系中能够充分发挥引领和示范作用，由此促进整个法律体系的健全并不断提升科学化水平。因此切实提升市域科学立法水平至关重要。首先，贯彻科学立法原则，最核心的标准是立法要符合社会发展的客观规律，将立法的关注点着眼于社会发展的

---

① 魏治勋：《市域社会治理视阈下设区的市城市管理权限界定》，《法律科学》2021 年第 5 期。

② 冯玉军、王柏荣：《科学立法的科学性标准探析》，《中国人民大学学报》2014 年第 1 期。

重点领域，发现问题并解决问题，使得相关法律规范能发挥其应然价值。其次，在科学立法过程中，还必须充分运用科学技术手段，不断提升立法技术，完善法律规范体系，并加强法律的事后评估。在人工智能技术充分发展的当下，也要因时而变将人工智能技术应用于市域社会立法中，以系统提升科学性。最后，就立法内容而言，还可以将高质量的社会规则、自治章程等内容纳入地方立法之中，促进硬法与软法相结合，使地方立法更加便于具体落实与执行。

一　加强重点领域立法

党的十八大报告指出要"完善中国特色社会主义法律体系，加强重点领域立法，拓展人民有序参与立法途径"。中共中央印发的《法治社会建设实施纲要（2020—2025年）》，提出健全社会领域制度规范，要求完善教育、劳动就业、收入分配、社会保障、医疗卫生、食品药品、安全生产、道路交通、扶贫、慈善、社会救助等领域和退役军人、妇女、未成年人、老年人、残疾人正当权益保护等方面的法律法规，不断保障和改善民生。这些重要文件强调了重点领域立法的重要性，为各层级的重点领域立法提供了宏观的方向指引和内容导向。

市域加强重点领域立法需要强调横向的地方特殊性。市域内的地方立法与中央立法的一个重要区别就在于地方立法能够有效反映并解决地方问题，突出地方特色。在用好地方立法权这一市域社会治理工具时，必须始终牢牢把握地方性这一特征，结合不同市域内的经济发展情况、文化发展情况、环境保护情况等进行衡量和比较。通过对设区的市的地方性法规和地方政府规章进行总体检索分析，可以总结出当前设区的市内城市综合管理、交通运输、机关工作、环境保护四类领域属于各类城市的重点立法领域，因为这些领域涉及市域内社会治理最基本，也是最为必要的治理内容，并且不同设区的市之间的区别并不明显。但是在其他领域，随着地方经济发展水平的不同则呈现出较大的区别。例如，甘肃省兰州市位于我国西北地区，经济发展水平比较落后，在经济管理、产业促进、投资等领域呈现出比较大的立法需求。相较而言，地处东部地区，经济较为发达的江西省南昌市和浙江省杭州市则将立法资源更多倾向于房地产、知识产权等领域。[①] 由此可见，对应市域范围内不同的发展需求和治理需求，市域应当根据地方特殊性原则找到重点立法领域，从而有针对性地提升市域社会治理效能。

　　市域加强重点领域立法需要强调纵向的时空特殊性。不仅横向上不同市域之间存在地方特殊性，在同一个市域范围内随着时间的变化发展，重点立法领域也会因时而变呈现出时空特殊性。科学立法要求市域立法符合客观规律和时代要求。法律的制定不能因循守旧，也不能日新月异。法律要符合当下及今后一段时间内社会发展规律，符合时代发展要求，并且与市域社会治理中的改革措施相一致。对于不符合时代发展规律的、较为落后的法律规范要及时清理废除。如果相应的立法不能反映客观规律和时代要求，那么该种立法就难以适用，也就失去了立法的根本目的和法律的权威所在。过去市域立法多是围绕经济发展这个中心，随着中国特色社会主义进入新时代，市域社会治理也面临着新问题、新任务和新要求，需要及时调整市域立法的重点领域，以充分应对实际情况。当前市域立法的重点领域包括促进经济的高质量发展、促进民生领域发展、加强生态环境保护、加强社会主义核心价值观、加强区域协调发展这

---

① 夏璐：《重点领域的地方立法问题研究》，硕士学位论文，河北大学，2021年，第21页。

五大领域的内容。① 而未来的市域立法重点又有可能朝数据立法、人工智能立法、养老保障立法领域倾斜。市域立法不是一劳永逸的，随着时空的转移，市域立法的重点领域也会发生调整，此时有必要及时调整立法，不断完善市域内的法律体系，确保市域社会治理有法可依。

市域应加强重点领域立法，减少重复立法。据统计，地方性法规存在着重复上位法的现象。例如，将浙江省杭州市、江西省南昌市、甘肃省兰州市的地方性法规与上位法进行对比时，重复率超过30%的法规共有21部，其中个别地方性法规的重复率已经超过了40%，可以说一半的篇幅都是在重复上位法的内容。在重复方式上，一种情况为直接照搬上位法的内容或者换一种相似的表述方式，另一种情况是对上位法的部分内容进行拆分或者整合。② 这种重复立法的现象一方面会导致市域内的立法资源浪费，制定出来的地方性法规可能难以得到适用，从而变成形式立法，不能发挥实质性作用；另一方面会导致市域内真正需要解决的问题被忽视，造成实质问题的堵塞。当前的社会治理面临着个人信息保护、网格化管理、社会信用等多种问题，市域更是这些问题的集中点和突出点，但是当前国家层面尚未就网格化管理、社会信用等内容作出统一的立法，因此市域社会立法可以抓住这些重点立法内容，突出立法的时代特点，充分保障公民的合法权益。这既能有效解决市域社会治理的基本问题，也能保障法律规范的统一，防止重复立法、形式立法、违反上位法等现象。尽量避免对上位法无意义的重复和照搬，对市域社会治理法治化做好引领表率作用，让市域立法发挥出真正

---

① 许安标：《我国地方立法的新时代使命——把握地方立法规律，提高地方立法质量》，《中国法律评论》2021年第1期。
② 夏璐：《重点领域的地方立法问题研究》，硕士学位论文，河北大学，2021年，第21页。

的价值。比如在 2020 年，江苏省南京市就市域社会治理中的共性问题和较为基本的内容，制定了《南京市社会治理促进条例》这一综合性地方性法规，就是一个成功的市域立法范例。

二 提升立法技术

立法技术是指起草、修改法律文本需要遵守的操作规则、通用方法和表述规范，具体而言包括立法结构技术和立法语言技术两个方面的内容。[①] 立法技术作为立法环节中看不见、摸不着的事物，处于制定法的背后，往往容易被立法者和公众所忽视，但是与此形成对比的是，立法技术在立法中发挥了重要的作用。在市域立法中，地方立法技术的作用更是被进一步凸显。首先，立法技术与地方立法质量息息相关，甚至能够决定立法的质量水平。在市域立法中，立法技术体现为地方性法规和地方政府规章的语言规范、语言表达、章节分布、体系结构等多个方面，好的立法技术能够有效提升市域立法的质量和水平，从而提升市域社会治理的法治化水平。其次，立法技术与地方立法的可实施性与人民群众的接受度有密切的关系。通过良好的立法技术，地方立法体现出通俗易懂、法贵简明的特点，不沉溺于用通篇的法律专业术语来堆砌，而是用简洁的语言让更多的人民群众知法懂法，增加了民众对地方立法的可接受性。同时，体现出良好立法技术的地方立法也有利于在行政执法、司法等各个环节更好地发挥作用。因此良好的立法技术有利于助推提升市域科学立法水平，从而提升市域立法的质量和水平。

市域立法应当提升立法技术中的语言技术。不管是法律、行政法规等上位法还是地方性法规、地方政府规章等地方立法，都需要通过语言来表达法律规范的内容。恰当的语言才能正确表达法律规

---

① 赵立新：《关于地方立法技术若干问题的探讨》，《吉林人大》2020 年第 1 期。

范的真正含义,才能表达出立法者的意图和目的,而不会导致立法上的歧义和误解,也会减少学术上的相关争论。可以说立法技术中的语言技术在立法中发挥着重要的作用,很大程度上直接决定了立法的质量和水平,也直接影响人民群众对法律的理解。[①] 立法语言技术表现为对名称、语句、段落等内容的精准表述。通过对当前地方性法规和地方政府规章的观察和比较,可以发现当前市域立法在语言技术方面仍存在一定的问题。第一,在市域立法的名称方面,存在地方性法规名称适用不规范的问题。根据名称的含义及通常适用规则,每一种地方性法规的名称都有其相对固定的适用范围,比如执行性立法应当以"……实施办法"进行命名,创制性立法应当用"……条例"进行命名,程序性问题立法用"……规则"进行命名。然而在市域地方性法规的立法实践中,存在随意适用规范名称、规范名称与立法内容不匹配的现象。[②] 第二,在市域立法的条文方面也存在语言技术问题。条文中类似"严肃查处""紧密配合"等政策性语言出现频率较高,不符合法律规范的语言特点和标准。此外,还有部分规范的语言模糊不清、存在歧义,从而引起地方性法规适用上的争议,影响地方性法规的适用。[③] 为了解决当前市域地方性法规中存在的语言技术问题,在未来的立法过程中必须注意对规范名称的正确使用,根据地方性法规的性质和用途选择恰当的名称。古谚有云"法贵简明",正说明法律应当以精简、通俗易懂的文字呈现。一方面,这能有效减少立法成本,提高效率;另一方面,通俗易懂的法律能够拉近老百姓与法律的距离,提高人民群众主动学习法律、增强法律意识的积极性和主动性,也能增强人

---

① 胡戎恩:《中国地方立法研究》,法律出版社2018年版,第260—261页。
② 赵立新:《关于地方立法技术若干问题的探讨》,《吉林人大》2020年第1期。
③ 陈露露:《设区的市提升立法技术的路径》,《法制与社会》2019年第1期。

民群众对法律的可接受性。此外，语言在以通俗简洁的方式呈现的同时也不能丢失精确性和规范性，应做到语言的准确表达。

市域立法应当提升立法技术中的结构技术。市域立法中的结构技术包括体系结构技术、形式结构技术和实质结构技术三种内容。体系结构技术是指根据对地方立法的治理主体、治理对象、治理内容、治理方式等要素进行整体设计和统筹，并根据不同特点可以分为促进型、主体型、对象型、主题型四种类型。促进型市域立法注重治理方式，强调应以柔性手段进行市域社会治理，《南京市社会治理促进条例》是市域立法促进型体系的典型例子；主体型市域立法强调多元主体共同参与社会治理，因此侧重于对治理主体的规范，《上海市居民委员会工作条例》即属于此种类型；对象型市域立法聚焦市域社会治理中的治理对象，《成都市社区发展治理促进条例》正是聚焦社区单元内的具体事务，属于这一类型；主题型市域立法仅针对某一特定问题、现象，具有较强的适用性和实效性，《南通市住宅物业管理条例》《雅安市自然灾害应急避险若干规定》针对特定内容，属于这一类型。[①] 无论哪一种类型的体系结构技术，都存在一定的优点和缺点，需要根据市域社会治理的实际需求选择合适的立法体系结构技术。形式结构技术是指地方立法文本外在的各组成部分的设置、排列形式及二者之间的逻辑关系。实质结构技术是指立法文本中要素之间的逻辑及相互关系。[②] 如果说立法技术中的语言技术是市域立法的"皮"，给人带来最直观的印象，那么立法中的结构技术就是市域立法的"魂"，涉及市域立法的实质和核心内容。在市域立法实践中，立法规范技术也同样存在提升和改进的空间。比如当前市域立法存在章节比例设置不协调的问题。市

[①] 陈亚强：《市域社会治理地方立法的体系比较》，《人大研究》2022年第8期。
[②] 胡戎恩：《中国地方立法研究》，法律出版社2018年版，第250—253页。

域立法应当注重对权利义务的实质性规定，避免"大而空"的喊口号式的空泛内容。总则往往规定立法目的等非实质性内容，但是根据统计，在广东省设区的市制定的地方性法规中，约有三分之一的地方性法规中总则的条文数量超过了五分之一，甚至有部分地方性法规接近三分之一。① 这种总则占据过多内容的地方性法规将导致条文适用频率的不协调，一定程度上会造成条文的空置。此外，市域立法规范中的逻辑结构也有缺失的情况。根据法学理论，法律规范中的逻辑结构包括假定条件、行为模式和行为后果，三者齐全才能构成完整的法律规范。当前市域立法中部分地方性法规缺少行为后果，这就相当于没有牙齿的老虎，发挥不了法律的强制性规范作用，导致地方性法规缺少实际操作性。因而为了提升市域立法的结构技术，需要根据内容和条文数量合理设置各章节的内容分布，着眼于权利内容的规定，有效控制空泛、过于原则的条文数量。此外，在制定市域立法时还需要对法律规范的逻辑结构进行严密论证，避免其中任一要素缺失而影响市域立法的实效性。同时，市域立法应注意保持与整体法律体系的一致性。既要符合宪法、法律、行政法规、部门规章等上位法的规定，也要与同级的相应法律规范之间保持一致，以确保中国特色社会主义法律规范体系的协调性。

三　人工智能应用于市域立法

2018年，习近平总书记在中央政治局第九次集体学习人工智能发展现状和趋势时明确指出，要加强人工智能同社会治理的结合，开发适用于政府服务和决策的人工智能系统。随着人工智能技术的不断发展，人工智能的高效率、高科技、高水平特征为越来越多的

---

① 王能萍：《论地方立法技术——基于广东省设区的市地方性法规的分析》，《法律方法》2018年第3期。

人所信赖，其应用的领域也越来越广，将人工智能应用于社会治理是必然趋势。在立法领域，加强人工智能的应用深度和广度也同样重要。其实早在 2014 年，天津市就率先于全国绝大部分地方开展了将人工智能应用于市域立法的地方实践。2014 年北大法宝法律数据库研发出我国第一个规范性文件审查系统，被天津市人大所应用，开启了智能立法的研究与实践之路①，为全国范围内的人工智能技术运用于市域立法起到了良好的模范带头作用。之后，珠海、哈尔滨、上海、北京等市的人民代表大会常务委员会也通过与相关科技公司合作的方式，引进了"北大法宝"智能立法平台，逐步开启了人工智能立法的地方实践。② 在此背景下，贵阳市出台了首部由人工智能进行立法的法律规范——《贵阳市政府数据开放条例》。除了借助科技公司建立人工智能立法平台，部分地方也开展了具有创新性的地方实践。比如上海市建立了政府立法信息平台，浙江省政府联合浙江大学建立了立法研究院以支撑人工智能立法工作。③

人工智能应用于市域立法的案例和数量越来越多，一方面得益于人工智能技术的迅猛发展，另一方面也源于市域立法工作本身所具有的难度和提出的要求。自 2015 年《立法法》授予设区的市以普遍的地方立法权以来，地方立法权主体大大扩容，而地方立法主体的能力和水平还没有得到迅速提升，因此在面对各类市域立法时，会出现能力不匹配等类似的现象。此外，市域立法涉及范围广、涉及内容多、耗费时间长和程序复杂，在传统的立法过程中，

---

① 《人工智能辅助立法的探索之路——北大法宝规范性文件备案审查工作平台》，2020 年 2 月 14 日，法安网，https://www.faanw.com/zhihuisifa/4920.html，2022 年 5 月 1 日。
② 李弼：《人工智能应用于地方立法的现实困境与应然路径》，《人大研究》2022 年第 3 期。
③ 徐亚文、陈路易：《地方立法的人工智能应用风险与规制研究》，《湖北警官学院学报》2022 年第 2 期。

需要耗费大量的人力物力。如果地方发展水平较差，就难以为立法的各类资源条件提供充分的保障。在这种背景下，需要充分利用人工智能、大数据等现代科学技术，提升立法的效率和科学性。凭借人工智能、大数据等现代科学技术，智能分析立法需求，整合全国的法律体系，自动检测法律是否具有上下一致性、内容是否合法合理，提高立法效率，切实提升立法技术，为市域立法提供一个科学有效的重要工具。

市域立法中人工智能的应用贯穿于全过程。首先，人工智能可以应用于市域立法的资料数据收集和分析阶段。立法的需求源于司法案例中遇到的问题和难题，源于社会治理中遇到的问题和难题，源于人民群众生活工作交往中遇到的问题和难题。但是现实生活中，市域范围内每天都会产生大量的司法案例，司法案例极其庞杂，社会治理中的各类问题也呈现出千头万绪的特征，人民群众反映的意见也散布于各个社交平台和各类反映渠道。因此面对如此海量的数据，传统的人工检索难以高效地找到立法真正的需求点。以当前市域社会治理中的数据保护立法为例，如果设区的市人民代表大会准备收集数据立法的相关资料，第一步需要从当前我国现行的法律、行政法规、各个地区的地方性法规中寻找规范依据；第二步要在中国裁判文书网的诸多案例中检索当前司法实践的实际情况，司法实践对数据保护立法的需求内容和需求程度；第三步要大量检索关于数据保护的期刊文献、专著书籍，总结学界对数据保护的法理分析和学术讨论；第四步还要立足国外的相关经验，借鉴国外的成文法、判例法对数据保护的相关规定。这些资料的检索需要耗费大量的人力以及时间，还容易遗漏内容，难以形成系统性的梳理。通过人工智能技术，能够在海量的案例、数据、反馈意见中进行系统性的梳理比对，以较快的速度总结出当前市域立法的需求点，并且随着时间的变化，人工智能技术也能将立法需求的变化实时呈现。在市域立法中，找到正确的立法事项是立善法、立良法，从而实现善治的关键所在。人工智能技术凭借自身的算法优势，能对各类案例、数据、意见进行科学分析，有助于市域挖掘符合社会发展和人民需求的立法项目，从而为市域立法做好"开头"。其次，人工智能可以应用于市域制定立法草案的阶段。制定立法草案是市域立法的关键环节，受到市域内立法专业人才的数量以及高校资源等因素的影响，不同市域立法水平也有差异。人工智能技术能够通过对国内外各类法律及规范性文件，对各市域内的地方性法规、地方政府规章进行全文学习，总结优秀立法中的文本经验并应用于市域立法，从而提升市域立法内容的科学性。此外，将市域立法草案输入人工智能立法系统中时，系统也能对立法文本中的错误表达、语义不清晰之处提供修改和更正建议。早在20世纪80年代，伦敦大学帝国学院的某个项目工作组就已经将人工智能技术运用于制定立法草案环节。项目组运用相关技术对英国《国籍法》进行建模评估，以检测《国籍法》的具体规范是否符合法律逻辑，在这个过程中发现了《国籍法》在定义、语法、应用等多个方面存在的问题。[①] 这说明人工智能技术应用于立法已经在20世纪取得了成功经验，随着人工智能、大数据等科学技术的飞速发展，将人工智能应用于立法工作的精确性、专业性会得到进一步提升。最后，人工智能可以应用于市域立法的法规清理阶段。市域立法中的地方性法规和地方政府规章数量较多，涉及内容较广，随着源源不断的新的市域立法的出台，原有的市域立法体系更是不断扩张，势必会引起市域法律规范体系的混乱。因为随着社会发展情况的变化，原有立法中的部分内容已经不合时宜，需要及时作出改变，同时新法和旧法

---

① 转引自李宗辉《人工智能辅助立法的理论探析与现实考量》，《科学与社会》2022年第4期。

之间也可能会出现矛盾之处，影响法律的适用。如果以传统的人力检索方式进行条文比对、法规清理工作，不仅难以及时清理，也会耗费大量的人力物力。依托人工智能立法技术，能够实时对市域地方性法规等体系进行检索，对是否存在矛盾冲突及需要修改的地方及时做出预警和建议。

在将人工智能应用于市域立法时，我们也需要认识到人工智能并不是无所不能的，限于人工智能技术所存在的一定局限性，市域立法工作并不能完全依靠人工智能技术。人工智能中的数据问题、安全问题等隐患都需要随着技术的完善发展才能得到解决。因此，我们需要确保"人工智能在地方立法工作中的辅助地位"[①]，只有人才能在立法工作中占据主导地位，发挥核心作用。只有保持这种对人工智能技术的正确认识，才能将人工智能立法技术不断升级完善，才能更好地发挥其自身作用，从而提升市域立法的科学化水平。

四 促进硬法与软法的有机结合

法律规范并不是包罗万象的，并不能调整所有的社会关系，涉及所有的社会治理领域，有些内容必然无法涉及，但法律的根本要求又是全方位保障公民的合法权益。目前社会中一些制定良好的社会规则、自治章程、道德规范等内容已经经过较长时间的检验，获得了群众的普遍认同，对于这部分内容可以通过法定程序吸收为市域立法的内容，以获得更高的法律效力，更全面地保障公民利益，使得地方立法既有温度又有广度。市民公约、居民公约、自治章程等软法规范是市域范围内的道德约定，其发端于人民对市域社会治

---

① 徐亚文、陈路易：《地方立法的人工智能应用风险与规制研究》，《湖北警官学院学报》2022年第2期。

理的道德共识，并产生于人民共同缔约的过程中。区别于以传统美德为代表的不成文的道德规范，这些软法规范是成文的市民居民意思自治的产物，是契约精神和法治文化的体现。① 正如苏力教授所言："传统并不是形成文字的历史文献，也不是当代学者的重新阐述，而是活生生流动着，在亿万中国人生活中实际影响他们的一些观念。"② 法律只有根植于本土的传统资源，才能有效形成自下而上的立法，真正体现人民群众的利益。在这种观念认识下，有必要在市域立法中引入软法这一概念，实现软法与硬法的有机结合。

通常认为，软法是指国家与国家之间、国家与私人或私人团体之间、私人团体与个人或私人团体相互之间所制定或认可的在义务、精确性或授权委托维度上弱化了的法律规范体系。③ 换言之，软法的"软"正是体现在其对相关主体义务的规定不具有强制执行力，不会被司法机关强制执行，也不会受到行政处罚等惩戒措施。其实软法并不只是法学理论上的概念，在我国相关重大文件中也提到了引软法进法律体系的重要性。党的十八届四中全会通过的《中共中央关于全面推进依法治国若干重大问题的决定》强调，发挥市民公约、乡规民约、行业规章、团体章程等社会规范在社会治理中的积极作用。在市域社会治理地方规范体系中引入软法的原因，一方面在于地方性法规、地方政府规章等地方立法固有的局限性；另一方面在于软法所具有的民主性、灵活性、多元性的优点。

首先，软法具有民主性。通常意义上的软法包括市民公约、乡规民约、行业规章、团体章程等自治规章，相对应的制定机关通常为城市居委会、村委会、行业协会、人民团体等各类自治组织，而

---

① 郭晔：《全面依法治国新时代的法治规范渊源》，《法制与社会发展》2022年第2期。
② 苏力：《法治及其本土资源》，中国政法大学出版社1996年版，第14页。
③ 罗豪才主编：《软法与公共治理》，北京大学出版社2006年版，第185页。

非传统意义上的立法机关——地方人民代表大会及其常务委员会。传统意义上的立法机关在制定法律规范时，尽管努力通过各项渠道收集民情民意，努力让立法体现人民意志，但是受到主观、客观条件的限制，立法机关仍然不能完全代表人民群众。各类自治组织及人民群众自己参与制定各类规范，通过各主体之间的相互协商和平等交流，能够充分表达不同主体的不同意见，让相关主体的意志在制定过程中得到充分的展现，充分体现民主性。市域社会具有熟人社会的特征，这种特征在市域范围内的各个社区、农村中更为突出。市域社会治理需要契合这一特征才能取得成效。在软法的制定过程中，市域范围内的社区居民、农村村民能够与熟人自发地就市域社会治理的相关问题进行讨论协商，这种氛围下产生的软法规范相比硬法更具有生机与活力，更能充分展现民主性。上海市徐汇区在市域社会治理过程中充分应用软法，出台了《上海市徐汇区软法治理指引（武康开放社区版）》。上海市徐汇区武康社区构建了"对话—共创—共享"的街坊参与机制，街道与居民代表、部分周边商户、物业代表、居民党员、社会组织围绕社区治理中存在的问题进行了多次深入沟通交流。社区街道采用"零距离"的做法，通过"拉家常"的形式，了解社区治理中存在的问题。居民亲自、全程参与社区软法治理大讨论与社区公约制定更是进一步凸显了软法的民主性。其次，软法具有灵活性。地方性法规、地方政府规章作为法律规范体系中的一部分需要保持相对稳定，不能朝令夕改。即使因为社会发展情况的变化，部分规范内容需要进行修改，也应经过严格的修改、审批、表决、公布程序，其涉及时间较长，效率较低，因此会导致上位法及地方性立法无法跟上社会发展变化，出现不协调、不一致的情况，不利于规范的适用。《村委会组织法》《居委会组织法》《物业管理条例》等硬法作为一定历史阶段的产物，难以及时改变以适应市域社会治理中面临的新问题，并且其作为中央统一立法，难以适应不同区域市域社会治理的差异性需求，无法因地制宜促进市域社会治理法治化。而相对来说，各类软法的修改程序不会如此严格，其能够及时对社会治理中出现的新问题、新现象进行回应。在市域社会治理中将软法与硬法相结合，能够克服彼此功能的局限性，共同发挥软法的灵活性与硬法的规范性。硬法能提供制度框架以促进软法发挥作用，其规范性是软法灵活性的边界和法治理念的底线。① 此外，软法与硬法相结合能够贯通从中央到社会治理末端的"国—省—市—区（县）—街道—社区"体系，达成"政府—企业—社会组织和个人"的科层式治理结构，② 在促进市域社会治理法治化的同时也从整体上促进国家治理体系和治理能力的现代化。最后，软法具有的多元性也符合市域社会治理的本质要求。市域社会治理法治化的关键在于构建"一核多元"的社会治理主体体系。多元主体贯穿市域社会治理的全过程，其中也必然包括立法环节。软法的立法主体为城市居委会、村委会、行业协会、人民团体等各类自治组织和人民群众，软法的多元主体参与真正体现了市域社会治理法治化的本质要求。

五　加强立法专业队伍建设

要提升市域科学立法水平，前文提到了加强重点领域立法、提升立法技术、促进硬法与软法有机结合，以及将人工智能作为重要的辅助工具应用于立法等措施，但是这些措施都要建立在市域立法有一支立法专业队伍的基础上。立法专业队伍是"根"，人工智能技术等其他工具或者措施都只是"枝"，市域范围是否配备有一支

---

① 齐磊：《社区软法治理的实施机制研究——基于济南市的经验》，《山东行政学院学报》2016 年第 4 期。

② 施伟东：《论市域社会治理数字化转型的法治推进》，《政治与法律》2022 年第 3 期。

成熟的立法专业队伍直接决定了市域立法的科学化水平和立法质量。在地方人民代表大会及其常务委员会立法活动中，立法专业队伍不仅包括立法者，还包括立法工作人员和第三方参与主体。其中，立法者是指在地方人民代表大会及其常务委员会中直接参与行使立法权的人员；立法工作人员是指不具有立法性职权，但参与立法活动、辅助立法过程的国家公职人员；第三方参与主体是指为地方立法工作提供专业建议和技术支撑的专业人士、高等院校和科研机构。① 三者缺一不可，共同构成市域立法专业队伍。虽然2015年《立法法》普遍授予设区的市以地方立法权，但是市域内的立法专业队伍建设没有随之跟上，造成各地立法质量及科学化水平参差不齐。部分立法专业队伍的立法理念还有待改进，部分较为落后的立法理念甚至体现出部门利益主义和地方立法主义的倾向。此外，部分立法队伍中具有法律及其他学科专业背景的人才数量也不足，由此导致市域立法中的专业化程度不高。这些都是阻碍提高市域立法科学化水平的现实困境。

　　加强立法专业队伍建设需要持续吸收复合型专业人才。市域社会治理涉及环境保护、金融、城市建设、医疗卫生、教育等诸多方面、诸多领域的内容。因此仅仅吸纳具有法律背景专业的人才进入立法专业队伍是不够的，还需要不断吸收"法律＋金融""法律＋环境""法律＋教育"等复合型人才。一方面，这可以为制定该专业领域的地方性立法提供专业支撑，提升立法的科学化水平；另一方面，在制定地方立法时，具有不同专业背景的人通过相互交流也可以提供不一样的视角和观点，通过思维的碰撞让地方立法能以更加全面、多元的视角考虑问题，形成更具科学性的立法。加强立法专业队伍建设还需要持续吸收法官、检察官、律师、法学教授、法

---

① 胡弘弘：《地方人大立法人才培养机制研究》，《中州学刊》2015年第8期。

学研究人员等专业人才进入立法专业队伍。法官、检察官、律师长期在司法实践的一线工作，对于地方性法规、地方政府规章在适用过程中产生的问题有着最为直观的认识。而法学专业教授、法学研究人员则长期从事关于法学的学术研究，对于法学前沿问题和热点问题较为了解，同时也有着更为扎实的专业基础和体系化理论水平。通过吸收这两类实践型和学术理论型立法专业人才，能够让市域内立法有针对性地解决司法实践中产生的问题，能够及时捕捉住法学理论中的热点和前沿问题。另外还需要加强立法专业队伍建设培训交流。一种途径是立法专业人员到法学院校、研究所参加学术培训，切实提升法学理论水平；另一种途径是立法专业人员到各部门、各组织以及基层挂职交流，通过工作实践了解市域社会治理面临的难题。当前多地已经开展了加强立法专业队伍建设的实践，并取得了一定的成绩。浙江省委将加强立法队伍建设列入省委年度工作要点和法治浙江建设工作要点，这表现出全省上下对立法人才培养的高度重视。浙江省的立法专业队伍建设以"内部挖潜、优化结构、提高能力"为目标，并且正在探索以聘任制公务员的形式公开招聘高级立法专员，不断充实立法专业队伍。浙江省委也紧抓各地级市对立法专业队伍建设的考核，对没有根据要求配备立法工作人员的地级市进行扣分并要求进行整改。广东省委组织部、省人大常委会办公厅于2018年4月联合印发《广东省高层次立法工作人才培养计划》，高度重视高层次立法工作人才的评选。广东省汕尾市人民代表大会常务委员会与深圳大学共同建立"深圳大学汕尾市地方立法研究评估与咨询服务基地"，并建立立法咨询专家库，为市域社会治理的立法工作提供人才支撑。湖南省邵阳市人民代表大会常务委员会不仅建立了地方立法咨询专家库，还组织立法队伍赴全国人大培训中心、浙江大学等进行培训，学习先进经验。未来各地还需不断提高对立法专业队伍建设的重视度，以更多方式、更多途径加强建设，只有建设好立法专业队伍，才能真正把地方立法权用好。

第三节 提升市域民主立法水平

一 提升市域民主立法水平的依据和意义

立法中的民主原则是指立法应当体现人民的意志和要求，确认和保障人民的利益。[①] 这与中国共产党为了人民、依靠人民，从群众中来、到群众中去的群众路线是一脉相承的。法治社会是良法与善治的结合，要实现善治，必须以良法为前提。判断法律、地方性法规或者其他规范性文件是否为良法的根本标准在于其是否符合人民群众的根本利益，是否满足人民群众的根本需求。民主立法作为我国民主进程中的重要部分，历来就被党所高度重视。党的十八届三中全会提出要扩大公民有序参与立法途径。党的十九届四中全会作出的《坚持和完善中国特色社会主义制度 推进国家治理体系和治理能力现代化若干重大问题的决定》提出要坚持"科学立法、民主立法、依法立法"，完善党委领导、人大主导、政府依托、各方参与的立法工作格局[②]，由此可见党对加强民主立法工作的重视。习近平总书记在上海考察基层立法联系点时指出："我们走的是一条中国特色社会主义政治发展道路，人民民主是全过程的民主。"[③] 习近平总书记首次提出了全过程人民民主的概念，关于全过程人民民主的具体论述更是精准阐释了我国民主制度和民主立法的实质和

---

① 吴明智：《论民主立法原则》，《广西教育学院学报》2006 年第 3 期。
② 《中共中央关于坚持和完善中国特色社会主义制度 推进国家治理体系和治理能力现代化若干重大问题的决定》，2019 年 10 月 31 日中国共产党第十九届中央委员会第四次全体会议通过。
③ 郑辉：《"全过程"民主内涵初探》，《上海人大》2020 年第 6 期。

重要特征，为民主立法的发展指明了方向。

提升民主立法水平不仅是中国共产党的工作方针和重要抓手，也是我国《宪法》及其他法律提出的明确要求。我国《宪法》第二条第一款规定："中华人民共和国的一切权力属于人民。"这一条款从根本上确立了民主立法原则的基础。立法权作为权力范畴内的一种，当然也归属于全体人民。宪法作为保障人民基本权利的宣言书，以根本法的形式确认了立法权属于全体人民。《宪法》第二条第三款规定："人民依照法律规定，通过各种途径和形式，管理国家事务，管理经济和文化事业，管理社会事务。"从权利和义务两方面解读该条款：其一，从权利角度解读，人民有权通过多种途径和形式参与立法；其二，从义务角度解读，国家立法机关及其他机关有义务发展多种途径和多样化的形式，以便利人民参与立法。此外，《宪法》第三十五条规定："中华人民共和国公民有言论、出版、集会、结社、游行、示威的自由。"《宪法》第四十一条第一款规定："中华人民共和国公民对于任何国家机关和国家工作人员，有提出批评和建议的权利……"这两个条款通过对公民基本权利的具体规定为公民参与立法、促进民主立法提供了更为坚实的基础和更加直接的依据。上述《宪法》条款为保护公民的基本权利和提高民主立法水平提供了根本法的保障，具有最高的法律效力。除了《宪法》，《立法法》作为立法领域最直接、最核心的上位法，也对民主立法作出了相关规定。《立法法》第五条规定："立法应当体现人民的意志，发扬社会主义民主，坚持立法公开，保障人民通过多种途径参与立法活动。"这条规定属于对民主立法的原则性规定，将《宪法》关于人民民主和民主立法的基本内容和精神价值内核融入《立法法》具体条文中。《立法法》第三十六条则对民主立法作出了更为细致的规定："列入常务委员会会议议程的法律案，法律委员会、有关的专门委员会和常务委员会工作机构应当听取各方面的意见。听取意见可以采取座谈会、论证会、听证会等多种形式。"条文中的"应当"表明上述程序和听取意见的过程是立法机关的义务，也是立法的必经程序。除《宪法》和《立法法》以外，行政法规、部门规章和地方性法规等规范性文件也对民主立法作出了更进一步的规定，从而构成了关于民主立法的严密法律规范体系，为提高我国民主立法水平提供了法律依据和保障。

提升市域民主立法水平具有重要意义，有利于进一步促进市域社会治理法治化。首先，提升市域民主立法水平以人民群众积极广泛参与市域立法为前提，而人民群众参与市域立法的过程既是自身法治思维和法治能力的展现，也是提升法治思维和法治能力的重要机会。鼓励人民群众积极参与市域立法有利于在全社会形成良好的法治氛围，也有利于全社会公民积极尊法守法学法用法，巩固市域社会治理的基础。其次，提升市域民主立法水平也有利于市域立法彰显人民意志，满足人民需求，符合人民利益，促进人民群众自觉遵守地方性法规和地方政府规章，从而提升地方立法的实效性。立法能否处理好各类利益关系、能否维护好最广大人民群众的根本利益是衡量立法质量与水平的重要标准。[①] 在市域社会治理中，各类利益关系错综复杂，因此这一衡量标准在市域立法中的重要性更加突出。提升市域民主立法水平意味着需要充分倾听各类意见和建议，充分衡量多种利益关系，获得最广大人民群众的认同，符合最广大人民群众的利益，从而打好民意基础，推动市域立法的有效实施。最后，市域民主立法作为我国全过程人民民主中的一个组成部分，有利于促进我国民主建设，实现人民民主。因为市域立法从立项起草到实施、宣传的每一个环节都有民主参与的空间，具有实现

---

① 王腊生：《在地方立法工作中贯彻"全过程人民民主"的做法和思考》，《人大研究》2021年第12期。

全过程人民民主的现实可能性。江苏省泰州市人民代表大会常务委员会以打造立法践行全过程人民民主的市域典范为目标，制定出台《关于立法工作践行全过程人民民主的实施意见》，坚持"人民至上"的立法价值取向、"为了人民"的立法方向标准、"依靠人民"的立法工作方式，把全过程人民民主全方位贯彻到市域立法工作中。

二　立法内容体现人民性

民主立法要求立法为了人民，反映人民意志，体现人民群众的根本利益，即立法的内容要体现人民性。立法的根本目的是解决社会治理中产生的问题，调整各种社会关系，解决社会矛盾。因此，以人民的实际需求为导向应当成为立法的关键。如果相关立法不能解决实际需求，那么其连最基本的作用也不能发挥。当下立法中存在一些不符合人民意志，没有体现人民群众根本性利益的地方性立法，这些立法属于"拍脑袋立法""形式主义立法"，其形式意义往往大于实际意义，一些立法不仅没有保障人民群众的利益，甚至损害了公民、法人和其他组织的利益。这些问题都需要予以解决。

实现立法内容的人民性必须要充分利用大数据、人工智能等先进科学技术手段，搜集整理并分析人民群众所重点关注的领域以及社会治理实践中的痛点和堵点。比如通过对微信、微博、论坛等社交媒体上群众反映的信息进行搜集整理。大数据信息保护、个人隐私泄露等内容也是民众关心和立法不完善的地方，亟须通过立法进行规范。以浙江省温州市为例，在市域社会治理过程中，危房处置就是人民比较关心的领域，也是人民群众的利益所在。温州市人民代表大会常务委员会通过制定《温州市危险住宅处置规定》立足实际和民心所向，妥善解决了危房处置问题，满足了广大人民的需求。①

实现立法内容的人民性必须充分听取人民群众的各类意见和建议。人民作为市域社会治理的主体和对象，是对市域社会治理各项内容、各项领域最为熟悉的人，其对市域社会治理中亟须改善的地方有着最为直观的认识。因此立法内容的人民性不仅意味着将法律规范的内容"用之于人民"，更意味着市域立法的内容"来自人民"。对此，党员要充分发扬密切联系群众的积极作风，深入群众，时刻保持与人民群众的联系。人大代表、政协委员也要积极深入基层，听听群众的声音，充分履行好人大代表和政协委员的职责，才能交出令人们满意的提案和答卷。在传统的方式之外，还需要积极用好基层立法联系点等较为新颖的联系群众、了解民意的方式，以多种手段形成听取人民群众声音的合力，让人民群众的声音能够传得更远、更为响亮。例如，贵州省遵义市在开展《遵义市凤凰山国家森林公园保护条例》立法调研的同时，不仅通过《遵义日报》发布公告向社会公众公开并征集意见，还创新性地以到公园定点散发告知书的方式面向经常在凤凰山国家森林公园内健身、休闲的市民群众。这些市民作为此《条例》密切相关的对象，对于立法的重点更有发言权，也更能提供宝贵的建议。遵义市人民代表大会常务委员会一共公开征集到了公园保护方面存在的 21 个具体问题，从而有效地将人民的意见吸收到市域立法中，让立法内容体现出了人民性。

三 立法过程体现民主性

民主立法要求立法依靠人民，增强立法过程中的公众参与程

---

① 叶英波：《优化市域社会治理的立法路径》，《浙江人大》2021 年第 1 期。

度。立法反映人民意志、解决人民需求最根本的方法是吸收人民进入立法过程，广泛征求人民的意见，将公众参与贯穿在立法提案、论证、修改、通过的全过程。我国是人民当家作主、人民主权的国家，立法也必须实现人民当家作主，不能让法律只代表某一部分群体、某一部分特定阶级的利益。《宪法》和《立法法》也在国家法律的层面上保障了人民群众参与立法的权利。然而当下不仅是市域立法，国家统一立法也对民主立法的原则贯彻不够，公众参与程度不高。一方面，立法机关缺少主动吸收公众进入立法程序的意识，为了效率或某些特殊利益，往往在公权力机关内部就完成了立法过程。另一方面，基于法律意识和权利意识的淡薄，许多公民没有意识到自己可以参与到立法过程之中，提出自己的建议，或者有的建议没有得到回应，总体参与积极性和主动性不高。

立法过程体现民主性需要通过两方面手段解决。首先，市域立法机关需要将立法公开贯穿市域立法的全过程。① 立法公开是提高立法过程民主性的基础，只有在人民群众知情并了解相关立法事项后才有机会和途径参与到市域立法中。如果将有关立法的信息公开渠道阻塞，那么就从根源上切断了人民群众参与立法的可能性。因此，从市域立法的立项、论证、公布草案、正式施行等各个环节都需要实现立法公开的透明化。其次，立法机关需要积极吸收公民进入立法程序。在征询立法意见、立法评估、立法草案征询意见、立法后评估等各阶段都积极主动吸收公众意见。对于有专业知识的专家学者、第三方机构，也同样可以吸入立法的评估、起草阶段，以防止立法部门化、地方化的倾向。江苏省盐城市在制定《盐城市黄海湿地保护条例》（以下简称《条例》）的各个阶段都积极主动吸收公众意见，充分体现人民性。在《条例》的起草环节，江苏省盐

---

① 胡戎恩：《中国地方立法研究》，法律出版社2018年版，第133页。

城市人民代表大会常务委员会组织召开征求意见座谈会、专家咨询会、论证会累计二十余次，通过盐城市人大网向社会公开征集500余条意见和建议，并根据这些意见和建议先后修改了三十余稿立法草案。在《条例》进行一审后，再次向公众公开征集并吸收百余条意见和建议，最终形成了充分体现民主性的市域立法。最后，还要不断建立并完善人民群众参与立法的信息反馈机制。此前市域立法中存在人民群众通过互联网等方式反映的立法建议和相关意见迟迟得不到回复和反馈的现象，也存在人民群众在参与了立法的论证会和听证会后不知道自己的意见或建议是否被采纳的现象，这种信息传递的模糊性导致人民群众参与立法的实效性、积极性降低。因此在市域立法过程中，立法机关对于通过各种渠道、各种途径反映的有关立法的建议都要给予及时有效的反馈，并对不予采纳或者不予认可的原因进行充分论述，以增强说服力。此外，从人民群众自身角度出发，还需要不断增强积极性和主动性。受传统的"官本位"和"个人主义"思想影响，公民往往不愿参与立法。为此，可以结合当下互联网、新媒体等渠道，扩充公众参与的渠道，增强积极性和主动性。此外，在合法合规的前提下，还可以建立立法意见建议激励机制，对提出立法意见或者建议的公众给予物质奖励，从而提高公众参与的积极性和主动性。山东省威海市于2022年5月修订的《威海市人民政府规章制定程序规定》明确规定了公众参与立法的激励机制。《威海市人民政府规章制定程序规定》增加了表彰奖励条款，鼓励公众参与政府立法活动，公众在政府立法过程中提出的意见、建议对立法项目具有重要影响并被采纳的，市人民政府司法行政部门可以按照有关规定给予表扬、奖励。浙江省杭州市在贯彻落实民主立法、公众参与方面起到了重要的表率作用。杭州市不仅通过发布《杭州市立法条例》这一地方立法文件规定了公众参与立法的工作机制，通过座谈、论证、听证、咨询等工作机制充分保障民意，还在《杭州市客运出租车管理条例》中真正贯彻了公众参与立法的工作机制，吸收各方利益代表进入立法程序，经过充分的协商、听证、论证，最终达成了符合各方利益，获得多方认同，实现良好社会效果和法律效果的立法。除此之外，还有许多地方也都开展了市域社会民主立法的实践并取得了不错的效果，可以为其他地方提供宝贵的经验。

四 充分发挥基层立法联系点的作用

基层立法联系点在我国尚属一个较为新兴的概念，其首次正式提出是在党的十八届四中全会通过的《中共中央关于全面推进依法治国若干重大问题的决定》，其中要求"加强人大对立法工作的组织协调，健全立法起草、论证、协调、审议机制，健全向下级人大征询立法意见机制，建立基层立法联系点制度，推进立法精细化"。基层立法联系点是一种全新的、立足基层人民群众直接参与国家立法的民主立法形式，其概念主要是指作为一种除网上公布法律草案向社会公众征求意见、向部门和地方发函征求意见，以及立法调研、座谈会、听证会、论证会等形式之外的新的群众有序参与国家立法的有效形式。[①] 基层立法联系点在我国经历了从地方试验到全面开展的循序渐进的历程。2015年，全国人民代表大会常务委员会法制工作委员会确定了上海市长宁区虹桥街道办事处、湖北省襄阳市人大常委会、江西省景德镇市人大常委会和甘肃省临洮县人大常委会这四个基层立法联系点为全国的试验田，开展关于基层立法联系点的相关实践工作。四个基层立法联系试验点的设置分布在我国

---

① 全国人大常委会法制工作委员会：《基层立法联系点是新时代中国发展全过程人民民主的生动实践》，2022年3月1日，求是网，http://www.qstheory.cn/dukan/qs/2022-03/01/c_1128420080.htm，2022年6月1日。

西部、中部、东部的不同地区，能够充分考虑经济发展水平等不同因素对试验的影响，从而为在全国范围推行该项制度奠定良好的实践基础。从实践效果来看，四个基层立法联系试验点在经历几年的试验周期后，都取得不小的收获，获得各界的肯定，以新形式有序推进了市域民主立法的进程。以上海市长宁区虹桥街道基层立法联系点为例，自2015年被设立为基层立法联系点以来，截至2019年10月，联系点共完成了30部法律的意见征集工作，归纳整理各类意见建议491条，其中25条建议被全国人大常委会法工委不同程度采纳。① 其他三个基层立法联系点也都取得了较好的成绩，促进基层立法联系点制度进一步在全国范围内推广开来。在整体向好形势之下，全国人大常委会法工委分别在2020年7月和2021年7月建立了第二批、第三批基层立法联系点。截至2022年，全国人大常委会法工委已经在全国超过三分之二的省份建立了22个基层立法联系点，并由此辐射带动全国设立了427个省级立法联系点、4350个设区的市级立法联系点，② 从而在全国范围内形成了基层立法联系的大网络。

基层立法联系点作为一种新的群众有序参与国家立法的有效形式，其必然能够发挥传统公众参与立法的途径和方式所不具有的优势和便利条件，总结起来，基层立法联系点共有以下两方面的优势。首先，基层立法联系点能够充分体现"接地气"的特征，能够有效沟通人民群众和立法机关。在传统公众参与立法方式中，人民群众如果想要申请参与立法，就需要通过听证会、座谈会等方式。

---

① 郝铁川：《努力创造中国特色的民主立法形式》，《光明日报》2020年10月31日第7版。
② 全国人大常委会法制工作委员会：《基层立法联系点是新时代中国发展全过程人民民主的生动实践》，2022年3月1日，求是网，http://www.qstheory.cn/dukan/qs/2022 - 03/01/c_1128420080.htm，2022年6月1日。

而人民群众对于这类方式可能会具有天然的畏惧心理和紧张心理，从而导致不愿参加听证会、座谈会。此外，此类传统的公众参与立法的形式也对公众的法律素养和法律思维提出了较高的要求，未系统学习过法律知识的公民难以在此类民主立法活动中提出建设性意见。基层立法联系点定位为联系立法机关和人民群众的新渠道，因此其必然要"接地气"，才能"有人气"，要通过发展各种看得见、摸得着的途径，让人民群众有效参与到民主立法过程中。比如湖北省仙桃市高新区开辟线上线下渠道，在线上设立"立法联系点民意收集专线"，通过微信、QQ等发布立法征求意见内容，并开通民意代表聊天室；在线下的醒目位置放置"立法联系点民意收集箱"，定期请专业法律从业者坐班，为群众普及法律知识，收集遇到的难题和意见建议。由此可见，基层立法联系点能以丰富多样"接地气"的形式让人民群众参与民主立法的途径"活起来"，也能进一步提升人民群众的积极性。其次，基层立法联系点能够发挥作为"直通车"的优势。基层立法联系点是全国人民代表大会常务委员会法制工作委员会设置并进行直接管理，而不是层层隶属于各级人民代表大会常务委员会。在传统的人民群众参与立法的途径中，人民群众提出的各类意见，需要由市级层层反馈、上传到全国人大及其常委会，不仅耗时长、效率低，而且可能在传递过程中就失去了消息。基层立法联系点能充当人民群众与全国人大及其常委会之间的"直通车"，将人民群众关于立法、修法的意见直接"一步式"向上反馈至全国人大及其常委会，减少建议、意见的层层传递。

第四节　促进区域协同立法

在区域协同发展的国家战略背景下，作为重要组成部分的区域协同立法越来越受到重视。区域协同立法是市域立法在科学立法、民主立法上的进一步提升与完善，是市域社会治理法治化的进一步深化，有利于充分发挥立法对区域经济社会发展的引领和保障作用。当前区域协同立法尚处于初步探索阶段，仍有诸多地方需要完善。在此基础上，需要以循序渐进的方式确定区域协同立法模式，并完善区域协同立法的沟通协作和信息共享、激励机制。

一 促进区域协同立法的背景与意义

我国自进入21世纪以来，随着经济社会领域的不断发展，不同地区呈现出不同的经济发展特征和优势。此外，不同地区发展水平的分化也越来越明显。面对地区之间的此种情况，如何加强不同地区之间的沟通协作、促进地区之间的合作交流，从而形成区域协同治理的合力成为我国完善顶层设计和促进国家整体协调发展的主要问题和重要抓手。在这种大背景下，党中央对区域协同发展高度重视，国家层面也陆续出台一系列与区域协同治理相关的文件和法律规范，多个区域也逐渐开展了相关实践。区域协同立法作为区域协同治理中的一项重要内容，是实现区域协同治理的前提和基础。因为在协调、统一的立法之下，区域协同治理才能有法可依，并在法治的轨道上实现有序发展。具体而言，区域协同立法的概念是指两个或两个以上主体按照各自的立法权限和立法程序，根据立法协议，对跨行政区域或跨法域的法律主体、法律行为或法律关系等法律调整对象分别立法、相互对接或承认法律调整对象法律效力的立法行为。[①]

2005年发布的《中共中央关于制定国民经济和社会发展第十一个五年规划的建议》中已经提到了区域协调发展问题，并用较长

---

① 贺海仁：《我国区域协同立法的实践样态及其法理思考》，《法律适用》2020年第21期。

篇幅对该问题进行了详细论述，同时正式提出要"促进区域协调发展……逐渐形成区域协调发展格局"，表明了党和政府对区域协调发展的高度重视。此后，区域协调发展和区域协同治理等问题逐渐进入社会各领域的视野，形成越来越深厚的理论基础、实践基础。2014年，京津冀协同发展与长三角经济带相继上升为国家战略；2018年，粤港澳大湾区建设升格为国家战略，由此形成了各具特色的区域经济协调发展新格局。区域协同立法作为其中的重要组成部分，在区域协调发展的过程中也受到了越来越多的重视。其实，我国区域协同立法的发展过程是紧紧跟随着区域协同发展战略的，早在2009年，吉林省、黑龙江省、辽宁省就已经开启了协作立法实践，确立了协同立法的几种形式和途径。2009年，上海市与江苏省、浙江省联合制定《沪苏浙人大常委会主任座谈会制度》，再到2020年京津冀三地协同制定《机动车和非道路移动机械排放污染防治条例》，这表明我国的区域协同立法正在逐步从初步探索阶段发展到成熟完善阶段，并且已经取得了一定的经验和成绩。

区域协同治理、区域协调发展战略是区域协同立法得以存在并发展的大前提，同时区域协同立法又能反作用于区域协同治理，促进提升区域协同治理的质量和水平，二者是一对相互作用、相互影响的概念。除此之外，区域协同立法的发展还受到多种因素和社会发展现实状况的影响。第一，不同地区的经济发展水平、环境治理水平以及其他各方面水平都存在一定差异。各有差异的地理环境、交通条件、资源条件以及营商环境等因素决定了经济发展水平的差异，而经济发展水平的差异又进一步影响到环境治理水平。区域之间如果产生过多的差异，将会影响彼此的和谐发展。比如曾有新闻报道相邻省份对如何处置河流污染问题产生争议。第二，不同地区之间的立法状况也有较大的出入。以京津冀地区的环境立法为例，在立法形式上，三地就同一环境立法事项采取不同立法形式的现象突出；在具体立法内容上，三地对同一立法事项的具体规定也存在很多差异或者冲突。比如在大气污染问题上，"三地"的标准就有所不同。大气污染问题是京津冀环境治理问题中的痛点，燃煤是造成京津冀大气污染的主要元凶，虽然京津冀三地都对燃煤问题做出了相应的规范，但是各地对散烧煤炭的规定以及对本地禁止销售和使用的煤炭标准的规定都存在差异。① 这种地方立法上的差异不利于区域协同治理在具体领域上的落实，也不利于区域协同治理整体的发展。第三，地方立法过程以及内容上所体现的地方保护主义思想也是阻碍区域协同发展、区域协同立法的因素。受制于区域发展的产业同质化、行政壁垒和地方保护主义，区域内不同行政主体之间呈现出消极妥协的局面。② 地方保护主义在立法中体现为在资源、政策等各方面给予本地企业和外地企业不一样的对待，并给予本地企业以多项优惠政策。地方保护主义的目的是提升本地经济发展水平，提高本地生产总值，同时也间接限制了外地经济的发展，从而进一步提升政府官员的政绩，并在政绩锦标赛中取得较好的成绩。立法中的地方保护主义倾向无疑将会给良好的营商环境带来巨大的破坏，也会进一步加剧不公平、不平等的现象。

　　面对上述三种阻碍因素，进一步促进区域协同立法，增强不同地方立法的统一性、协调性，实现不同地方的和谐发展的重要性不断凸显。促进区域协同立法有利于充分发挥立法对区域经济社会发展的引领和保障作用。世界范围内有不少国家都对区域协同立法和区域协同发展有了较为丰富的经验，从多数国家的经验以及实践发展规律看来，想要促进并进一步保障区域经济发展，实现区域协同

---

① 孟庆瑜、刘显：《论京津冀环境治理的协同立法保障机制》，载孟庆瑜《地方立法与国家治理现代化》，法律出版社2016年版，第170—171页。
② 宋保振、陈金钊：《区域协同立法模式探究——以长三角为例》，《江海学刊》2019年第6期。

治理，就必须要具备在该区域内能被共同遵守的法律、制度、规则。以法国巴黎大都市区为例，其以国家制定的《大都市区法》等法律规范为基础，统筹区域发展，实现区域的整体规划和协同发展。① 促进区域协同立法还有利于促进信息共享，增强协作交流。区域协同立法意味着不同地方需要增强彼此之间的联系和交流，需要以合作共赢的心态和理念共同参与市域社会治理的过程。这有利于各地方在市域社会治理过程中及时转变观念，在不同地区之间形成治理的合力，从而进一步促进我国国家治理能力和治理体系现代化，进一步加快法治国家、法治政府、法治社会的发展进程。

二 促进区域协同立法的机制与举措

尽管区域协同立法在实践中已经取得了一些成绩，但是整体而言还是属于一种立法的新样态和新形式。因此区域协同立法的相关理论研究和实践都有所缺乏，区域协同立法中的立法形式、立法主体、立法程序和具体的立法内容都尚未确立科学有效的方式。在此背景下，有必要明晰促进区域协同立法的机制和举措，从而提升区域协同立法的科学化水平。

当前区域协同立法存在多种不同的实践样态，学界和实务界对此有多种分类和总结。《东北三省政府立法协作框架协议》根据紧密合作程度将区域协同立法划分为紧密型、半紧密型、松散型，这种划分属于比较典型和具有概括性的分类方式。其中，紧密型的区域协同立法模式是指由两个及以上省市联合起草；而半紧密型交由一省市进行起草，其他省市对立法起草发挥辅助作用；松散型则由各省市分别进行起草，相比较而言更

---

① 高绍林：《地方立法工作体系研究》，天津人民出版社2019年版，第393页。

加开放灵活。① 归结起来，区域协同立法的不同立法类型的区分点就在于立法主体的不同，是单个还是多个立法机关进行立法，是新设立法机关还是按照原有的立法机关模式进行立法。由此，应当根据不同的区域发展情况和成熟情况采取不同的区域协同立法模式。采取何种区域协同立法模式并不是一成不变的，何种时期何种情况采取何种方式可以按照循序渐进的路径。虽然目前我国的区域协同立法正在逐渐从初步探索阶段发展为成熟完善阶段，但是区域协同立法尚未在全国全面铺开，仍有一些经验和做法值得探索，仍有一些制度机制值得完善。且根据当前我国《宪法》与《立法法》的相关规定，立法权只存在中央立法权和地方立法权两种，尚未有中央、地方立法机关之外的第三种立法机关。根据重大改革于法有据的要求，区域协同立法改革不能违背当前法律的规定，所以结合当前的发展特性和法律规范，应当首先采取松散型的区域协同立法方式。在松散型区域协同立法发展较为成熟，且取得相对多的经验时，可以转向半紧密型立法方式。因为半紧密型立法方式对区域中不同地区的协作交流提出了更高的要求，地区之间的关系也呈现出更紧密的状态，具备这一阶段的相应条件。在第三阶段，即最为成熟的发展阶段，此时的区域协作已经大幅提升至较高水平，实践也已经发展得较为成熟。相应地，相关法律也应根据实践发展的情况及时进行调整，增设区域协同立法机关，为紧密型的区域协同立法提供法律支撑。总体来说，在当前阶段，我们仍然需要采取松散型区域协同立法方式，通过"前期沟通协商—确定主要立法地区—其他地区发挥辅助作用—协同立法共同辐射发挥作用"的链条来实现区域协同立法。

---

① 汪彬彬：《长三角区域立法协同研究》，《人大研究》2021年第3期。

确定区域协同立法的机制能够为区域协同立法提供一个大的框架，整个制度框架内还需要诸多具体配套举措来不断完善区域协同立法。完善区域协同立法的首要措施是构建更加高效和全面的沟通协作和信息共享机制。开展协同的前提是合作的主体经过了充分的沟通交流，共享手中掌握的信息与资源，而信息闭塞和信息壁垒则是区域协同立法的障碍。信息共享的内容要贯穿区域协同立法的全过程。首先，不同区域需要对各自市域社会治理中遇到的难点和堵点进行交流，找到多方主体之间的共同问题作为立法项目。在制订立法计划和立项时，对于各自开展调研的成果和获得的各类数据要实现共享，以此实现资源的汇聚，形成合力。在立法起草过程中，更是要进行全面的信息沟通，对立法内容、利益争议点进行充分交流，共享相关内容，以避免立法过程中可能会出现的地方保护主义倾向，充分考虑区域内整体的协同发展和所有地区的利益。建立网站是区域协作的重要沟通交流方式，比如泛珠江三角地区建立了"泛珠江三角合作信息网"，长三角地区也建立了"中国长三角网"。[①] 开展区域协同立法的地区可以充分利用互联网方式建立网站，还可以充分利用公众号、小程序等新型方式，为区域协同立法注入新的活力。此外，为了增强沟通交流的实效性，还需要建立区域协同立法的联席会议制度。联席会议属于一种较为正式的沟通方式，通过参与协同立法的地方人民代表大会轮流召集并负责具体会务的方式提供一个常态化、制度化的沟通交流平台，从而提高沟通协商的质量，促进区域协同立法的深入发展。其次，为了提高区域协同立法的积极性，减少不同地区规范产生冲突矛盾的情况，也有必要确立区域协同立法的激励机制，从而促进不同地方主动参与区域协同立法，积极实施区域协同所立的法。具体来说，可以将区域

---

① 汪彬彬：《长三角区域立法协同研究》，《人大研究》2021年第3期。

合作的法律法规体系完备度作为上级政府对下级政府领导干部的考核指标，并促进考核评价机制法治化、考核内容法治化，加大地方政府区域法治化水平的考核权重，提高领导干部对区域协同立法的重视程度和积极性。①

---

① 陈建平：《国家治理现代化视域下的区域协同立法：问题、成因及路径选择》，《重庆社会科学》2020年第12期。

第 六 章

深入推进法治政府建设,提高市域行政执法整体效能

党的二十大报告指出,要完善社会治理体系,健全共建共治共享的社会治理制度,提升社会治理效能。尽管这一治理体系强调包括党委、政府、社会、公众在内的多元主体参与,但是政府仍然是其中最重要的治理主体。因为政府面向相对人直接行使权力,公民、法人、其他组织的权益受到直接影响,一个人从出生到死亡,都与各项行政行为息息相关。也正是因为行政权力具有如此大的影响,在市域社会治理过程中必须要对权力进行合理控制,保证权力依法行使,切实提升市域行政执法整体效能。在深入推进法治政府建设的同时也要顺应时代发展的潮流,加强智慧政府的建设,从而为法治政府建设提供技术支撑,在此基础上,深入实施行政执法体制改革作为法治政府建设的一个重要方面更是需要持续关注,不断推进,从而提高市域行政执法的整体效能。

第一节 推进法治政府建设、提升市域行政执法整体效能的重大意义

党的十八大以来,建设法治政府的重要性不断凸显,《法治

政府建设实施纲要（2015—2020 年）》的发布更是进一步明确了提升市域行政执法整体效能的必要性与重要性。建设法治政府、提高市域行政执法整体效能在促进市域社会治理法治化方面具有重要意义，这是国家治理体系和治理能力现代化的重要体现，也是民主和政府职能转变的必然要求。建设法治政府、提高市域行政执法整体效能与社会稳定和经济发展是相互联系的统一体，前者是后者的必要保证，后者又能反作用于前者，促进前者进一步加快建设步伐。

一　建设法治政府、提高市域行政执法整体效能是实现国家治理能力和治理水平现代化的主要方面

新时代以来，建设法治政府就一直作为实现国家治理能力和治理水平现代化的重要内容。行政权与公民生活有着十分密切的联系，从出生时的出生登记，到生产经营中的各项行政许可、行政处罚，社会治安中的行政强制措施、行政强制执行，再到社会治理中的方方面面都涉及政府行使行政权的行政行为。"行政执法"概念有"广义说"和"狭义说"两种观点，"广义说"认为行政执法概念是行政机关运用法律对国家事务实施管理的全部活动总称。[1] 既包括普遍适用于所有公民、法人、其他组织的抽象行政行为，比如政府发布红头文件等行为，也包括只针对特定的行政相对人的具体行政行为，比如对违反《治安管理处罚法》的公民进行行政处罚。由此，行政执法概念覆盖的范围十分之广。"狭义说"认为行政执法概念只包括针对特定的行政相对人的具体行政行为。[2] 在法治政府的建设目标下，笔者认为应当以"广义说"界定行政执法的概

---

[1] 李坤轩：《社会治理法制化研究》，中国政法大学出版社 2020 年版，第 51 页。
[2] 李坤轩：《社会治理法制化研究》，中国政法大学出版社 2020 年版，第 51 页。

念。现实生活中，抽象行政行为数量极多，对公民的生活都有很大的影响。我国的行政执法领域覆盖范围极广，不仅涉及公共教育服务、公共卫生服务、社会保障服务这三类内容，且随着时代的不断进步和科技的发展，在传统意义之外还涉及网络治理的内容，其中最主要也是最为贴近公众生活的内容在于如何在实践过程中促进政治文明健康发展、市场经济迅速腾飞和社会稳步前进。[①] 将其纳入行政执法的概念内，也就相当于纳入了监督和管制的范围之内，能够对政府的行政执法行为实施全方面、多角度的监督，更有利于提升市域行政执法整体效能，加强法治政府的建设。

党的二十大报告指出，到 2035 年，要基本建成法治国家、法治政府、法治社会。党的十八届四中全会通过的《中共中央关于全面推进依法治国若干重大问题的决定》明确提出，"各级政府必须坚持在党的领导下、在法治轨道上开展工作，创新执法体制，完善执法程序，推进综合执法，严格执法责任，建立权责统一、权威高效的依法行政体制，加快建设职能科学、权责法定、执法严明、公开公正、廉洁高效、守法诚信的法治政府"。文件对于法治政府的建设标准提出了明确而具体的要求，也为市域社会治理中法治政府的建设、行政执法整体效能的提高指明了方向。就行政执法而言，其对执法的体制机制、执法程序、综合行政执法体制改革、明确责任等方面都提出了要求，在后续的工作中应当不断深化这些要求。《法治政府建设实施纲要（2015—2020 年）》更是针对法治政府的具体建设，其发布表明法治政府的建设高度上了新台阶，建设依据有了更强有力的规范支撑。《法治政府建设实施纲要（2015—2020 年）》分为总体要求、主要任务和具体措施、组织保障和落实机制

---

① 原新利等：《民生视角下社会治理的法治供给研究》，中国民主法制出版社 2017 年版，第 155 页。

三部分的内容，全方面地论述了法治政府建设的具体要求和指导原则。上述一系列相关文件及重大会议决定的不断发布，正是法治政府建设不断深化、市域行政执法整体效能不断提高的过程。

政府治理、市场治理和社会治理三大治理内容共同构成了现代国家治理体系的全部内容，而我国的社会治理格局是党委领导、政府负责、社会协同、公众参与、法治保障，其中政府发挥着重要的主体作用。政府治理的主要内容是实现对于社会公共事务的管理；政府职能中的社会职能集中体现为维护保障公民社会权利，推动社会福利，改善社会民生，以及化解纠纷矛盾实现公平正义。[①] 社会治理与政府治理其实并不是两个独立的组成部分，二者的内容有交叉重合之处。这说明在国家治理体系中，政府发挥着重要的作用，而建设法治政府、提高市域行政执法整体效能是实现国家治理能力和治理水平现代化的主要方面。法治政府建设水平的提高、市域行政执法效能的提升，也会进一步带动法治社会、法治国家的建设，从而实现国家治理能力和治理水平的进一步提升。法治政府的建设意味着政府依法行政能力的进一步提升，法治化水平也因此进一步增强。作为市域社会治理的重要主体，政府应充分发挥示范引领作用，引导全社会形成尊法学法守法用法的良好风气。行政执法与立法、司法、法治宣传、公共法律服务等市域社会治理的全过程也有着密切的关系，也能由此带动市域社会治理全内容和全过程的法治化，进一步提升市域社会治理法治化水平。

---

① 卓越主编：《共同缔造：城市治理现代化的探索和实践（厦门·海沧）》，中国社会科学出版社 2015 年版。

二　建设法治政府、提高市域行政执法整体效能是实现民主的必然要求

法国启蒙思想家卢梭提出了"主权在民"原则，即人民是国家最高权力的来源，国家是自由的人民根据契约协议的产物，为了实现更好的社会秩序，人们通过与国家订立契约将权力让渡给政府由其代为行使，这也是卢梭著作《社会契约论》的主要精神和研究成果。这一原则和精神对世界各国的政治体制、宪法法律都产生了极其深厚的影响。我国建立的是人民代表大会制度，人民主权原则为《宪法》和我国政治体制的基本原则，指导着我国政治生活的实践。广大的人民享有人民主权，各种权力的行使需要以人民的同意为前提。但是由于人口数量多，地域分布极为广泛，难以进行统一的决策和意见征询，因此由政府集中人民群众的权力并代为行使。由于政府的权力来源于人民，其行使过程必然要符合人民的意志，为人民利益考虑，获得人民认同，其中最根本的解决方法和路径就是依法行使行政权力。因为"法"是经全国人民代表大会产生的，在市域社会治理中，其是由地方人民代表大会通过产生的，代表了最广大人民群众的意志，维护人民群众的利益，是人民主权的直接体现。因此在现代民主的理论及制度背景下，可以认为"依法行政实质是一种民主行政"[1]，也即现代民主及我国的人民主权等基本原则要求政府依法行政，提高市域行政执法整体效能，从而实现法治政府建设。

行政执法也与人民群众的生活有着密切的联系，法治政府的建设切实关系到人民群众的利益。市域社会治理法治化的全过程包括地方立法、行政执法、司法、法治宣传、公共法律服务等多方面内容，但是相比较而言，其中的地方行政执法对人民群众的影响面最广，最大限度上影响着人民群众生活的各个方面。一个人的一生因

---

[1]　周佑勇：《论依法行政的宪政基础》，《政治与法律》2002年第3期。

为各种原因可能无法参与到立法过程、诉讼纠纷和司法活动中，也可能不需要申请法律援助，但是我国任何一个公民的生活都必然与行政执法有着紧密的联系。从出生证、户口本，再到结婚证、房产证，行政执法见证并参与了每个人的"人生大事"。此外行政执法涉及的食品、药品、卫生监管、物价等各方面也贯穿了人民生活。在这种背景下，如果行政机关的公权力不受限制，甚至违反依法行政、合理行政原则行使行政权，那么必然会对人民群众的权利造成影响，也会因此影响到人民群众的生活。法治政府的根本内涵在于对行政机关公权力的有力限制，确保公权力始终行驶在法治轨道上。实现对公权力限制的一个重要途径就是发挥公众的主体作用，以民主化手段促进对公权力的监督，防止公权力的违法行使和滥用。行政执法领域中行政执法权的行使也同样需要受到公众的监督，通过参与行政执法等方式发挥监督作用，促进公正文明高效执法，提高市域行政执法效能。因此通过建设法治政府、提高市域行政执法整体效能，能够充分保障公众在市域社会治理中的主体地位，发挥公众的作用，从而保障人民民主。

三　建设法治政府、提高市域行政执法整体效能是社会稳定和经济发展的必要保证

建设法治政府、提高市域行政执法整体效能是"社会稳定和经济发展的必要保证"[①]。当前我国的经济体制是社会主义市场经济体制，市场在资源配置中发挥着决定性作用。但是市场经济有其固有的自发性、盲目性和滞后性，如果完全放任其发展将会损害经济社会发展以及人民群众的利益，导致如20世纪美国经济大萧条期间

---

①　代瑾、李戈、程荣：《"法治中国"建设与社会治理现代化研究》，四川大学出版社2020年版，第108页。

倾倒牛奶等不良现象发生。我们强调市场要在资源配置中发挥决定性作用，并不意味着政府不发挥任何作用，也不是在强调政府要发挥更多的作用，而是强调政府如何更好地发挥作用。否则，面对市场经济的固有弊端，不加管控地放之任之必然会损害金融秩序的稳定性，影响我国经济的高质量发展。为此，对于市场经济，各级政府都必须采取有效措施进行必要的监管规控，通过宏观调控保持市场秩序的稳定。而如何寻找到发挥市场经济的能动性以及政府干预之间的平衡点，正是法治政府建设、市域行政执法整体效能提高的关键点。

当下中国经济仍处于不断上升的趋势，具有巨大的发展潜力，如何促进经济高质量发展是中国当前面临的主要问题。地方包括市域之间的经济实力竞争日益激烈，形成了"政治竞争锦标赛"。在这样的背景之下，很长一段时间里，经济发展水平甚至成为地方官员人事晋升、评优争先的主要标准之一，由此衍生出为了促进地方经济发展，不当行使行政权而产生的地方保护主义、行政垄断等不良行为。同时，地方政府为了招商引资，促进地方经济发展，对于大企业和小企业区别对待的行为也违背了公平正义的理念，极大地损害了公民、法人、其他组织的合法权益。经济快速发展的另一面却是经济发展质量不高，反而造成了环境生态污染、违法征收拆迁等各类社会问题。在此背景下，政府如何正确地发挥作用促进经济高质量发展成为解决问题的关键。同时，当下正在进一步深化改革开放、全面优化营商环境，以及《外商投资法》等一系列法律文件的颁布都说明了提高依法行政能力的重要性。而提高行政执法的整体效能，建设法治政府正是有力遏制这些不良现象的有力武器。通过依法合理行使行政权，寻找经济发展与政府干预之间的平衡点，促进经济又好又快发展，不仅能使市域社会治理水平得到进一步发展，也能促进国家整体经济发展、社会治理水平迈上新的台阶。

　　建设法治政府、提高市域行政执法整体效能对社会稳定和经济发展能够起到正面作用。并且，经济的高质量发展也能反作用于法治政府的建设和市域行政执法整体效能的提升，从而实现二者的良性循环和互动。随着我国经济体制由计划经济向社会主义市场经济转变，政府也从传统的管理模式转向多元主体共同参与的社会治理模式。政府作为市域社会治理中的主导力量，其推进市域社会治理现代化建设的力度，决定着市域社会治理现代化发展的深度和广度，也进一步影响着市域经济、政治、生态文明等多方面的发展水平。[①] 经济发展涉及政府的文件制定、重大行政决策、行政许可、行政处罚、行政奖励等多种具体和抽象行政行为，还涉及政府对营商环境的建设。通过建设法治政府、提高市域行政执法整体效能可以为市域经济发展的各个环节保驾护航，让市域政府法治"软实力"促进地方经济的"硬发展"，有助于早日实现经济高质量发展的目标。促进地方法治政府建设及政府改革的力量可能来自政府体系外部压力和要求，也可能来自政府体系内部的行为自觉。[②] 而在政府体系的外部因素中，经济发展力量是最为强大的。首先，较高的经济发展水平能为法治政府建设和市域社会的行政效能提升提供较为坚强的物质保障和支撑。因为较高的经济发展水平能够创造更多的社会财富，增加人民群众的收入和企业的营业所得，从而一定程度上增加地方税收和财政收入，以此为各项改革措施提供资金支持。较高的经济发展水平还能在地区形成良好的投资吸引力，从而增强政府提高营商环境建设的动力。其次，社会稳定和经济的高质

---

① 龚廷泰：《"整体性法治"视域下市域社会治理的功能定位和实践机制》，《法学》2020年第11期。

② 周平主编：《当代中国地方政府与政治》，北京大学出版社2015年版，第428页。

量发展还能不断拓展社会治理的领域。随着经济发展水平的提升，人们的生活水平也不断提升，主要矛盾转变为人民日益增长的美好生活需要和不平衡不充分的发展之间的矛盾，人民群众对社会治理的各项内容提出了更高的要求。人民群众的权利意识、法治意识也随之提高，人民群众参与到行政执法和市域社会治理中的意愿不断增强。因此，人民群众的需求促使政府需要不断提高市域社会治理能力，而这也是法治政府建设和提升行政执法效能的应有之义。

四 建设法治政府、提高市域行政执法整体效能是政府职能转变的必然要求

纵观世界各国的发展历史，一个国家现代化的发展历程也是政府职能转变的过程，法治政府的建设和行政执法整体效能的提升离不开政府职能的转变。在西方国家发展历程中，早期资本主义社会的政府都是"有限政府"，其所行使的权力都十分有限。正如经济学之父亚当·斯密所言，彼时的政府所扮演的是一个"守夜人"的角色。面对国家事务与社会事务的完全两分结构，政府在社会生活中扮演的是一个消极的角色，极少主动干预社会经济生活和公民的私人生活，因为对私人领域的过多干涉意味着对基本权利的侵害。然而随着历史脚步的不断前进，政治经济领域都发生了重大变化，世界大战、经济危机都对国家发展和民众的命运产生了至关重要的影响。此时如果政府再扮演"守夜人"角色将难以解决国家面临的问题，因此凯恩斯的"国家干预理论"在当时获得诸多政府的支持，凭借这一理论，国家干预不仅逐渐深入经济的宏观调控之中，还渗透到社会生活的方方面面，此时的政府已经符合了"无限政府"的特征。但是面对经济变幻复杂的发展，过度的"国家干预理论"也显示出其本身固有的局限性，政府也开始回归到"有限政府"阶段。有限政府的发展和演变不仅源自社会发展的客观规律，也源自理论发展的结果。17 至 18 世纪,西方控权理论得到了较大的发展,控权理论的根本论点在于权力的无限性特点和人性的弱点,权力可能转化为资本,而人性的欲望没有止境。因此,任何权力的行使都必须得到有效控制。① 对政府行政权的控制就意味着要将政府对无限事务的干预限制在有限范围内,从源头对政府的权力进行限制。要将市场、社会组织、人民自己能够解决的事务交还到他们手中,充分实现社会治理中的自我管理。

就我国的情况而言,中华人民共和国成立后落后的经济状况和恶劣的国际政治环境等因素决定了当时采取的是计划经济。政府在社会生活和生产之中发挥了极其重要的作用。改革开放后,为改变上述的模式,政府已经由"社会管理"向"社会治理"转变。② 从"管理"走向"治理",不仅仅是治理主体由单一政府向多元主体演变的过程,也是政府由"管理型政府"向"服务型政府"转变的过程,同样是从"无限政府"回归到"有限政府"的过程。党的十九大报告明确提出,转变政府职能,深化简政放权,创新监管方式,增强政府公信力和执行力,建设人民满意的服务型政府。在服务型政府的建设过程中,必须要不断着力于提升市域行政执法整体效能,不断增强人民的满意度和幸福感。同时诸多学者也指出,法治政府必须是有限政府,如马怀德教授认为,法治政府最突出的特点就是有限性,有限性体现为严格依照"法定职权必须为,法无授权不可为"③;燕继荣教授提出,"有限政府与有效政府并不对立,相反有限政府是有效政府的前提"④。由于市域所具有的特殊性,在市域社会治理中突出政府的有限性、强调政府职能转变显得

---

① 蒋晓伟:《城市治理法治化研究》,人民出版社 2016 年版,第 118—119 页。
② 王勇等:《社会治理法治化研究》,中国法制出版社 2019 年版,第 112 页。
③ 马怀德:《法治政府特征及建设途径》,《国家行政学院学报》2008 年第 2 期。
④ 燕继荣:《从"行政主导"到"有限政府"》,《学海》2011 年第 3 期。

尤为重要。市域社会治理作为承接国家社会治理和基层社会治理的中间地带,兼具熟人社会稳定、人口结构复杂、风险矛盾突出等多种特征。市域社会治理中有限政府的建设意味着需要根据这些特征解决存在的各种问题,但同时也需要留存一定的空间给各类社会组织、公众,在社会组织、公众和基层自治组织无法有效发挥作用时才介入干涉,从而提升政府工作的效率,促进市域社会治理的多元性。因此,法治政府建设的关键在于如何充分利用政府有限的权力,让政府的权力在法治轨道上运行的同时充分发挥作用。在市域社会治理领域,这不仅有赖于行政执法改革的推进以及行政执法效能的提升,还有赖于建设法治政府的各项改革措施,需要为之倾注持之以恒的努力和推陈出新的创新。

第二节　多措并举建设法治政府

《中共中央关于全面推进依法治国若干重大问题的决定》指出,各级政府必须坚持在党的领导下、在法治轨道上开展工作,加快建设职能科学、权责法定、执法严明、公开公正、廉洁高效、守法诚信的法治政府。这意味着法治政府的建设对于推进依法治国、推进国家治理体系和治理能力现代化具有重要作用。法治政府建设是一项系统性工程,需要多举措并举,多角度发力。坚持依法行政,遵循行政法的基本原则是法治政府建设的基石。推动地方政府职能转变、推进政务公开制度、完善政府绩效评价和责任机制则是法治政府建设的重要抓手。

一　坚持依法行政

行政机关的行政能力属于软条件,是建成法治政府,提高法治能力,促进市域社会治理法治化的关键所在。依法行政意味着政府依照法律规定行使权力,意味着政府在法治轨道上履行职责和义务,严格遵循"法无规定不可为,法律规定必须为"的基本准则,并合法合理地解决市域社会中的典型化问题。

为提高市域行政执法的依法行政能力,行政机关在行政执法的过程中必须始终坚持行政法的基本原则。行政法基本原则构成了行政法体系最基础的组成部分,适用于任何一个行政行为,在行政法体系中处于统摄全局的重要位置。依法行政在行政法的基本原则中处于最上位的地位,其统领行政合法原则、行政合理原则、程序正当原则、高效便民原则、诚实信用原则五大基本原则,不同基本原则的重要性也不相同,本部分将重点讲述行政合法原则、行政合理原则、程序正当原则三大原则。

首先,在市域社会治理中为提高依法行政能力,行政机关在行政执法中必须遵循行政合法原则。行政合法原则最基本的要求是行政机关的任何一个行为都有相应的法律规范作为依据,严格依照"法定职权必须为,法无授权不可为"的要求,不行使法外之权,尽职尽责处理好自己法定职权内的事务。其次,在市域社会治理中为提高依法行政能力,行政机关在行政执法中必须遵循行政合理原则。比例原则是其中一个重要的子原则,其要求行政机关在实施行政行为时,行政目的的实现要以相对人受到的侵害最小化为前提,全面衡量公共利益与私人利益的平衡。① 由于相关法律在设定规范时,无法预计相对人的各种情况,因而赋予行政机关一定的自由裁量权,如何行使自由裁量权正是行政合理原则的关键点。当前行政执法中存在一些违反比例原则的现象,陕西省榆林市菜贩卖出5斤芹菜却被罚6.6万元的事件引起了社会各界对于行政执法中的比例原则的探讨。此外,在涉及行政处罚、行政强制、信息公开等行政

---

① 李坤轩:《社会治理法制化研究》,中国政法大学出版社2020年版,第57页。

行为的行政诉讼案件中，也有越来越多的法院适用比例原则作出判决，这表明在行政执法中遵循行政合理原则、比例原则的重要性不断凸显。为此，一方面，相关的法律规范对于行政机关的自由裁量权需要予以一定的限制和监督；另一方面，行政机关自身在行政执法过程中也要注重案例研判分析，通过集体讨论形成更为公正合理的行政决定。最后，在市域社会治理中为提高依法行政能力，行政机关在行政执法中必须遵循程序正当原则。法谚有云："正义只有以看得见的方式实现才是正义。"而如何以看得见的方式实现，关键在于程序。即使有关行政决定的结果既符合法律也合理，但违反了相应的程序，仍然属于违法的行政决定。在当下中国法治化道路上，程序正当的重要性正在不断凸显。我国目前尚未形成统一的行政程序法典，关于行政程序的规定散见于各式的法律规范之中。但是不少地方已经先一步制定了地方的行政程序规定，如湖南、广西、江苏等省份均制定了关于行政程序的地方性法规及地方政府规章，其中《江苏省行政程序条件》是我国首部规范行政程序的地方性法规，这些规定在司法实践中得到充分适用，为中央形成统一的行政程序法典提供了宝贵的地方实践经验。在诸多行政程序中，重大行政决策程序尤为受到关注。重大行政决策涉及社会公共利益，事关改革发展和社会大局稳定，在市域范围内所产生的影响会被进一步放大。为了避免重大行政决策中的行政专断和仓促决策损害社会公共利益，有必要对重大行政决策的程序进行规范，促进重大行政决策的法治化、科学化、民主化。近年来，不少市域均出台了关于重大行政决策程序的专项立法，提升了科学民主依法决策水平。如广东省深圳市在原有的《深圳市人民政府重大行政决策程序规定》基础上，根据市域社会治理对重大行政决策程序提出的新要求及时进行修改，出台了《深圳市重大行政决策程序实施办法》。广西壮族自治区来宾市在《来宾市重大行政决策程序规定》中构建了包括公众参与、专家论证、风险评估、合法性审查、集体讨论决定等多项内容的重大行政决策程序。此外，还有许多行政法基本原则，在提高依法行政能力中都需要不断贯彻落实。

坚持依法行政需要不断完善政府权力清单制度。依法行政意味着政府的权力要受到必要的限制，在"法定职权必须为，法无授权不可为"的原则要求下行使权力，履行职责。近年来，权力清单制度作为全面推进依法行政的有效手段受到了越来越多的关注。权力清单制度是让权力实现公开、公正、透明、高效运行的基础性保障制度。具体而言，权力清单的内容包括各级政府及其各个部门权力的数量、种类、运行程序、适用条件、行使边界等方面内容的详细列举，内容清晰明了，并以目录清单的形式呈现，让地方政府机关的权力实现可视化、透明化。[①] 2013 年召开的党的十八届三中全会通过的《中共中央关于全面深化改革若干重大问题的决定》，在如何建立科学有效的权力制约机制方面提出要"推行地方各级政府及其工作部门权力清单制度，依法公开权力运行流程"。权力清单制度在中央正式文件上出现的首次表述意味着建立并完善权力清单制度的目的就是要实现权力的公开，发挥对权力的制约作用。随后，2013 年 12 月发布的《建立健全惩治和预防腐败体系 2013—2017 年工作规划》再次提出要推行地方各级政府及工作部门权力清单制度。2013 年作为权力清单制度推行的起始之年，其在中央文件中的高频出现意味着党中央对实现权力制约和监督的决心。2015 年中共中央办公厅、国务院办公厅发布《关于推行地方各级政府工作部门权力清单制度的指导意见》，意味着权力清单制度正式在地方各级政府中实现全面推广、全面覆盖。其实在党中央和国务院的相关文

---

① 程文浩：《国家治理过程的"可视化"如何实现——权力清单制度的内涵、意义和推进策略》，《人民论坛·学术前沿》2014 年第 9 期。

件正式提出并开展试点直至全面推行权力清单制度之前，不少地区早已开展了有益的尝试。比如早在 2006 年，河北省石家庄市就已经开始公开市直部门的"权力清单"。2007 年，有 30 个省份开展了行政执法依据清理工作，并向社会公布了清理结果，基本上厘清了一些行政执法权力清单。[①] 这些市域或者省级范围内权力清单制度的有益尝试所取得的成绩为中央正式在全国各个地区推行权力清单制度提供了宝贵的经验。权力清单制度在我国正式全面推行后，各个地方也结合当地社会治理的实际情况和自身优势开展权力清单工作。比如甘肃省市州政府将部门权责清单全部"晒"上网，随后云南、陕西、青海、江西等省份也纷纷建立权责清单；2019 年福建省制定全国首个政府部门权责清单省级地方标准[②]；江苏省扬州市围绕省政府明确可赋予乡镇的行政审批权和行政执法权，以县（市、区）为单位，建立乡镇（街道）权力清单、服务清单和责任清单，并进行赋权；浙江省宁波市作为全国市域社会治理现代化示范城市，设置了更为具体、更具细节的"小微权力清单"。

权力清单制度发挥的根本作用是实现控权，让行政机关的权力在阳光下运行，从而促进法治政府的建设。在制定权力清单的过程中，行政机关能自觉对自己依法享有的职责、权力和实际拥有的权力进行对比，通过对权力内容的梳理及时删除不属于自己的权力，也进一步明确自己的法定职责，从而真正贯彻落实"法定职权必须为，法无授权不可为"。同时，权力清单制度不仅能从权力的内容上发挥控权作用，还能从权力行使的程序上发挥程序控权的作用。权力清单制度不仅规定了行政机关拥有或者不拥有哪一项权力，还规定了行政机关行使权力的必经程序，行政机关必须严格按照程序

---

① 林孝文：《地方政府权力清单法律效力研究》，《政治与法律》2015 年第 7 期。
② 王辉、张继容：《政府权责清单制度的历史变迁与完善策略》，《改革》2022 年第 1 期。

流程来行使权力，否则就违反了行政法的程序正当原则，构成违法使用权力。① 此外，权力清单制度还能让权力在阳光下运行，在人民群众的眼中运行。通过将权力制度化、清单化、明细化，人民群众眼中的权力不再处于虚无缥缈和高高在上的地位，而是变得越来越接地气，与人民群众的距离越来越近，人民群众也能对权力更好地发挥监督作用。从地方初试到试点再到全面推行，权力清单制度在不断发挥作用的同时其本身也在不断完善、优化之中。一方面，可以将互联网与权力清单制度相结合，通过互联网的简易操作系统让权力清单的烦琐内容实现一键可查，以互联网的科技优势助推权力清单制度高效化。将互联网与权力清单制度相结合还能增强人民群众查询、监督的便利性，从而更好地发挥权力清单制度的监督作用。比如在上海市、江苏省南京市，输入个人相关信息可以查询办事的进度，还可以查询到相关行政机关和行政事项的代码、收费情况等明细，并可直接完成表格填写、法律依据查询等内容。② 另一方面，可以将提高权力清单的民主性作为基点，吸纳更多社会治理主体参与到权力清单制定过程中。因为如果权力清单的制作主体只有行政机关本身，那么仍然存在行政机关通过权力清单不当扩大自己权力的可能性。市域社会的多元治理主体完全可以参与到权力清单的制定过程中，在现有法律、行政法规等规范性文件的基础上共同落实每一项权力内容、流程的登记、细化，从而提升权力清单制定过程的民主性和科学性，让权力清单更加透明化。此外，多元主体参与权力清单制定也能加强公民、社会组织等社会治理主体对权力的认同感，提高社会主体对行政机关的信任力，让行政机关的公

---

① 王春业：《论地方行政权力清单制度及其法制化》，《政法论丛》2014 年第 6 期。
② 程文浩：《国家治理过程的"可视化"如何实现——权力清单制度的内涵、意义和推进策略》，《人民论坛·学术前沿》2014 年第 9 期。

信力进一步提升。

二 推动地方政府职能转变

市域社会治理的本质特征是多元主体共同参与社会治理,从而形成党委领导、政府负责、社会协同、公众参与的市域社会治理格局。多元主体参与社会治理并不意味着地方政府在社会治理中的地位越来越低,发挥的作用越来越小;相反,党的十八届三中全会仍然强调要发挥"政府主导作用"以及要"使市场在资源配置中起决定性作用和更好地发挥政府作用",《2017年政府工作报告》也同样指出要"推进政府建设和治理创新"。因此,政府在市域社会治理中仍然发挥着重要作用。相比社会组织和公民个人,政府在人力、物力和资源调配等方面具有较大的优势,在部分内容上能够更好地发挥公权力主体的作用。同时,市场不是万能的,也有诸多问题是市场解决不了的,这就需要交给政府。总体来说,市域社会治理中政府的定位和职能需要及时转变,从"管理型政府"的定位转变为"服务型政府",从"大包大揽"转向简政放权,加快实现政府职能的转变。这一过程首先需要厘清行政机关的职权划分,让行政职权划分更为科学化、更具有高效率,其次还需要以行政审批制度改革、优化营商环境等内容为重要抓手,进一步促进市域内政府的职能转变,加快建设法治政府的步伐。

推动地方政府职能转变需要厘清公权力系统内部不同权力机关的关系,合理配置行政机关的职权。我国的行政体系呈现出明显的条块分割特征,"条条"和"块块"是对行政机关不同属性最为形象和恰当的比喻和表述,而这种条块关系下的行政机关权责配置却呈现出不合理的特点。在纵向的行政层级中,下级行政机关受到上级行政机关的管理,上级行政机关将任务分解后层层下发到下级行政机关,而任务的具体执行和落实必须依靠下级行政机关的实际行动,上级行政机关更多的是发挥监督、管理作用。因此通常认为上级行政机关享有更多权力,但其所承担的责任却比下级行政机关更小,呈现出不合理的反比例关系。从横向关系来看,同级别的不同行政机关之间也会呈现出权责配置不合理的现象,从而造成决策权、执行权、监督权的高度同构性。有学者认为上述这种原因正是造成当前"权力部分化、部门利益化、利益制度化"的根本原因。[①] 不同行政机关之间的争权诿责行为也会进一步导致行政机关行使权力的越位、缺位。具体到市域社会治理的过程中,就会出现"一种事情没人管,一种事情大家抢"的现象,也会导致人民群众不知向哪个部门寻求帮助和办理相关手续,极大地影响市域社会治理的效能。为此,在行政机关体系内部就需要厘清职权,实现行政机关职权的科学合理配置,这在中央相关文件中早有体现。2014年颁布的《中共中央关于全面推进依法治国若干重大问题的决定》指出,"根据不同层级政府的事权和职能,按照减少层次、整合队伍、提高效率的原则",国务院机构改革也是合理配置政府行政职权的实践。为实现行政机关之间职权的合理配置,首先仍然要坚持实行权力清单制度。综上所述,权力清单制度是一种对权力进行监督的有效手段,并且其不仅可以运用在划分行政机关的权力与非行政机关的权力上,还可以运用在划分不同行政机关的权力中。在市域中,设置不同部门的"权力清单",通过清单的方式逐条罗列各部门的权力事项、行使范围、对象等内容,并对权力清单进行公布,形成公众和其他行政机关对该行政机关的有效监督,防止部分行政机关出现争权诿责的现象,从而让不同行政机关的职权配置更加透明化,也让人民群众有章可循。其次,在配置内设机构职能的过程中,应尽量将同一性质的事务分给一个内设机构,并针对跨部门的

[①] 周平主编:《当代中国地方政府与政治》,北京大学出版社2015年版,第431页。

行政事务，建立合作、协商和沟通的机制。① 这说明，在不同行政机关之间建立一个有效的沟通、协商、协调平台也同样重要。因为造成权力越位、缺位现象的一个重要原因就在于行政机关之间缺乏必要的协调和沟通。协商意味着充分的沟通和理解，也意味着经历了程序上的磨炼，这都将提高行政机关职权的合理配置水平。浙江省丽水市在数字化转型中已经形成了"一网协同"的治理方式，将雪亮工程、物联感知网络、i丽水等系统中发现的问题集中到一个端口，按照"事件触发—部门流转—处置监管—结果反馈"的业务流程，将涉及多部门、多环节、容易引发推诿扯皮的业务进行自动派发、自动流传，从而在不同部门、层级之间形成"自动触发、高效流转、及时反馈、创新评价"的闭环执行链条。这一跨部门合作协商平台的构建有效提升了浙江省丽水市的市域社会治理水平，并构成对部门协作的智慧支撑。②

推动地方政府职能转变需要厘清政府公域和私域的关系，进一步促进简政放权，深化"放管服"改革。因为各行政权力机关之间构成了公域内的内部关系，其中会存在权力配置不合理的现象，而在行政机关与社会之间则形成了公域与私域的分界线。长期以来，"管理型政府"的定位造成行政机关对于社会治理的事务采取大包大揽的方式，将属于自己的权力和本属于社会自治的权力全部集中于自己身上，这不仅导致了公域与私域关系的模糊，也为政府职能转变制造了现实障碍。改革开放后市场经济的发展首先对政府职能的转变提出了要求。在传统计划经济的形势下，政府对经济发展及各类社会事务的管理、控制并不能有效促

---

① 宋华琳：《政府职能配置的合理化与法律化》，《中国法律评论》2017年第3期。
② 王志立、刘祺：《数字赋能市域社会治理现代化的逻辑与路径》，《中州学刊》2023年第2期。

进经济的发展，在市场经济下更是难以适应时代的变化发展。以简政放权和放管服改革为契机，能够有效推进政府职能转变，实现"政府的归政府，市场的归市场；国家的归国家，社会的归社会"，从而形成市域社会治理中多元主体参与的共治格局。2013年以来，每年的政府工作报告都持续提到简政放权。2013年的《政府工作报告》提出："我们要从政府自身做起，把加快转变职能、简政放权作为本届政府开门第一件大事。"2014年的《政府工作报告》指出，"进一步简政放权，这是政府的自我革命"。党的十九大报告提出："转变政府职能，深化简政放权，创新监管方式，增强政府公信力和执行力，建设人民满意的服务型政府。"党的二十大报告进一步指出："转变政府职能，优化政府职责体系和组织结构，推进机构、职能、权限、程序、责任法定化，提高行政效率和公信力。"上述文件中的表述展现出了各级政府转变行政职能和深化简政放权的紧迫性和必要性。

促进简政放权，深化"放管服"改革要持续推进行政审批制度改革。行政审批制度是行政机关管理社会各类事务的重要手段，对经济、教育、医疗、卫生等领域中的部分特殊领域设置准入条件，只有通过行政机关的审批许可才可以从事相关工作，这实质是行政机关的事前控制。通过事前控制，的确能够实现对社会各类事务的有效管理，但是过度的控制会导致社会体制失去活力，也会导致各类社会治理主体不能发挥应有的作用。长期以来，我国的行政审批体制呈现出审批项目多、审批周期长的特征，影响到市域社会治理的实际效果，因此简政放权要以行政审批制度改革为起点。我国自2001年开启行政审批制度改革，至2022年已经多次分批完成了行政审批项目的取消和调整工作，取消了数百项行政审批项目，取得了较大的成绩。浙江省作为全国民营经济最为发达的省份，对于政府简政放权的需求也最大，因此浙江省是全国最早启动行政审批制度改革的省份之一。自1999年开始,浙江省在二十年左右的时间里开展了四轮行政审批制度改革,全省省级行政许可事项从1000多项减少到283项,省级部门行政权力从1.23万项精简到4092项,实现了《行政许可法》之外的审批事项全部取消。①

但是针对当前行政审批制度改革实践中的相应问题,还应当不断完善相关措施。第一,在行政审批制度改革中,不少通过事前控制的行政审批项目已经消失,但是也有不少通过事前控制的行政审批项目"改头换貌"以另一种方式转变为事后审批,以应付上级精简审批事项的目标。还有的部门和地方将审批"改头换面"为"核准""备案""指标"等,权力不减反增,影响了改革的效果和质量。② 事后审批仍然没有改变行政机关管理或者控制方式的本质,没有从根本上提高办事效率,实现简政放权。因此在行政审批制度改革中需要加强监督,让各项审批项目的权力依据公开透明,发挥市域社会中上级行政机关、其他行政机关、司法机关、监察机关以及公民个人的监督作用,让行政审批制度改革能够真正实现"改革"。当前不少地方已经设立了行政审批局,在一定程度上实现了行政许可权与监督权的分离,能够加强对行政审批制度的监督,2019年习近平总书记在河北雄安新区考察时,就充分肯定了"一枚印章管到底"的审批局模式。2008年四川省成都市武侯区率先开始行政审批局改革,2014年,天津市滨海新区、湖北省襄阳市高新区、宁夏回族自治区银川市在学习借鉴相关经验的基础上,也相继成立了行政审批局。随后越来越

---

① 参见车俊主编《透过浙江看中国的社会治理》,外文出版社2019年版,第56页。
② 马怀德:《行政审批制度改革的成效、问题与建议》,《国家行政学院学报》2016年第3期。

多的地方开始建立行政审批局。相较于行政审批制度改革中的其他措施，行政审批局侧重于以相对集中行政许可权为核心的"审管分离"式体制变革实现效能提升。[①]但是行政审批局在实际运行过程中也呈现出一定问题，这些问题在市域社会治理法治化的进程中需要进一步解决。第二，地方政府的行政审批制度改革也要"因地制宜谋划自选动作"[②]。市域社会治理的特点之一就是要充分结合各个地方的实际特点开展治理，从而让中央规定的统一动作更加灵活，更具有地方适配性，在行政审批制度改革中也同样需要遵循这一基本原则。不同地方的经济发展特点、优势有所不同，因此行政审批制度的改革也要结合实际情况有所调整，而不是体现出千篇一律、毫无特色。比如在民营经济发达的地区对于经济类的行政审批事项要进行重点关注，调整或减少经济类的行政审批事项，提高民营经济的活力，让社会治理的实际"需求"提出市域社会治理中行政审批制度改革的"要求"。江苏省的经济高质量发展走在全国前列，因此江苏省的行政审批制度改革也结合地方实际，始终以"把江苏省打造成审批事项最少、办事效率最高、创新活力最强的区域"为改革目标。江苏省内各市又结合各自实际，进一步优化并完善行政审批制度改革的具体措施。江苏省南京市推行的"不见面审批"最快20分钟给企业发出营业执照；江苏省南通市试点"一枚印章管审批"的相对集中行政许可权，极大地提升了行政审批效率。此外，江苏省无锡市的审批代办制以及江苏省扬州市的审批服务中介超市也充分体现了行政审批制度改革举措的创新因素。

---

① 寇晓东、郝思凯、张兰婷：《系统论视域下的行政审批局改革：结构、动力与走向》，《上海行政学院学报》2022年第2期。

② 张定安：《全面推进地方政府简政放权和行政审批制度改革的对策建议》，《中国行政管理》2014年第8期。

促进简政放权，深化"放管服"改革还需要持续优化营商环境。法治是最好的营商环境，因此营造良好的营商环境是市域社会治理法治化的应有之义，也是市域社会治理法治化的必然要求。营商环境建设是行政机关职权中的重要组成部分，因为经济发展属于社会发展的主要组成部分，良好的营商环境能够为经济发展提供充分的条件支撑和保障，而经济的良好发展又能反作用于营商环境建设，让营商环境朝着更好、更有利于经济发展的方向不断完善，因此在简政放权的过程中必须意识到优化营商环境的重要性，持续发力优化营商环境。优化营商环境需要有扎实的法律规范体系作为支撑。在统一的法律规范层面，2020年1月，《优化营商环境条例》正式施行，标志着优化营商环境制度建设进入新阶段。但仅有中央立法是不够的，地方立法也同样重要。在市域立法过程中，充分结合当地营商环境建设的实际情况，制定符合当地特色的地方性法规或者地方政府规章，让优化营商环境实现有法可依。要在地方性法规及地方政府规章中明确不同类型所有制企业的平等法律地位和平等权益保护。不管是国有企业、民营企业还是本地企业、外地企业，均能在符合一定条件的前提下平等地获得市场准入权，并在权益受到侵犯时获得司法机关的平等保护。要对企业在发展中可能遇到的纠纷和生产经营过程中可能存在的违法违规行为提前预判并事先予以规定，以建立良好的企业纠纷化解机制和监督机制。浙江省衢州市于2023年3月发布《衢州市优化法治化营商环境二十条措施》，充分涵盖优化营商环境的政策制度供给、政府依法行政、市场秩序维护、合法权益保障四个方面的内容，将对优化营商环境的规范保护贯穿立法、执法、司法和守法全流程。优化营商环境还需要不断提升法治能力。提高依法行政能力对保障企业的公平竞争和良好的经济发展秩序具有重要作用，这需要行政机关在行政审批、行政执法、行政服务、行政管理等多方面持续发力，提高依法行政能力。①

三 全面推进政务公开制度

不受制约的权力必然导致腐败和滥用，法治政府的建设意味着权力的行使过程远离贪污腐败，更意味着权力行使过程必须实现公开。政务公开制度作为强化对行政权力进行监督的手段，发挥着越来越重要的作用。不断推进政务公开制度完善的过程，就是让更多的权力在阳光下运行的过程。随着我国政务公开制度的不断发展，政务公开制度已经由政府信息公开发展出政府数据开放，二者共同构成政务公开制度的核心。

自2008年正式颁布施行《政府信息公开条例》以来，我国的政府信息公开制度已经发展了十余年。2014年，党的十八届三中全会决定指出："全面推进政务公开。坚持以公开为常态、不公开为例外原则，推进决策公开、执行公开、管理公开、服务公开、结果公开。"2019年《政府信息公开条例》在总结了十余年的实践经验后进行了制定后的首次修改。此前，理论界对于政府信息公开制度中需要改进的地方已经开展了比较多的讨论，也有比较坚实的理论基础。这次修改首次准确规定政府信息公开的义务主体，进一步扩大主动公开的范围，降低依法申请公开的门槛，删去"根据自身生产、生活、科研等特殊需要"的限制条件，此外在其他地方也作出不少修改。总体来看，《政府信息公开条例》是朝着加大公开力度，提高监督强度，切实保障人民群众知情权的方向进行修改，从而能更好地发挥对权力的监督作用。但是我们仍然要看到，政府信息公开制度中还存在一些尚未解决的问题。首先，政府信息公开与《保

---

① 陆栋良、吴振宇：《市域社会治理现代化视野下营商环境法治化建设》，《上海法学研究》2021年第14卷。

密法》等上位法的关系需要进一步协调。王锡锌教授指出，受管理主义体制和工具导向的影响，我国的信息公开制度和实践，呈现出过于浓厚的保密主导色彩。① 这具体体现在行政机关在公开信息或者有关信息不确定是否应该公开时都要按照《保密法》等相关法律规范接受有关部门的审查，从而确定是否要公开相关信息。但是问题在于《保密法》等法律规范关于国家秘密的规定是比较模糊和抽象的，这也相应地导致了这部分信息是否公开变得非常不确定。因此在处理政府信息公开制度与《保密法》的关系时，应该注意二者的平衡。一方面，要完善《保密法》的相关规定，以明确列举加兜底的方式规定国家秘密的具体范围。另一方面，政府信息公开制度自身也要完善负面清单等制度，更为明确具体地规定哪些内容不能公开。其次，政府信息公开制度也要解决部分"形式化公开"的现象。据某项调查结果显示，不少地方政府网站上的信息公开专网或者专栏公布的信息不仅内容陈旧而且数量有限，不能满足申请人的需求。② 对于这种"形式化公开"的现象，需要加强监督和拓宽反映渠道，以问责机制等方式落实行政机关信息公开的主体责任，从而增强行政机关的责任感和信息公开制度的实际执行力。

随着大数据的飞速发展，政府信息公开制度也进一步发展出政府数据公开的分支，二者共同构成政务公开制度的内容。行政机关因其自身的资源优势和条件，掌握了个人、社会和各个行业的海量数据，政府数据公开就是指政府将其掌握的数据信息资源，以符合数据开放要求的方式公开供社会利用的行为，其表现形式与传统的

---

① 王锡锌：《政府信息公开制度十年：迈向治理导向的公开》，《中国行政管理》2018年第5期。

② 王敬波、李帅：《我国政府信息公开的问题、对策与前瞻》，《行政法学研究》2017年第2期。

政府信息公开制度也有一定的相似性。① 在大数据时代，各种类型的数据本身就是一种重要的资源，数据和信息成为解决和优化诸多问题的关键所在。面对诸多的数据信息，一方面会产生信息泄露的担心，信息泄露会侵犯个人隐私权、信息权等基本权利，损害公民法人和其他组织的利益。为此我国相继制定了《个人信息保护法》《网络安全法》等保护数据、信息的法律规范。另一方面，面对诸多的数据，如果不能对其进行充分利用，发挥数据资源的作用，也会导致数据信息的浪费，从而降低效率。面对数据保护和数据利用的平衡问题，政府机关作为掌握较多数据资源的"优势方"，更是应该利用法治手段不断完善数据开放制度。在此背景下，2015年国务院正式发布《促进大数据发展行动纲要》，这意味着我国已经从顶层设计的角度对大数据及相关产业的发展进行宏观的布局和谋划。《促进大数据发展行动纲要》指出，将"加快政府数据开放共享，推动资源整合，提升治理能力"。② 2017年贵州省贵阳市颁布了我国首部政府数据开放地方性法规《贵阳市政府数据共享开放条例》，此外其他地方政府也相继出台与数据开放有关的法律规范，不断完善地方数据开放制度。在数据开放制度不断发展的同时，我们对这一制度本身也必须要有清晰而准确的认识和界定。数据开放制度与政府信息公开制度虽然同为政务公开体系内的分支，存在一定相似性，但二者仍然存在一定的差异性，这些实际存在的差异性决定了数据开放制度与政府信息公开制度不能采取完全相同的立法方式和发展路径。在数据开放与政府信息公开所存在的区别中，最为根本的差异在于二者的制定目的不同。传统政府信息公开制度以保障公民知情权为出发点，并以此实现对公权力的监督和制约，因

---

① 宋烁：《政府数据开放宜采取不同于信息公开的立法进路》，《法学》2021年第1期。
② 《国务院关于印发促进大数据发展行动纲要的通知》，2015年8月31日。

此信息公开制度的根本目的在于控权和实现民主，具有一定的政治属性。而数据开放以信息化时代为背景，其希望能够充分挖掘数据的潜在资源属性，并将其加以利用从而实现经济社会价值。因此数据开放的目的中更多偏向于"促进释放数据资源在发展经济和改善治理方面的潜能"[①]，具有更强的经济和社会属性。当前政府信息公开制度的法律规范体系比较健全，而数据公开的法律规范体系建设尚处在起步阶段，数据开放在当前阶段要以《政府信息公开条例》为首的法律规范为依据。随着数据开放制度的不断完善而构建单独的法律规范体系，更加注重对数据开放制度区别点的关注，为数据开放制度提供更为全面的保护。

四 完善政府绩效评价及责任机制

建设法治政府的关键不仅在于需要坚持依法行政、推动地方政府职能转变和全面推行政务公开制度，更需要有能够帮助推动这些具体措施的动力机制。只有完善的动力机制，才能转化为法治政府建设的实效。建设法治政府需要从正反两个方面完善动力机制：一方面，通过政府绩效评价机制形成正面的动力，激励地方加快法治政府建设的进程；另一方面，需要通过行政问责制等责任机制形成反面的督促作用，以责任推动地方建设法治政府的担当。

政府绩效的评价与管理机制起源于西方国家，在西方国家地方政府腐败现象频发的背景之下，美国、英国、法国、新西兰等国家在20世纪中期开展了政府绩效评价和管理机制的实践探索。绩效一词起初用在企业的管理中，后来逐渐也被行政机关所引用，具体而言，政府绩效就是指政府在公共管理活动中的结果、

---

① 宋烁：《政府数据开放宜采取不同于信息公开的立法进路》，《法学》2021年第1期。

效益及其管理工作的效率、效能，是政府在行使职权过程中的管理能力。① 那么对政府绩效的评价与管理就是上级行政机关对下级地方政府工作效率、效能和管理能力的评价，并以此作为进行管理地方，选拔、任用领导干部，划拨款项的依据。我国自20世纪90年代开始引进政府绩效评价与管理制度，希望借此提高政府的行政能力和施政效率。在较长一段时间内，这种政府绩效评价与管理制度在发挥了相当大的促进作用的同时，也产生了一定的负面作用。我国的政府绩效评价与管理制度在推动行政改革与发展时具有明显的"工具主义"取向。② 在"政治竞争锦标赛"中，地方经济发展水平几乎成了评价政府绩效的唯一指标，而忽视了地方民生、教育卫生等公共社会事业的保障，体现出重经济轻民生的倾向。这种不平衡、不科学的政府绩效评价与管理制度不利于市域社会治理的稳固发展，会导致市域社会治理中出现各种新的矛盾，不利于市域社会的长远发展，也不能正确地反映出哪些领导具有较好的治理能力和治理思维，将会扰乱选拔任用机制的稳固性和准确性。因此，为了建设法治政府，实现政府职能的转变，有必要在正确、科学、法治化的治理理念下不断完善地方政府绩效评价与管理制度。应当建立多元化的地方政府绩效评价指标，其中经济发展水平固然是一项较为重要的评价指标，但民生保障水平、公共设施配置情况、环境保护情况以及人民群众的获得感、幸福感、安全感也应当成为重要的评价指标。此外，地方政府领导干部运用法治思维和法治能力进行社会治理的水平同样需要作为政府绩效评价和选人用人的重要指标，这些指标与法治

---

① 参见蒋晓伟《城市治理法治化研究》，人民出版社2016年版，第124页。
② 何文盛、唐辰龙、郭栋林：《国家治理体系与治理能力现代化背景下政府绩效管理的定位重塑与功能解析》，《兰州大学学报》2016年第4期。

政府的建设有着重要的关系。政府绩效评价的主体也同样需要体现出多元化、科学化的特征。除了如何对政府绩效进行评价，谁来对政府绩效进行评价也同样关键。应当逐渐建立起专业、中立的地方政府绩效评价机制，尽量避免主观因素对于评价的影响，让地方政府绩效评价更为客观。将多元主体引入政府绩效评价也能增加评价的科学性，从而进一步完善政府绩效评价。社会公众、新闻媒体、高校科研机构、社会组织等主体均可以参与市域社会治理中的政府绩效评价工作，改变传统政府绩效评价模式中只有单一主体参与的局面，这也是市域社会治理中多元主体参与、协同治理的应有之义。在完善政府绩效评价方面，多地已经开展了创新性举措。江苏省昆山市创新推行电子绩效评估模式，以数字化为导向增强政府绩效评价的科学性与客观性，避免政府绩效评价过程中的主观和利益因素影响评价结果。2022年广东省广州市在市域社会治理的政府绩效评价中创新引入"红棉指数"，充分实现政府绩效的可量化。"红棉指数"是包括社会安全度、法治保障度、德治建设度、公众参与度、智慧支撑度这五大维度和市域社会治理风险预警监测系统在内的"5+1"的指标体系。[①]"红棉指数"指标体系覆盖市域社会治理的各个方面，能够实现市域社会治理政府绩效的科学评价，其他地区应充分借鉴广东省广州市"红棉指数"的相关经验，结合当地实际发展出适宜的政府绩效评估指标体系。

相较于政府绩效评价的正面激励作用，行政问责则是反向发挥督促作用。行政问责机制具有深厚的人民主权理念基础，行政机关的权力来自人民，代表广大人民群众行使权力，要确保权力的行使

---

① 肖滨、卜熙：《指标引导：提升市域社会治理绩效的驱动器——基于广州市"红棉指数"的分析》，《公共治理研究》2022年第6期。

必须符合人民群众的根本利益，否则人民群众有权依据自己的权利追究行政机关或者部分官员的责任。我国的行政问责制实践始于2003年，此后，中央的文件以及国务院发布的《政府工作报告》也数次提到行政问责机制，我国的行政问责机制进入快速发展阶段，各个地方纷纷开展行政问责机制的实践，也相应地出台了不少法律规范。行政问责制能够充分激发各级政府机关及其领导干部、工作人员的责任意识，将自己置身于市域社会治理的过程中，用法治思维和法治方式进行治理，用更有担当的气魄去担起促进市域社会治理法治化的责任。可见，法治政府的建成必须不断完善行政问责制。行政问责制的完善路径之一是完善问责主体。行政问责主体包括"同体问责"和"异体问责"，二者的区别在于问责主体是否与问责对象处在同一个系统内部。当前，我国的行政问责主体主要为同体问责，受到主观因素影响，这一种问责方式其实并不能充分发挥行政问责制度的实际作用。应当在完善同体问责制度的同时大力发展异体问责机制，形成"以人大问责为核心，以司法问责为依据，以社会力量问责为根本"[①]的异体问责机制，进一步提升行政问责的公平性和实效性。让更多主体参与到问责程序中，不仅能够体现人民民主原则，也有利于加强监督的力量。行政问责制的完善路径之二是完善并细化问责程序。促使问责程序充分透明和公开公正，对于为什么问责、依据什么问责、对谁问责、如何处理、处理的期限都作出详细的说明，一方面可以通过说明解释增强人民群众对相关处理的认可与信任，另一方面也能让行政问责充分体现出程序正义，增强实效性和严肃性。

---

① 王芳：《论依法行政视野下的行政问责》，《行政与法》2015年第5期。

第三节　持续建设智慧政府

随着大数据、人工智能、区块链、物联网等新兴技术的发展，越来越多的领域开始充分运用这些新兴技术，促使相关领域朝着智慧化的方向实现作速发展，智慧医疗、智慧企业、智慧教育、智慧农业、智慧城市等关键词的不断涌现意味着我国的智慧化建设正在朝着各个领域不断深入。据 2023 年 3 月 2 日发布的《中国互联网络发展状况统计报告》显示："截至 2022 年 12 月，我国网民规模达 10.67 亿，互联网普及率达 75.6%。"近年来，我国的互联网基础设施建设、网民规模及结构、互联网应用、工业互联网、互联网政务服务和互联网安全状况等方面都取得了跨越式的发展。智慧政府作为新兴技术与政府行政的结合，正是在这一"全社会智慧化"的大背景下不断发展起来的。智慧政府是市域社会治理的重要因素，智慧政府建设不仅符合社会发展的趋势，其高效、便民、智能的特点也有助于推进法治政府建设、提高市域行政执法的效能，从而提升国家治理现代化水平，为此必须通过多举措持续推进智慧政府建设。

一　智慧政府的界定与意义

智慧政府是指利用物联网、云计算、移动互联网、大数据、人工智能、知识管理等技术，提高政府办公、监管、服务、决策的智能化水平，形成高效、敏捷、便民的新型政府。[1] 智慧政府并不是一个单一的概念，也不是近几年才在我国出现的，事实上，智慧政

---

[1] 金江军、郭英楼：《智慧城市：大数据、互联网时代的城市治理》，电子工业出版社 2018 年版，第 173 页。

府的建设经历了比较复杂的发展历程,智慧政府是逐步由电子政务转化发展而来的。在这种背景下,时常有观点认为智慧政府和电子政务是一对相同的概念,这种观点是对智慧政府的错误理解。首先,智慧政府和电子政务的目的有所不同。发展电子政务的目的在于提高行政机关的工作效率,促进行政机关的智能化、电子化、自动化办公建设。建设智慧政府的目的当然也包括上述目的,但是除此之外,进一步实现治理能力和治理水平现代化、促进市域社会治理法治化也是智慧政府建设的目的。这说明智慧政府的目的相较于电子政务制度具有更丰富的内涵,具有更全面的适用性,其不仅仅聚焦于政府行政机关内部的建设,还聚焦于如何促进政府和社会的一体智能化建设,从而促进市域社会治理整体的发展。其次,智慧政府和电子政务的条件基础不同。智慧政府对各项技术条件的要求比电子政务更高。传统电子政务只需要依赖于移动设备、互联网,建设网站、专栏、政务系统就可以实现发展目标,要求较低。而智慧政府中的"智慧"决定了仅仅依赖于互联网等是不能实现的,还必须通过大数据技术、人工智能技术、物联网技术、区块链技术作为支撑。所谓"智慧"就像给政府装上了一个"最强大脑",不仅需要有先进的硬件设施,还需要有发达的软件设施,也就是说,智慧政府是电子政务的进阶,要求更高。

党的十九大报告提出要"推动互联网、大数据、人工智能和实体经济深度融合,加快建设智慧国家和数字中国"。2021年12月发布的《"十四五"国家信息化规划》对于加快数字化发展,建设数字中国提出了更高的要求,在智慧政府建设中强调要"全国范围内政务服务事项基本做到标准统一、整体联动、业务协同,线上线下相融合的政务服务模式全面推广,全国一体化政务服务能力显著提升"。这体现了顶层设计层面对于智慧政府建设的重视,彰显了建设智慧政府的重大意义。其一,智慧政府建设有助于提升科学决策和精准决策水平。传统政府的决策通常需要由领导干部作出，受其主观因素影响较大，决策是否科学、是否精准、是否能在市域社会治理中发挥正面的积极作用都带有比较大的偶然性。在智慧政府体系框架内，通过多样化的技术手段，利用海量的数据资源进行研判分析，还可以进行相关决策的模拟实施，以精准的数据和结果反映出决策是否具有科学性和可实施性，不再仅仅需要依靠人为决策。让每一个决策都能够精准落在人民群众的需求点上，避免领导干部的拍脑袋决策、盲目决策、跟风决策。此外，智慧政府下的决策还能避免发生贪污腐败、部门利益化等现象。智慧政府体系内决策的作出以及客观的技术和数据，能够尽量排除利益关系等非理性因素的影响。其二，智慧政府有利于提升行政工作的效率。提升政府工作效率对于行政机关自身和人民群众都有益处。对于行政机关而言，借助智慧技术能够在相同时间内处理更多事务，提升工作输入与产出的比值。对于人民群众而言，行政工作效率的提升是对人民群众基本权利的保障，是对人民群众在市域社会治理中获得感、幸福感、安全感的保障，减少人民群众为了办事在时间和空间上消耗的成本，从而提升人民群众对法治政府的信任感。自智慧政府建设开展以来，各个地方都取得了相应的成绩，其中浙江省作为中国数字化发展的前沿阵地，其各个地区也是在社会治理领域率先利用数字化网络化智能化手段推进社会全面进步的先行者。浙江省杭州市发布了全球范围内第一个以大数据、人工智能驱动城市治理能力提升的城市大脑计划。同时，在全省范围内开通的政务服务网、互联网+政务服务等智慧政府建设都取得了亮眼的成绩。[①] 江苏省"不见面审批（服务）"改革、上海市"一网通办"改革等发展模式也不断发展，充分解决了人民群众和企业的现实难题，驱动互联

---

① 参见车俊主编《透过浙江看中国的社会治理》，外文出版社2019年版，第122页。

网政务服务由点到面、由浅及深加快发展。

二 建设智慧政府的主要措施

首先要实现治理理念的转变，让智慧政府建设发挥实质性作用。建设智慧政府不仅需要有技术作为支撑，还需要让领导干部和行政机关工作人员的工作理念及时发生转变，与智慧政府相匹配。如果领导干部和行政机关工作人员的工作理念仍然停留在传统治理阶段，习惯性地让主观因素来影响决策，那么智慧政府的各项措施只能在形式上发挥作用，智慧政府建设也就成了走过场、应付式的临时措施，没有从本质上促进市域社会治理法治化。

2022年6月国务院发布的《关于加强数字政府建设的指导意见》指出，当前数字政府的建设中干部队伍的数字意识和数字素养仍然有待提升。由于在经济发展水平、人才培养水平方面存在的现实差距，市域社会中领导干部的数字意识和数字素养更是参差不齐，因此在市域社会治理建设智慧政府的过程中，提升领导干部的数字意识、数字素养更具有迫切性。数字领导力是对领导干部的数字意识、数字素养的进一步提炼总结，具体来说，数字领导力包括数字科技、数字经济、数字社会、数字政府、数字安全和数字生态六部分的内容，同时，这六部分内容也构成了智慧政府的主要组成部分，充分表明了提升数字领导力与智慧政府建设之间的必然联系。[①] 为有效提升市域社会治理智慧政府建设中领导干部的数字领导力，一方面要对领导干部定期组织关于人工智能、大数据等数字科技知识的学习培训，让领导干部在充分学习理论知识的基础上做到"心中有数"。江苏省无锡市于2022年年初制定并发布首席数据官管理规定，争取在江苏省内率先实施首席数据官制度。首席数据

---

① 马亮：《数字领导力的结构与维度》，《求索》2022年第6期。

官负责对平台数据进行挖掘、分析和运用，设置首席数据官的目的在于培养干部运用数字化思维解决问题的能力。在首席数据管的培训班中，江苏省无锡市也创新运用数据手段，依托"灵锡"软件实现全程无纸化、数字化、智能化管理的培训。另一方面，在学习理论知识的基础上，领导干部要提升将理论知识与市域社会治理实践相结合的能力。只有将数据领导力的理论知识应用于实践，才能发现实践中可能会遇到的各类问题，避免纸上谈兵，真正建立提升数据领导力与建设智慧政府的联系。市域社会治理正转变领导干部的治理理念、提升领导干部的数字领导力的同时，也同样要注重对公民数字素养的培养。公民作为市域社会治理的参与者，也同样是市域社会治理的主体，是智慧政府的直接适用对象。提升公民数字素养，能有效增强智慧政府建设的实际效果，共建共享智慧政府发展成果。开展"全民数字素养与技能提升月"专项活动以及各类普及宣传活动，营造全社会广泛关注并积极参与全民数字素养与技能提升行动的浓厚氛围。

其次要实现智慧政府相关技术及时更新换代。技术发展的速度是日新月异、千变万化的，如果不及时更新很快就会被时代所淘汰。智慧政府的建设就是依赖于各类新兴的技术，如果不与时俱进及时将技术进行更新，那么智慧政府的"智慧"也就名不副实。所以对于智慧政府建设所需的大数据技术、人工智能技术、物联网技术、区块链技术要及时进行更新，可以与相关科研院校、研究所合作，在技术发展的前沿领域不断探索，避免被发展的浪潮拍下。对于上述技术之外的新兴技术也要持续关注，在相关领域的研究和经验成熟时及时吸收纳入智慧城市建设中。中山大学与科大讯飞建立人工智能与政府治理创新联合实验室，通过新兴技术研发与科研水平的提升为广东省智慧政府的建设不断注入新的生机。当下 ChatGPT 模型正在飞速传播，其在金融、教育、科技、医疗等领域获得了广泛应用，市域社会治理也可以探索将 ChatGPT 模型应用于智慧政府的建设。ChatGPT 模型具有深度语言交互能力、高效信息驱动能力、精密算法运行能力，将其运用于智慧政府中能有效提升智慧政府的亲民性、效能性、智能性，从而促进智慧政府的高质量发展。① 随着科技的发展，未来更多新兴技术会不断涌现，智慧政府的建设也应当紧跟时代潮流，让技术真正为市域社会治理赋能。但技术也不是万能和绝对安全的，在建设智慧政府的过程中，也应当注意避免对技术的过度依赖，预防并化解技术应用过程中可能产生的个人信息侵犯、算法黑箱问题。

最后要关注智慧政府的实质效果，避免"指尖上的形式主义"现象。在实践中，有这样一种现象：一些政务 App 逐渐变味变样，不仅没有起到提高工作效率的作用，反而占用工作和生活中大量额外的时间，降低工作效率。这就是以前长期出现的工作形式主义现象披上了"高科技"的外衣，扮上了所谓"智慧政府"的伪装。"指尖上的形式主义"不仅给行政机关的工作人员带来了低效率、高耗时的麻烦，也会让人民群众产生厌烦，对于用什么、如何使用产生疑问，也会对政府的公信力产生怀疑。因此，不仅需要对"僵尸类""空壳类"移动互联网应用程序及时进行清理，还需要在智慧政府建设各项措施的前期做好监督审核工作，从源头遏制"指尖上的形式主义"现象，让工作重心真正放在智慧政府的建设上来，让智能化的作用能够真正落到实处。江苏省盐城市在整治"指尖上的形式主义"过程中，对政务新媒体进行整合优化、迁移关停，并聘请第三方机构进行深度排查，对隐瞒不报、整改不力的予以通报曝光，形成了对智慧政府建设的有效监督。福建省厦门市从小切口

---

① 周智博：《ChatGPT 模型引入我国数字政府建设：功能、风险及其规制》，《山东大学学报》（哲学社会科学版）2023 年第 3 期。

入手,对"指尖上的形式主义"开展专项整治,对市党政机关统一办公平台中文件"一转了之""机械式"层层报表问题进行处理并创新运用设立在镇街、基层站所、市属学校的 29 个基层减负监测点进一步发掘问题。

第四节 深入实施行政执法体制改革

法治的生命在于实施,而行政执法正是实施法律、适用法律最主要的活动形式。行政执法活动与人民群众的生活有着密切的关系,我国 80% 的法律、90% 的地方性法规以及几乎全部的行政法规和规章是由行政机关执行的,行政执法制度的完善是法治政府建设的核心环节,法治政府的建设必须促进行政执法的法治化,[①]为此需要持续深入实施行政执法体制改革。2018 年,中共中央印发的《深化党和国家机构改革方案》提出要"将深化行政执法体制改革确立为深化机构改革的重要任务"。2021 年,中共中央、国务院颁发的《法治政府建设实施纲要(2021—2025 年)》进一步提出要"深化行政执法体制改革,健全行政执法工作体系"。这些文件的表述都展现了中央对深入实施行政执法体制改革的高度重视。深入实施行政执法体制改革是一项系统性工程,需要在人、事上多角度协同发力。在"人"上,需要不断加强行政执法人员队伍建设,提升整体专业水平和职业素养;在"事"上,要推进综合行政执法体制改革,厘清并明确行政执法机关的职权,让科学体制为法治政府提供保障。

---

① 李凌云:《运用法治方式推进行政执法体制改革》,《中共银川市委党校学报》2022 年第 2 期。

一 加强市域行政执法队伍建设

加强行政执法人员队伍建设，提高行政执法人员法治思维和法治能力，成为市域社会治理的关键枢纽，需要从多方面发力解决问题。首先，需要不断提高行政执法人员的准入门槛。在招考时列明需要有法律职业资格证，对于已经进入体制内的行政执法人员来说，需要系统组织法律专业知识专题培训，并通过讲座等方式促进行政执法人员对法律专业知识的了解，提高法治思维和法治能力。如四川省乐山市发布《关于深化行政执法队伍"大学习大练兵大比武"活动的通知》，定期组织全市行政执法部门的执法人员进行行政执法理论和业务知识的考试。在年度评优、职务晋升时，需要将法律专业知识水平纳入考核体系之中，在人才选拔上，面对同等条件，优先选拔法律思维和法治水平较高的干部，由此不断提高行政执法人员学习法律的积极性和主动性。其次，加强行政执法人员道德修养与职业操守建设。具有较强专业知识的行政执法人员不一定具有较高的职业操守和道德修养，我国的行政执法人员应当具有"德才兼备"的特质，既有较高的职业操守和道德修养，又有较强专业知识。并且时刻秉持为民之心，为民之情，真正为群众办实事。这需要不断加强道德素质的建设，通过对先进事例和道德准则的学习，重读党章，重走红色之旅，增强心中的责任感和使命感。山东省日照市发布《关于提升全市行政执法队伍素质能力的具体措施》，强调要不断强化行政执法职业道德素养，规范执法人员在行政执法活动中的行为举止、仪容仪表、执法用语，加强执法职业道德和执法礼仪建设。此外，不仅要加强人民群众、新闻媒体的外部监督，还要加强行政机关的内部监督，形成全方位的监督体系。

二 推进综合行政执法体制改革

综合行政执法是指依法成立或依法授权一个行政机关，综合行使原由多个行政机关行使的相应法定职权的一种行政执法制度。综合行政执法是在相对集中处罚的基础之上实施的改革措施，总结吸纳了相对集中行政处罚改革的相关经验和有利做法，并不断优化以更好地发挥作用。相对集中行政处罚改革也是在面对我国行政执法中存在的多头执法、选择性执法、行政执法人员队伍建设不足等现象的困境中提出的解决措施，但是实施领域相对单一，主要是在行政处罚领域，而综合行政执法则从行政处罚领域进一步扩展到行政执法内的大部分领域，包括行政强制、行政许可等内容。在行政执法的某些事务中，涉及多个行政机关的职能，且相关行政机关之间权责不明确，不仅不能提高行政执法的效率，还会因此损害相对人的合法权益。在此基础上，整合行政执法队伍，具体事项统一联动，进行充分的协调沟通，不仅有效精简了行政人员数目，还精简整合了行政机关，提高了行政效率。对于行政执法权仍然分属于不同机关的事项，就更需要建立信息沟通和协商平台。因为在以往的行政执法体制中，多头执法、选择性执法等现象的成因就在于缺乏有效的信息沟通和协商机制。因此，针对上述问题亟待探索解决路径。

具体而言，综合行政执法包括职能综合、机构综合和权利综合三个方面。职能综合是指对政府各部门之间的职能进行动态调整，从而打破不同部门的职权"条块分割"的状态；机构综合是指通过归并、整合大大小小的执法机构来解决执法机构过于分散、凌乱的问题；权利综合是指将行政处罚权、行政许可权、行政强制权、行政检察权等权力统一为综合行政执法权。[①] 在中央的高度重视下，

---

① 程琥：《综合行政执法体制改革的价值冲突与整合》，《行政法学研究》2021年第2期。

市域范围内各地纷纷发布了关于综合行政执法权改革的实施意见或者指南，为地方综合行政执法权改革提供法律依据，实现重大改革于法有据。山东省选择莱芜市、日照市、胶州市、高密市、滕州市、青岛西海岸新区等地开展综合行政执法体制改革试点，在整合执法部门、减少执法层级、下移执法重心、跨部门跨区跨领域综合执法等方面进行大胆探索，着力解决权责交叉等问题，并于2017年开始在全省范围内全面推进综合行政执法体制改革。2021年11月浙江省率先在综合行政执法领域出台省级地方性法规《浙江省综合行政执法条例》。2022年3月《浙江省加快推进"大综合一体化"行政执法改革试点工作方案》获中央批复同意，这意味着浙江省关于综合行政执法体制改革的地方实践取得了较为良好的成绩，其所形成的"综合行政执法＋部门专业执法＋联合执法"的行政执法体系充分结合各种类型行政执法方式的优缺点，进一步提升了行政执法效能，值得作为一种经验进行推广。

第七章

深化司法体制改革实现公正司法

英国著名思想家培根有言:"一次不公正的审判其恶果甚至超过十次犯罪。"构建公平正义的司法体制在依法治国、促进国家治理能力和治理体系现代化中具有极其重要的地位。同时在市域这一社会矛盾的集中点上,更需要公平正义的司法体制来有效解决各类矛盾纠纷。司法作为社会公平正义的最后一道防线,是市域社会治理法治化进程中的最后关卡,也是重要组成部分。当下必须继续不断深入司法体制改革,构建更加公平正义的司法体制,这是公平正义的本质要求,也是司法为民的重要保障,更是提升司法公信力的有效途径。深化司法体制改革,需要多方面发力,多举措并行,坚持公正司法、司法为民的基本原则,不断完善司法职权配置。在新时代和新的社会发展形势下,需要顺应时代变迁加快实现智慧司法,推进重点领域的司法专项工作。

第一节 深化司法体制改革是实现公正司法的必然要求

一 司法体制改革是实现市域社会治理法治化的重要力量

公正司法是依法治国基本方略下的重要要求,党的十七大报告和《关于贯彻落实党的十八届四中全会决定进一步深化司法体制和社会体制改革的实施方案》都提出了深化司法体制改革的要求与方案，指出了深化司法体制改革形成公平正义的司法体制的必要性。深化司法体制改革和优化司法体制作为实现公平正义的重要方式、司法为民的重要保障、提升司法公信力的有效途径有着理论上的必要性。深化司法体制改革的提出并不是一蹴而就的，而是中国司法不断发展、法治化水平不断提高的必然产物和应然结果，也是时代发展带来的新机遇和新挑战。

《中共中央关于全面推进依法治国若干重大问题的决定》提出要对司法体系的相关内容进行改革，习近平总书记在《关于〈中共中央关于全面推进依法治国若干重大问题的决定〉的说明》中指出当前我国司法体制存在的问题，包括"司法不公、司法公信力不高问题十分突出，一些司法人员作风不正、办案不廉，办金钱案、关系案、人情案，'吃了原告吃被告'，等等"。这些都说明中央已经注意到司法体制中存在的问题，以及进行司法体制改革，促进法治化发展的必要性。在依法治国基本方略的背景之下，其重要性更加凸显。

在党的十七大报告中，"深化司法体制改革"这一概念被正式提出，这说明司法重要性不断强化，司法的发展步入新台阶，迈向新阶段。党的十七大报告提出，深化司法体制改革，优化司法职权配置，规范司法行为，建设公正高效权威的社会主义司法制度，保证审判机关、检察机关依法独立公正地行使审判权、检察权。报告明确了全面深化司法体制改革的三个方向分别是司法机关之间的职权配置划分、司法行为规范化以及保证依法独立行使审判权，为今后司法体制改革指明了方向。总体来说，该份报告中所提到的深化司法体制改革的相关内容属于较为宏观的内容，指导意义和宣示意义较强，具体的落实还需要更为详细的规范文件进行支撑。有学者指出,司法体制改革不仅是中国政治体制改革的重要组成部分,在一定程度上也可以认为其是中国政治体制改革的重要突破口。① 因为司法机关不仅行使司法权,其也承担着对行政机关的监督,通过完善司法体制能够进一步促进中国的政治体制法治化发展。

2015年,中央发布的《关于贯彻落实党的十八届四中全会决定进一步深化司法体制和社会体制改革的实施方案》(以下简称《实施方案》)则是对十七大报告中的"深化司法体制改革"给出了更为具体和具有可执行性的方案。《实施方案》明确了指导思想、目标任务和基本原则,为进一步深化司法体制和社会体制改革提供了基本遵循。《实施方案》具有普适性的特点,而市域社会治理又具有极强的特殊性,司法作为其中的重要组成部分也具有同样的特点,因此市域还需要不断推进地方性规范文件的出台。2020年福建省漳州市中级人民法院率先出台《关于司法助力市域社会治理现代化的实施方案》,围绕漳州创建首批全国市域社会治理现代化试点合格城市的目标要求,聚焦建立健全市域社会治理中的风险防控体系、法治保障体系、德治教化体系、智能治理体系、素能培养体系五大方面,提出了系列举措。随后,福建省于2021年3月发布了《福建省高级人民法院关于司法助推市域社会治理现代化的实施意见》,结合市域治理的实际需求并总结相关经验,进一步深化市域层面的司法体制改革,明确指出要从二十五个方面出发,促使司法机关以更高站位助推市域社会治理体制机制现代化、以更强担当助推市域社会治理工作体系现代化、以更大力度助推市域社会治理方式手段现代化、以更高水平助推市域社会治理保障能力现代化。上

---

① 代瑾、李戈、程荣:《"法治中国"建设与社会治理现代化研究》,四川大学出版社2020年版,第115页。

述重大文件及相关规范性文件的发布都说明了在全国以及市域领域中深化司法体制改革，建成公平正义的市域社会治理司法体系的重要性。

除了上述重大文件对司法参与市域社会治理提出要求外，社会发展实践也对深化体制改革、发挥参与市域社会治理的重要作用提出要求。随着社会的不断发展，市域层面出现的各类纠纷矛盾数量和种类都呈现出不断攀升的趋势。不同层级的法院所审理的案件和发挥的作用存在一定区别，高层级的法院的主要作用在于总结审判规则、发布指导性案例、对下级法院进行指导，审理的案件类型多为具有较大影响力、标的额巨大的复杂案件，而低层级法院的主要作用就是审理各类案件、解决纠纷，因此市域范围内的低层级法院面临解决各类案件的重要任务。某市 2021 年的案件受理数据显示，在各类案件中，民间借贷纠纷、离婚纠纷的数量最多，金融借款纠纷、买卖合同纠纷、机动车交通事故责任纠纷、物业服务合同纠纷的数量也位居前列。上级法院也会把较多涉及借款合同纠纷、买卖合同纠纷、民间借贷纠纷的案件下放到基层法院。[①] 这些案件构成了市域社会纠纷矛盾的主要内容，并且随着社会的不断发展，越来越多新类型的纠纷涌现。市域社会治理中纠纷矛盾种类繁、数量多的特点要求司法机关充分发挥化解纠纷矛盾的作用。并且，司法机关自身也需要通过不断改革来适应市域社会治理中的更新与变化。

二 深化司法体制改革是公平正义的本质要求

法谚有言：“公正是司法的灵魂和生命线。”失去了公正，司法

[①] 张梦诗：《审级职能定位改革下案件下放标准的反思与重构》，《山东法官培训学院学报》2022 年第 6 期。

就毫无意义可言。"公正"这一司法的价值核心从司法最早的发源之处——古希腊神话中的正义女神忒弥斯形象中就可见一斑。正义女神忒弥斯的眼睛被一条手巾绑住，遮住了视线，这意味着看不见接受仲裁审判的双方。由此不惧权威，不受权贵的利诱威胁，也不受亲情、友情等情感的干扰。因为不受情感、权势等外界因素的干扰，不偏不倚的正义价值就会更加凸显。此外，正义女神忒弥斯手中举着天平，更是象征着不偏不倚。如果说蒙眼象征着程序正义，那么天平就象征着实体正义，正义的实现是程序正义和实体正义的结合，离开任何一个方面，正义都无法实现。回溯司法制度的起源，正是公平正义价值理念不断凸显的过程。在早期社会中，人们之间的矛盾冲突往往是通过"以眼还眼，以牙还牙"的私力救济手段解决，然而这样并不能有效地解决矛盾，甚至在多数情况下会进一步激化矛盾。于是人们逐渐意识到需要有独立于矛盾双方当事人之外的第三人秉持着不偏不倚的公正精神与理念来化解纠纷，消除矛盾，达成具有效力的裁判结果以促成双方当事人的履行。随着社会的进步、经济的发展，司法所承担的功能越来越多，不再局限于最初的解决纠纷，还包括破产重整、执行、债权人异议等非诉业务，但是其中公平正义的精神理念始终保持不变。当前司法体制中的回避制度、陪审员制度、审判委员会制度等都是司法体制贯彻公平正义价值理念的体现。亚里士多德在其相关论著中提出了分配正义与矫正正义的概念，美国著名学者罗尔斯也在其著作《正义论》中系统论述了正义的概念。美国法理学家博登海默说，正义有着一张普洛透斯似的脸，变幻无常，随时可呈不同形状并具有极不相同的面貌。因此，正如不同学者论述的，什么是正义有着不同的答案，千人千面。而对我们所致力于促进的公正司法体制而言，正义的内涵又相对而言有着不同之处。联合国《公民权利与政治权国际公约》提出了"司法正义"的内涵："所有的人在法庭和裁判所前一律平等。在判定对任何人提出的任何刑事指控或确定他在一件诉讼案件中的权利与义务时，人人有资格由一个依法设立的合格的、独立的和无偏倚的法庭进行公正的和公开的审讯。"①

公平正义作为司法最本质的特点和内核，决定了司法体制的内容都要体现出公平正义的特点，否则就难以实现公平正义，深化司法体制改革的目的正是完善司法体制内的各项制度，以更好地实现司法正义。公平正义对司法体制改革的要求体现在人、事、物等多个方面。在人的方面，只有在不断加强司法工作队伍建设的情况下才能实现公平正义。因为在司法体系内，法官是作出判决、化解矛盾的主体。在能动司法的语境之下，法官发挥着至关重要的作用。加强司法工作队伍建设，提升司法工作人员专业能力有利于提高法官适用法律的准确性和合理性，实现司法过程情理法的有机结合。在事的方面，司法权的行使要避免受到其他因素的影响，在独立、真空的环境下行使司法权才能实现公平正义。司法体制改革中的诸多改革措施如裁判文书公开、庭审公开、案件插手的记录留痕都是避免司法权受到影响的有效举措。在物的方面，提升司法工作的智能化水平也有利于实现公平正义。因为人所固有的局限性，使得其理性思维和适用法律的能力都不同程度地存在区别。在互联网、大数据、人工智能等各项技术飞速发展的情况下充分发展智慧法院，有利于避免人的不同能力对司法工作产生的影响，从而促进司法公正。

三 深化司法体制改革形成公平正义的司法体制是司法为民的重要保障

在宪法公布施行 30 周年大会上，习近平总书记指出："我们要

---

① 《公民权利与政治权利国际公约》第 14 条。

依法公正对待人民群众的诉求，努力让人民群众在每一个司法案件中都能感受到公平正义。"[①] 这不仅仅是对人民群众的郑重承诺，更是点出了司法的最终目的是"为民"，保障每一位人民群众的合法权益。"司法为民是中国共产党建设法治中国的出发点和落脚点"[②]，这正是中国共产党始终秉持"为人民服务"宗旨的切实体现。自中国共产党成立以来，每一位共产党人始终保持着为人民服务的初心和使命。通过贯彻落实群众观点和群众路线，始终保持着与人民群众的血肉联系。司法权利不是只有一小部分人、某一特定阶级的人才享有的权利，而是每一位人民群众都享有的基本权利。如果司法权成为只有特定的人才能享有的权利，那么司法就会成为特权而不是解决基本矛盾纠纷的重要工具和手段。为了让更多的人能够充分享有司法权利，实现"司法为民"的目标，必须深化司法体制改革形成公平正义的司法体制。例如，在司法体制改革以前，人们通常说司法案件有"立案难、审判难、执行难"三难，其中立案难问题从根本上阻隔了人民群众进入司法程序的途径，相当于变相剥夺了部分人的司法权利，这从根本上违背了"司法为民"的目标理念，如果部分别有用心的人利用立案难的现象通过金钱、利益输送等方式阻碍相对方顺利立案，那么就会滋生出更多司法腐败现象。并且如果从立案这一途径上阻碍人民群众以司法的方式解决纠纷，那么司法作为社会最后一道防线的作用就难以发挥，越来越多的矛盾无从解决并不断堆积，导致社会纠纷的激化，不利于社会和谐稳定。因此在深化司法体制改革中，2015年改变了以往长期实施

---

① 中共中央文献研究室：《十八大以来重要文献选编》（上），中央文献出版社2014年版，第91页。

② 代瑾、李戈、程荣：《"法治中国"建设与社会治理现代化研究》，四川大学出版社2020年版，第119页。

的"立案审查制",正式施行"立案登记制"。① 任何案件只要符合诉讼法规定的基本条件,均可以登记立案,实体内容在案件审理过程中再进行审查。这保证了广大人民群众的诉权,也让人民群众在面对社会矛盾纠纷时会产生对司法的信赖感和依靠感,主动选择通过司法途径解决矛盾,有利于进一步提升市域社会法治化水平。还有其他诸多深化司法改革的措施,都是在进一步贯彻落实"司法为民"的目标理念。

司法为民不仅意味着要保障每一个人民群众的诉权,还要为人民群众行使诉权提供便利条件,让人民群众能更为便捷、更为高效地行使诉权。随着智慧法院的不断建设,人民群众能以更加便捷的方式行使诉权,参与立案、庭审、执行等环节,能最大限度减少人民群众参与司法活动的时间成本和金钱成本。《中华人民共和国法律援助法》于2022年1月正式施行,法律援助制度的不断完善也为越来越多的人提供司法活动的帮助。法院内不断涌现的各类便民措施也是对司法为民的深刻践行。司法为民还体现在司法领域对于人民群众急难愁盼问题的关注,重点解决市域社会治理中突出、人民关注的问题。针对人民群众关注的未成年人犯罪、扫黑除恶、套路贷、食品安全、高空抛物等涉及民生和社会各个领域的问题,司法机关都高度重视。最高人民法院和最高人民检察院不断就此类人民群众关注的问题出台相关司法解释、汇集司法典型案例,致力于让人民群众能从这些案件的判决中得到满意的回答。此外,司法为民不仅意味着保障所有人的诉权,让人民群众能在每一个司法案件中感受到公平正义,更意味着对于社会弱势群体的进一步保护和权利保障,让任何一个人不因自身经济条件、客观条件等的差异而阻碍寻求司法救济和保护的途径。

---

① 《关于人民法院推行立案登记制改革的意见》,2015年4月15日发布。

四 深化司法体制改革形成公平正义的司法体制是提升司法公信力的有效途径

深化司法体制改革形成公平正义的司法体制是提升司法公信力的有效途径。如果司法没有公信力，那么就相当于"无源之水，无本之木"，丧失司法所发挥的根本作用。"司法权威是法律权威的重要组成部分，也是法律权威的直接体现，强化司法权威在本质上就是强化法律权威。"[①] 因为每一个司法案件中的判决结果都是依据法律规范作出的，法律规范具有普遍适用性，可以适用于任何一个案件，每一个具体案件则需要根据具体情况选择适用的法律规范，二者存在着演绎推理的逻辑关系，因此本质上具有相同的属性。在人们的普遍观念中，一个正义的判决离不开正义的法律规范，一个不公平正义的判决也是受到不公平正义的法律规范的影响。如果司法不公的现象不断增多，就会影响人们对于法律本身的信任，从而导致人们不愿意适用法律、不愿意根据法律规范来办事，逐渐丧失法治意识和法治观念，市域社会治理也会逐渐偏离法治化的轨道，各类矛盾会逐渐激化、增多。然而在社会实践中，在立法、行政、司法三者间，相较而言司法的权威性往往较为薄弱。一方面是因为当前司法体制中的确存在着一些人情案、关系案等司法不公的现象，新闻媒体频频爆出的如"孙小果案""聂树斌案"等冤假错案，以及许多不断上诉、不断信访的案件都在挑战着司法机关的权威，让人们对司法公正产生怀疑。另一方面，近年来舆论的声音越来越大，许多案件的审判结果都受到舆论的裹挟影响，一个案件的判决结果是否会因为舆论的影响而偏离法治的轨道，是否会为了顺应所谓

---

① 赫然、张凌竹：《社会治理的法治保障研究：以吉林省社会治理为例的调查与研究》，知识产权出版社2015年版，第110页。

"多数人的声音"而失去最本质的公平正义,这些不断涌现出的问题都导致司法的独立性受到越来越多的质疑,由此导致司法权威性的不断下滑。司法权威性在司法体制的构建中具有极其重要的地位,司法有权威,人民才会对司法机关产生敬畏之情,相信司法机关及其工作人员的公正性,信服判决结果的正义性,由此进一步促进社会稳定和法律的良好实施。因此,通过司法体制改革进一步促进形成公平正义的司法体制是提升司法公信力和权威的根本途径。

第二节 坚持公正司法、司法为民

深化司法体制改革必须始终坚持公正司法、司法为民。实现公正司法是深化司法体制改革的目标;坚持司法为民是深化司法体制改革的宗旨,二者都属于司法体制改革的生命和灵魂,离开任何一个内容,司法就会失去其生命和灵魂。为了实现公正司法和司法为民,必须坚持依法独立行使审判权、检察权,不受其他因素的干扰。必须积极推动能动司法,让司法能积极主动地为党和国家工作大局服务,为经济社会发展服务,这是司法为民和人民司法的必然要求。必须保障人民群众参与司法,让人民群众能以更多元的渠道和方式参与司法过程。必须在司法行政部门的组织牵头下构建完善的公共法律服务体系,为群众参与司法提供更多的途径和便利。

一 独立公正行使审判权、检察权

独立公正行使审判权、检察权原则是司法体制中最重要也是最基本的原则,主要内涵是指"人民法院、检察院依照法律规定独立行使审判权、检察权,不受行政机关、社会团体和个人的干涉"[1]。

---

[1] 《中华人民共和国宪法》第一百二十六条。

其不仅有理论上的重要性,也有规范依据上的必然性。并且,随着我国司法体制的发展,独立行使审判权、检察权的主体不仅包括人民法院,还包括人民检察院以及公安局等,具有范围上的外延,为司法机关的独立办案提供了更全面的保护。独立行使审判权、检察权在我国已经存在了较长的一段时间,我国1954年《宪法》第七十八条规定:"人民法院独立进行审判,只服从法律。"这是中华人民共和国成立后首次对审判独立作出明确规定,其中"独立"以及"只服从"的词语都表示出坚持审判独立的决心。1979年之后,我国的法治建设水平不断提升,越来越多的法律不断出台,为中国特色社会主义法治奠定了良好的基础。在这期间,中共中央于1979年9月发布了《关于坚决保证刑法、刑事诉讼法切实实施的指示》,其中明确指出:"加强党对司法工作的领导,最重要的一条,就是切实保证法律的实施,充分发挥司法机关的作用,切实保证人民检察院独立行使检察权,人民法院独立行使审判权。"这是对司法机关独立行使审判权、检察权更为具体的规定,并明确了司法权必须坚持在党的领导下进行,充分发挥党委的领导作用,为今后我国司法制度指明了方向。步入新时代以来,党的十八届三中全会通过的《中共中央关于全面深化改革若干重大问题的决定》进一步明确"确保依法独立公正行使审判权",再次重申了独立公正行使审判权的重要性,为新时代我国在深入司法体制改革中如何实现司法公正奠定规范基础。

  独立公正行使审判权、检察权的前提在于正确理解其内涵,在此基础上才能进一步完善相关措施深入推进。然而长期以来,实务界和理论界对于独立公正行使审判权、检察权存在一些错误认识,即认为其与西方国家的司法独立是相同的概念,或者虽然承认我国独立公正司法与西方的司法独立原则存在区别,但是却认为西方国家的司法独立原则是绝对正确的并以此作为检测标准,因此认为我国的独立公正司法远未达到西方司法独立原则的水准,这些错误的观点长期影响了理论以及实务的发展,由此需要改变观点,正确认识我国的独立公正司法原则。2014年发布的《最高人民法院关于进一步加强人民法院思想政治建设的意见》就已经明确指出"坚决抵制西方'司法独立'等错误观点的影响"。2021年最高人民法院发布的《关于加强和完善法官考核工作的指导意见》也同样明确要"自觉抵制西方'司法独立'等错误思潮情况"。西方国家的司法独立是在三权分立的权力体制下提出的,其含义是指司法权从立法权和行政权分离出来,作为一种完全独立的权力。从西方国家司法独立的定义可以看出,其从本质上就不适合我国司法体制运行的实际情况,更不符合我国的国体和政体。我国作为社会主义国家,实行人民代表大会制度的政体,任何权力都要由人民代表大会产生,受人民代表大会监督,其中自然也包括司法权。一切权力来自人民,自然需要受到人民的监督,司法权作为权力组成中的重要部分,其行使过程必须要受到各级人大的监督。此外,西方国家的司法独立也与我国党管政法的基本原则相违背。党对司法工作的领导并不是指对任何一个个案的过问插手,而是在宏观上的政治领导和组织领导。另外,西方国家司法独立原则执行的实际效果也反映出其主张的司法独立只是假象。美国联邦法院的大法官有很明显的政治倾向,大法官的提名上任、重大案件的判决都会受到党派影响,自由派和保守派法官的立场也分别与两党相对应。西方国家司法体制中不断滋生的腐败现象也证明了遵守其所谓的司法独立原则并没有实现司法公平正义。[①] 我们必须明确我国独立公正司法的内涵是指在党的领导下、在人大的监督下独立公正行使审判权、检察权。

---

① 尹国明:《不能将中国的独立公正司法与西方的"司法独立"混为一谈》,《红旗文稿》2017年第8期。

坚持独立公正行使审判权、检察权需要克服行政体制产生的不利影响，而这种不利影响主要体现在人事和财政两个方面，这将会导致党政不当干预司法现象的出现。为克服行政体制对司法机关的财政、人事等方面的影响，党的十八届三中全会决定提出："改革司法管理体制，推动省以下地方法院、检察院人财物统一管理。"实现推动省以下地方法院、检察院人财物统一管理是司法体制改革中的一种循序渐进式措施，因为最终目标是让司法行政事务的管理权收归中央，而不是让地方行使，由此实现全国统一管理司法行政事务，这能有效避免地方行政对司法的不当干预。特别是在市域范围内关系网、人情网、利益网更加密集，地方行政对司法不当干预的可能性和影响力就越大。尽管当前的司法体制改革取得了巨大的成绩，但司法地方化问题尚未得到根本性改观，各级法院在人、财、物、票等方面仍然与当地政府有着千丝万缕的联系，并受制于地方政府，缺乏明确的法律制度保障。相对于民事案件和刑事案件，行政案件更容易受到司法地方的不利影响。[①] 在市域社会中，行政案件的矛盾主体涉及行政机关和行政相对人，矛盾内容多涉及拆迁等影响范围广、社会影响力大的案件。因此在市域社会治理的司法活动中坚持独立公正行使审判权、检察权的重要性更加凸显。为进一步推进独立公正行使审判权，中共中央办公厅、国务院办公厅相继印发《领导干部干预司法活动、插手具体案件处理的记录、通报和责任追究规定》《司法机关内部人员过问案件的记录和责任追究规定》《关于进一步规范司法人员与当事人、律师、特殊关系人、中介组织接触交往行为的若干规定》（以下简称"三个规定"）。北京市各级人民法院多角度推进落实"三个规定"，出台系列文件并在案件的各个阶段向律师、当事人发放告知书、廉政监督

---

① 黄先雄：《行政诉讼"程序空转"现象的多维审视》，《法治研究》2023 年第 1 期。

卡 52 万份，有效提升"三个规定"知晓度。此外，北京市各级人民法院也充分利用新媒体，有效依托北京政法官方自媒体平台推送"三个规定"相关内容，从内外两个角度确保法官独立公正行使审判权。在组织架构上，我国也正在不断努力增强审判权、检察权行使的独立性，目前我国已经建立了最高法院巡回法庭，并以原有的铁路法院为试点，统筹建立跨行政区域法院，进一步突破司法地方化的藩篱。广州铁路运输中级法院作为全国行政案件集中管辖首批试点法院之一，积极推动行政诉讼体制实施机制改革，坚持客观、中立、理性地评价行政行为，进一步促进司法公正并凸显司法价值。

二 积极推动能动司法

能动司法进入理论界和实务界的时间并不长，但是已经引发了广泛的关注和讨论。虽然关于我国司法是否应当采取能动司法，为什么要采取能动司法等问题仍不断被提出，但是我国能动司法的实践成果对于这些问题已经给出了明确的答案：能动司法符合司法为民的本质要求，具有鲜明的人民性；面对不断增多的社会矛盾，我们必须要积极推动能动司法，让司法在市域社会治理法治化中不断发挥更为重要的作用。

2009 年 8 月，时任最高人民法院院长王胜俊在江苏省高级人民法院调研座谈会上的讲话中提出了能动司法。王胜俊院长认为，人民法院能动司法就是要发挥司法的主观能动性，积极主动地为党和国家工作大局服务，为经济社会发展服务。[①] 这一表述对能动司法的概念作出了明确说明，是我国首次对于能动司法作出正式的说明

[①] 王胜俊：《坚持能动司法 切实服务大局》，2009 年 8 月 28 日在江苏省高级人民法院调研座谈会上的讲话。

和主张，此前学界也有一些零星的讨论声音。自此之后，能动司法便进入了我国司法的主流话语体系，并被认定为是我国开展司法工作的基本理念依据和基本方式。① 理论界对于能动司法也有了越来越多讨论的声音。其实在世界范围内，能动司法的学术研究和实践发展已经经历了较长的一段时间。通常认为，能动司法这一概念最早滥觞于美国，美国司法实践也多体现出司法能动主义。《布莱克法律词典》将能动司法定义为："一种司法裁决哲学，法官允许以他们自己的有关公共政策的观点等因素来指导他们的裁判，坚持此种司法哲学常常会发现法律违宪或忽视司法先例。"② 从能动司法的定义中可以看出法官所能发挥的主观能动性被最大化，法官被放到了司法体制中的核心位置。与能动司法相对的概念是司法克制，司法克制是指在司法权行使的过程中，始终要保持消极、克制、被动的特征，采取不告不理、不诉不判的模式，并且在作出判决的过程中也要严格按照法律的规定进行裁判，不能发挥法官、法院以及司法体制的主观色彩。③ 能动司法和司法克制的根本争议点就在于是否应当以积极主动的态度行使司法权。在能动司法进入我国主流话语体系并成为司法工作的基本理念和基本方式之前，我国司法实践基本上是采取一种偏向保守、被动的司法权，学术研究也是在这种语境下开展的。但是在司法理念和司法理论的不断进步下，在社会发展及司法实践情况的不断变化下，实务界和理论界逐渐意识到司法克制的局限性以及在我国采取能动司法的必要性。首先，随着经济社会情况的不断发展，社会治理中各类矛盾越来越多，集聚在市

---

① 顾培东：《能动司法若干问题研究》，《中国法学》2010 年第 4 期。
② 参见赫然、张凌竹《社会治理的法治保障研究：以吉林省社会治理为例的调查与研究》，知识产权出版社 2015 年版，第 112 页。
③ 参见江必新《能动司法：依据、空间和限度——关于能动司法的若干思考和体会》，《人民司法》2010 年第 1 期。

域社会治理中的纠纷和矛盾也呈现出多样化和激烈化的特征，越来越多的新问题不断涌现，扫黑除恶、食品安全、消费者权益保护、环境保护等重点领域的矛盾不断突出。并且市域社会中离婚案件、民间借贷、交通事故、征地补偿等传统矛盾类型仍然占据了较大比例。这些案件的事实情况往往并不复杂，法官更需要的是一种司法实践技巧的培养，即需要根据案件的实际情况采取有针对性的措施，并在诸多方案之间匹配最优方案。① 因此，市域社会治理的司法工作需要充分体现柔性司法、能动司法。如果仍然以被动保守的态度行使司法权，那么就难以让市域社会中出现的各类矛盾得到充分解决，被动地解决一个个问题后，难以根除不断产生的新问题，也难以从根本上让纠纷矛盾消弭，难以让人民群众的诉求得到根本上的解决，难以让人民群众的利益得到根本上的保障。其次，积极推进能动司法也是司法为民的本质要求。我国的司法体制是人民司法，我国司法的根本宗旨是为人民服务，这意味着司法机关要积极主动解决人民群众的问题，而不是被动地等待。如果按照消极被动的态度行使司法权，那么就会造成解决问题的时间差，人民群众在相关问题上的损失难以挽回。为了保障人民群众的根本利益，实现人民司法、司法为民的根本目标，必须积极推动能动司法，主动发现问题、解决问题，实现案件法律效果和社会效果的统一，促进市域社会治理的法治化发展。

积极推进能动司法需要充分发挥能动司法的服务型司法特征。服务型司法意味着在司法权行使的过程中要始终注重发扬为人民服务的精神。在诉讼程序中，要不断完善便民措施，让人民群众能以更加便捷的方式保护自己的合法权益。促进司法过程和司法结果的公平正义，让人民群众在每一个司法案件中都能感受到公平正义。

---

① 高博：《论市域社会治理中的德性司法》，《江西社会科学》2021年第1期。

浙江省宁波市"小巷法官"就是体现服务型司法的一个典型代表。"小巷法官"是由浙江省宁波市鄞州区人民法院所创造的一个品牌活动,"小巷法官"以自己的居住地为中心划定无讼区域,利用法官所居住社区的属地开展业外法律服务,对社区居民实行首问责任制和"一条龙"服务,负责社区内的法治宣传、纠纷化解和法律咨询等事务,并配备各种便民措施,为营造和谐稳定的社会氛围,提高人民群众的法治意识作出了一定的贡献。上海市推出的社区法官也充分体现了服务型司法的特征。通过与社区开展合作的方式,聘请已经退休的法官,组建社区法官队伍,承担包括法律咨询、调解纠纷、法治宣传、普法讲座在内的职责,也同样取得了良好的社会效果。[1] 积极推进能动司法需要充分发挥能动司法的主动型司法特征。司法机关需要主动开展调研工作,结合市域范围社会治理中出现的主要问题和新兴领域问题,开展前瞻性的司法工作,将各类社会矛盾消弭于萌芽阶段。重庆市高级人民法院通过主动调研发现在金融危机期间,与经济发展相关的民商事案件大幅增加,资金融通领域的纠纷数量也呈上升趋势。针对这些情况,重庆市高级人民法院就今后案件的趋势作出具有前瞻性的预判,从而形成了"重庆法院应对金融危机保障经济增长的研究与对策"[2]。此外,在立案、调解方面也同样要主动积极作为。在案件判决方面,对于社会影响力大、具有典型意义的案件,也要在法律统一的框架内积极寻求法律价值和社会价值,实现案件判决中法律效果和社会效果的统一。积极推进能动司法还需要充分发挥能动司法的高效型司法特征。当前社会进入法院的案件数量越来越多,法院面临的结案压力也越来越

---

[1] 参见何跃军《社会治理创新:地方样本法治化研究》,中国社会科学出版社 2019 年版,第 125—131 页。

[2] 罗东川、丁广宇:《我国能动司法的理论与实践评述》,《法律适用》2010 年第 2、3 期。

大，需要不断完善诉讼程序、执行程序，提高司法效率，防止过长的司法过程形成讼累，从而造成当事人权益损害的进一步扩大。北京知识产权法院作为司法改革先行先试的试点法院，着力破解知识产权保护面临的举证难、周期长、赔偿低等难题，不断推动高效司法，从而实现对当事人权利的全面保护。北京知识产权法院年受理案件从 2015 年的 9191 件增长到 2022 年约 2.6 万件，累计审结案件 11 万余件，如此庞大的数据背后是北京知识产权法院为提高司法效率在诉前保全、调节等方面作出的努力。

能动检察作为能动司法的一个重要组成部分，也同样体现了能动司法强调的司法活动社会责任和时代使命的特征。[①] 我国的检察机关也属于司法机关，检察机关开展活动也必须坚持能动检察的原则。刑事检察是检察机关的重要职责，各类刑事犯罪活动也是影响社会和谐稳定的关键因素，检察机关应当对于刑事违法犯罪活动开展针对性、前瞻性的调研工作，对于具体个案的起诉工作，必须在法律统一的框架内结合社会效果考虑是否逮捕、是否追诉，使得个案正义得到充分彰显。例如，检察院通过主动召开公开听证会的形式，充分听取与会的人民监督员、人大代表、侦查人员、值班律师及辩护律师的意见，并就法律适用、案件处理等问题开展讨论，以作为是否作出不起诉决定的重要依据，这就是能动检察、能动履职的充分展现。深化监狱巡回检察，常态化推进跨省和省内交叉巡回检察，不仅查监狱执法活动有没有违法违规，更查驻监检察有没有失职渎职。加大查办司法工作人员相关职务犯罪力度，助力纯洁司法队伍。检察机关在民事检察监督中也同样要发挥好能动检察的作用，民事生效裁判监督居于民事检察监督的核心地位，是能动监察

---

① 参见吴宏耀、郭泽宇《"能动检察"的法理基础与实践图景》，《检察日报》2021 年 12 月 16 日第 3 版。

的重点内容。重庆市永川区检察院在协助上级检察机关民间借贷纠纷的抗诉案件时,并未局限于个案监督思维,而是充分发挥主观能动性,深挖案源线索,最终发现该案监督线索,依法维护金融秩序和金融安全,该案例因此被选入检察指导性案例。民间借贷是市域社会治理中的典型矛盾,随着越来越多新类型矛盾的出现,检察机关更应不断加强与法院之间的沟通交流,根据民事案件呈现出的客观状况因案制宜地选择监督方式,不断践行能动司法检察理念。

三 保障人民群众参与司法

通常观点认为,司法活动是一种专业程度较高的活动,需要具有法学专业背景的人士来参与司法活动,但是这并不意味着人民群众不能参与到司法过程中。根据我国的人民主权原则,我国国家机关的一切权力来自人民,其中当然也包括司法机关的司法权,这说明人民群众参与司法是坚持人民主权原则的必然要求。我国的司法体制是人民司法,司法为民是深化司法体制改革的根本目的,在司法活动中凭借法官的法律专业知识对于法律规范进行适用是重要的,但是司法活动体现人民群众的意志和利益也同样重要。如果只有法官参与司法活动,可能就无法正确反映出人民群众的意志和利益,只有让人民群众真正参与到司法活动中来才能实现人民司法、司法为民。公众参与是市域社会治理格局中的重要组成部分,在市域社会治理中,更是要保障人民群众参与司法活动的权利,提升司法活动中的公众参与度。党的十八届三中全会提出,要"广泛实行人民陪审员、人民监督员制度,拓宽人民群众有序参与司法活动的渠道"。党的十八届四中全会进一步提出,要"在司法调解、司法听证、涉诉信访等司法活动中保障人民群众的参与,保障公民陪审权利,扩大参审范围"。保障人民群众参与司法,应不断拓宽人民群众参与司法的渠道,创新人民群众参与司法的形式,充分发挥人民群众参与司法的实效。

保障人民群众参与司法需要充分发挥人民陪审员、人民监督员制度的实效性。人民陪审员制度和人民监督员制度是我国人民群众参与司法的主要渠道，对于发扬司法过程的人民性和民主性发挥了重要的作用。2004年通过的《关于完善人民陪审员制度的决定》是中国第一部关于人民陪审员制度的专门规定，对于人民陪审员制度的一些内容作出了详细规定。2018年4月，《中华人民共和国人民陪审员法》正式颁布施行，标志着我国人民陪审员制度登上了崭新的台阶，其对人民陪审员实践中出现的问题进行总结，对于相关制度作出了更为完善的规定。长期以来，人民陪审员制度的实践存在人民陪审员群体没有体现公众性和司法过程没有体现人民陪审员制度的实效性这两个较大的问题。人民陪审员群体没有体现公众性意味着人民陪审员没有充分吸收各种职业的人民作为代表，相反在大部分地区人民陪审员的来源多为党政机关干部、社区乡村干部、学校等事业单位工作人员。[①] 对于样本来源范围较小的市域，由于空间的局限性，这种代表性的缺乏就会进一步凸显，甚至会出现人民陪审员专职化并由法院工作人员担任的现象。人民陪审员中的"人民"意味着要充分发挥广大人民的代表性，能够反映绝大多数人民群众的声音和意见。将人民陪审员的范围固定在某一范围固然能提高司法效率，但是却违背了人民陪审员制度最本质的意义和宗旨。

除此之外，司法过程也没有体现人民陪审员制度的实效性，"陪而不审"似乎成了人民陪审员在法庭上发挥的主要作用，人民陪审员制度流于形式。人民监督员作为检察机关在办案过程中倾听

---

① 胡铭、邱士辉：《公众参与司法的正当性基础与实现路径》，《安徽大学学报》（哲学社会科学版）2015年第4期。

公众意见、接受公众监督的有效形式，也同样存在没有体现公众性、没有发挥实效性这两方面问题。2018年颁布实施的《中华人民共和国人民陪审员法》对于司法实践中反映出的上述问题作出了一定的回应，也配备了更加完善的措施。在人民陪审员选任方面明确随机抽选人民陪审员候选人、随机抽选确定人民陪审员人选、随机抽取人民陪审员参与审理个案的"三个随机"选取机制，进一步提升人民陪审员的代表性和来源群体的广泛性。对于人民陪审员在审判过程中发挥的作用也同样通过明确人民陪审员参与案件的范围、实行案件事实审和法律审相分离的方式增强人民陪审员制度发挥的实效性，提高人民陪审员参与的质量和水平。2022年1月修订的《人民监督员选任管理办法》也结合司法实践的情况完善了人民监督员选任管理的具体规定。在这些规定之外，还需要不断出台、完善更多举措来让人民陪审员、人民监督员制度更好地发挥实效。其一，需要增强人民陪审员、人民监督员的选任及公示制度，将每一个案件参与的人民陪审员，以及相应阶段参与的人民监督员名单进行公示，将随机抽取选中的人民陪审员、人民监督员进行公示。要在人民群众看得见的地方设置公示平台，让人民群众真正知道谁是人民陪审员、人民监督员，从而增强人民陪审员、人民监督员选任、抽取的公开度和透明度。其二，需要加强人民陪审员、人民监督员的培训学习工作。尽管人民陪审员、人民监督员不需要具有专业的法律知识，但是通过培训学习，能切实提升人民陪审员、人民监督员参审能力和逻辑思维能力，也能提高他们的责任感和使命感。其三，需要不断健全人民陪审员参审机制，在案件审理的过程中充分发挥人民陪审员的作用。江苏省无锡市惠山区人民法院自主研发了人民陪审员参审管理系统，通过该系统可以随机抽取人民陪审员并对人民陪审员的参审情况进行管理统计，实现对人民陪审员的评价监督，提升了人民陪审员参审的随机性和实效性。黑龙江省齐齐哈尔市法院建立了人民陪审员数据库，根据人民陪审员的专业、职业、特点进行分类管理，并根据案件的不同类型随机匹配对口的人民陪审员。比如在审理未成年人刑事案件时，随机匹配人民教师、心理师作为人民陪审员；在审理医疗建筑等专业性较强的案件时，随机匹配相关领域的从业人员作为人民陪审员，有效避免人民陪审员"陪而不审"的现象，让人民陪审员能利用自己的专业知识在相应案件实现实质参审。

保障人民群众参与司法需要不断拓宽人民群众参与司法的渠道和方式。在现有的法律框架和司法实践中，人民群众参与司法的渠道十分有限，主要包括人民陪审员制度和人民监督员制度两种方式，而这两个制度主要是在司法案件的审判过程中发挥作用，但是司法不仅包括审判阶段，审前阶段、案件执行阶段、社区矫正阶段都是司法的重要环节，均需要人民群众参与其中。这就导致不仅人民群众参与司法活动的渠道和方式有限，参与司法活动的阶段也十分有限，从而使得人民群众参与司法未能充分发挥实效。随着时代的不断发展，公民素质的不断提升，公民法律意识和权利意识也正在不断觉醒，人民群众对于参与司法表现出越来越强烈的意愿，这与司法实践中参与途径、参与方式、参与阶段的局限性形成了较大的矛盾和冲突。拓宽人民群众参与司法的渠道和方式需要充分利用好互联网这一工具。目前正在实施的裁判文书公开和庭审公开制度是一种有效形式，但是这仍然属于一种单向度的参与方式，双方没有形成有效的互动机制，没有形成人民群众参与司法的正向反馈。在这些制度之外，还要不断健全完善人民群众参与司法的平台和回应机制。通过平台建设，能够有效搜集汇总人民群众针对某个案件或某个司法制度的意见，提升人民群众参与司法的便捷性。通过对这些建议意见的有效回应，对于吸收建议或者不采纳建议的原因进行充分的解释说明，形成司法机关和人民群众的双向互动交流。此外，改革法院庭审旁听制度也是增强人民群众参与司法的有效方式。在庭审现场，人民群众能够更为直观地体会司法过程，感受法律权威，有利于树立公民的法律意识。然而当前法院旁听制度的适用对象仍然较为单一，不具有普及性。黑龙江省高级人民法院以"让人民群众走进法院，让法院走进人民群众心中"为目标，自2017年起要求各级法院面向不同职业、不同年龄、不同身份的所有公众全面开展"公众开放日"活动。在法院的"公众开放日"活动中，有专人带领公众参观诉讼服务中心、审判法庭、审委会会议室，让观众了解从立案到审判的各个诉讼环节并亲身旁听庭审活动，让公众从了解司法到参与司法，拉近公众与司法之间的距离。黑龙江省高级人民法院的"公众开放日"活动作为促进人民参与司法的有效形式，已获全国法院文化建设特色项目，全国各地各级法院应当借鉴有益经验并不断创新拓宽人民群众参与司法的途径。在司法听证、司法调解中增加人民群众的参与，吸收人民群众进入司法解释、司法文件的制定也都能提升司法过程的人民性，符合人民司法的本质要求。

保障人民群众参与司法需要遵循理性参与原则，厘清参与的限度，充分发挥好司法机关的引导作用。在保障人民群众参与司法的同时也要意识到，并不是所有的声音都能代表人民群众的真正意见和利益，也不是所有的声音都是正确的，人的理性始终都具有局限性，这就意味着人民群众参与司法是具有一定限度的，这个限度也是公平正义的限度，超过这一限度，可能就会丧失司法的公平正义属性。人的观点和看法容易受到引导和影响，互联网时代鱼龙混杂的观点极容易对人产生误导，从而产生不理性的观点。同时网络上的声音也只是其中的一种，并不能代表所有人的观点，在司法案件中需要注重区分。当前不少司法案件的审判结果容易受到网络舆论的影响，这引起了不少专家学者的担忧，如果对于网络舆论不加以甄别，只是一味地顺应"民意"，极易违背司法的公平正义。如果不能引导人民群众以客观、理性、中立的态度参与司法，根据群体心理学的理论，极其容易形成"多数人的暴政"，从而让舆论成为裹挟司法的手段。以这样的"民意"来作为案件裁判的参考因素，本质上是让"抽象的人民的民意来任意践踏法律权威和法律尊严，这将导致法律和司法追求的民主法治荡然无存"[1]。因此，司法机关必须发挥有效引导作用，引导人民群众在理性思维下形成自己的观点，并以中立的态度参与司法活动。此外，在司法活动中，法官仍具有权威并发挥主导作用，人民群众参与司法活动主要是发挥支撑作用。因为司法活动中法律适用仍然具有较高的专业性，人民群众可以参与事实认定等环节，但是法律适用还是要交给法官、检察官，以此准确地适用法律。

四　构建公共法律服务体系

公共法律服务体系的基本内容包括律师咨询、人民调解、司法鉴定、公证服务、法律援助、法治宣传等。优质的公共法律服务体系是市域社会治理法治化服务保障体系的重要组成部分。党的二十大报告指出，"建设覆盖城乡的现代公共法律服务体系，深入开展法治宣传教育，增强全民法治观念"，这对公共法律服务体系的建设提出了新目标和新要求。为此，在市域社会治理法治化的进程中，要不断提升公共法律服务体系的建设水平，推动实现市域社会治理中公共法律服务的标准化、精准化、便捷化。

首先，需要通过健全公共法律服务体系的顶层设计，比如出台细致的法律服务标准，搭建公共法律服务的供给平台（包括实体平

---

[1] 牟爱华：《司法的公众参与：司法回应民意的原则与机制》，《江汉大学学报》（社会科学版）2015年第1期。

台和网络平台），建成集公证办理、法律援助、律师咨询和综合服务为一体的规范化公共法律服务中心。要做优公共法律服务热线平台，由律师、法律援助工作人员、公证员等法律服务人员提供在线法律咨询，有效解决人民群众生活中的法律问题。

其次，要发挥公共法律服务资源大集中、大整合的功能优势，关键在于统筹各类法律服务资源的集中配置和普遍均衡配置。形成公共法律服务体系发展合力，充分发挥司法行政部门牵头作用，发挥法院、检察院、信访等部门职能作用，拓展服务领域，提升服务质量。律师事务所、公证机构、司法鉴定机构等社会化法律服务组织要充分发挥资源优势，建立广泛的公共法律服务供给机制。法官、检察官、律师等法律从业人员要肩负传播法律知识、弘扬法治精神的社会责任，要发挥人民调解、专业调解、行业调解组织作用，鼓励律师参与涉法涉诉信访值班，大力培养律师调解员，实现市域律师调解全覆盖。加强信息化建设，提供精准高效公共法律服务。建立以人民调解为基础，以行政调解、行业性专业性调解、司法调解为补充的大调解工作格局，全力推动警调、访调、诉调对接工作。组建社会矛盾纠纷排查化解服务团，开展农村"三资"治理矛盾纠纷排查化解工作，加大与信访、法院、市场监督管理等部门的协调联动力度，形成环环相扣、无缝对接的矛盾纠纷化解的"闭环链条"。

最后，要健全法治宣传体系，创新法治宣传方式，为市域社会治理筑牢良好的法治基础。法治宣传能有效增强人们的法治意识，提高法治素养和法治水平，[1] 法治宣传也是促进市域社会治理法治化的基础，通过法治宣传能够在全社会形成自觉守法、遇事找法、解决问题靠法、化解矛盾用法的良好氛围，从而形成市域社会治理

---

[1] 张蕾：《市域社会治理法治保障研究》，《大庆社会科学》2022年第4期。

法治化的内生动力。重庆市綦江区充分利用茶馆中人员聚集、氛围活跃的特点，通过以茶会友、以案说法等创新方式在茶馆中开展法治宣传活动，取得了良好的法治宣传效果。

第三节　优化司法队伍，落实司法责任

在深入推进司法改革的过程中，必须不断坚持优化司法队伍，落实司法责任。深化司法体制改革的过程中不仅要优化司法职权的配置和相关司法制度这些客观因素，更是要注重其中的主观因素。司法队伍的建设和司法责任的落实都作用于"人"，都旨在推进司法队伍的专业化水平，提升司法队伍的使命感、责任感和担当感。

一　加强司法工作队伍建设

队伍建设是司法工作的根本保证。加强司法工作队伍建设，提高司法工作队伍的专业化水平在深化司法体制改革背景下的重要性不断凸显。司法工作队伍建设包括法院队伍建设、检察院队伍建设、司法行政队伍建设，需要多头发力，共同促进。2014年1月7日，习近平总书记出席中央政法工作会议并作重要讲话，明确提出"建设政治过硬、业务过硬、责任过硬、纪律过硬、作风过硬政法队伍"的总要求，这为司法工作队伍建设指明了方向。随着社会的不断变化发展，新形势下的司法工作队伍建设面临着新的挑战和难题，司法工作队伍的建设也应当因时而变，以更高的要求、更高的标准来促进发展。2017年中共中央印发的《关于新形势下加强政法队伍建设的意见》要求，"进一步加强法院队伍正规化、专业化、职业化建设，努力建设一支信念坚定、司法为民、敢于担当、清正廉洁的过硬队伍"。这对于推进国家治理体系和治理能力现代化，

推进市域社会治理法治化具有重要意义。

加强司法工作队伍建设需要努力克服不同地区之间发展水平的差距，实现全国范围内司法工作队伍建设标准的统一性。因为地区发展水平的不同，中东部经济发达地区多为人才流动的流入地，而西部欠发达地区则多为人才流出地，法律专业人才也呈现出同样的人才流动规律。这就造成东西部司法工作队伍中法律专业人才数量和比例的不平衡，极不利于司法工作队伍的建设。不同地区具有差异化的司法工作水平，也会造成法律适用的不稳定性和不确定性，从而造成同一个法域内的司法不公现象。为此，必须进一步加强西部等欠发达地区的司法工作队伍建设。一是需要加强这些地区法官、检察官、司法行政人员的教育培训工作。在加强当地教育培训的同时，还可以定期组织最高人民法院、最高人民检察院的讲师团巡回授课和支援授课活动，选派法院系统审判业务专家和资深法官到西部地区法院进行专题授课。[①] 增加司法工作人员到全国优秀法学院校接受理论培训，学习前沿法学理论，增强自身理论功底，扎实法学知识储备。二是需要加强不同地区之间司法工作队伍的交流学习。2021年最高人民法院印发《关于健全人民法院人员内部交流机制的若干意见》的目的就是响应深化司法体制改革中的司法工作队伍建设。一方面，参与交流的法官、检察官能够丰富自己的实践经历，从不同的工作地点中学习到不同的工作经验，有利于培养复合型人才，并进一步提升法官、检察官的工作积极性、创造力。另一方面，接受交流人才的法院、检察院也能通过内部交流增强不同法院之间的沟通交流，让司法工作的典型经验、典型做法、先进模式能够在不同地区之间流动起来。

---

① 王珊珊：《加强西部欠发达地区法院人才队伍建设》，《人民法院报》2022年3月11日第3版。

加强司法工作队伍建设还需要发挥政法院校的后备人才培养作用。司法工作队伍的建设需要不断引入更多的专业人才，从而提升队伍的整体专业化水平。同时，队伍还要保持有进有出，让队伍能够持续注入更多新鲜的血液，提升司法工作队伍的活力和朝气。司法专业人才的培养往往需要依赖各类政法院校，因此政法院校在培养优秀司法专业人才上要不断努力，充分发挥后备人才培养作用。首先，各类政法院校要注重培养"德法兼修"的人才，在提升专业知识水平的同时也要注重提升学生的思想政治水平和思想道德修养。习近平总书记在中央全面依法治国工作会议上指出："坚持建设德才兼备的高素质法治工作队伍。全面推进依法治国，首先要把专门队伍建设好。"这意味着"德"和"法"在培养过程中都要重视，缺一不可。"德法兼修"说明"德"在法治人才的培养中占据首要地位。一方面，新时代的法治人才培养、教育需要始终贯彻习近平新时代中国特色社会主义思想及中国特色社会主义核心价值观，始终怀着"为人民服务"的初心和使命，牢记"忠于国家、忠于人民、忠于党"的郑重誓言。另一方面，新时代的法治人才培养需要输入正确的是非观和价值观。一名法律工作者，即使有着过硬的专业知识和职业技能，但是没有正确的是非观和价值观，没有怀揣正义之感，就会滋生腐败和黑暗。政法院校在培养过程中要加强法律职业伦理教育以提升学生道德素养，还要加强思想政治教育，以各种方式不断提升学生学习理论的自觉性和积极性。其次，各类政法院校要注重与法院、检察院等实务单位之间的沟通交流与协作培养机制。法学学科是一门实践性极强的学科，如果只学习理论知识而不懂如何将理论知识运用于司法实践中，那么知识的学习并没有意义，"落脚于实践，法学才会有旺盛的生命力"。一方面，让学生"走出去"，在校学生通过参观法院、检察院，以及到法院、检察院实习、实践的方式增强实践操作能力，促进理论水平与实践相结合，实现学以致用。另一方面，让实务工作人员"走进来"，通过法官、检察官到政法院校开展讲座、授课的方式及时交流实践经验，从而让政法院校能够培养出更多德法兼修、知行合一、学以致用的优秀法学专业人才，为丰富充实司法工作队伍发挥后备作用。

司法行政工作队伍作为司法工作队伍中的重要组成部分，也同样需要不断加强建设，提升专业化水平。司法行政队伍主要由司法行政公务员队伍（司法厅、局、所从业人员）及监狱戒毒人民警察队伍（监狱、强制戒毒所从业人员）构成。[①] 从性质上看，司法行政机关是党委法治机构、政府部门、政法机关。这意味着司法行政工作队伍不仅人员种类多，工作职责和工作内容的覆盖范围也较广，在整体的司法工作队伍建设中发挥着重要的引领作用，为此必须做好司法行政工作队伍的建设。中共中央出台《关于新形势下加强政法工作队伍建设的意见》后，司法部也针对司法工作队伍建设出台了《关于新形势下加强司法行政队伍建设的意见》，对当前司法工作队伍建设中存在的问题提出了完善建议。相较于法院、检察院工作中对法律适用能力等法学专业知识的重视，司法行政工作中更为重要的是对司法工作的全盘规划与协调，是具体司法工作的保障和支撑。司法行政工作应当注重运用要素整合、结构调整、职能优化、流程再造等手段，统筹和调动各方面力量，从而使司法行政工作能够为市域社会治理法治化提供支持和保障。因此，司法行政工作队伍的建设需要大力加强履职能力建设，不断学习、引进现代化的管理和考评制度，提升司法行政工作的科学化和现代化水平，为保障各类司法工作人才充分发挥作用提供有力的保障。另外，司

---

① 张银锋、王彬安、汪益：《司法行政队伍专业化建设的实证探析——以 S 省为样本》，《政府与法治》2021 年第 1 期。

法行政工作也是司法腐败现象的易发地，司法行政工作队伍需要持续加强思想政治建设和纪律作风建设，加强思想政治教育和纪律作风的警示教育工作。

二　完善司法责任制

习近平总书记在中央政治局第二十一次集体学习时强调，推进司法体制改革，"要紧紧牵住司法责任制这个牛鼻子"。由此凸显出完善司法责任制在司法体制改革中的重要地位，必须紧紧抓住这个关键点。司法责任制概念的核心是，"让审理者裁判，由裁判者负责，实现权责相统一，建立办案质量终身负责制和错案责任追究制"。

根据上述司法责任制的内涵，完善司法责任制也正是从"裁判"与"负责"的事前、事后两个维度展开相关论述。消除冤假错案、形成公平正义判决的根本途径在于从裁判环节开始构建公平正义的司法体制，然而这面临着三个障碍因素。首先，历史不能倒流回法律关系发生之时、刑事案件产生之时，各种证据、材料所能反映的内容永远只是还原出来的相对客观的内容，有可能并不完全是客观事实。随着科技的进步，以前案件所需要的物证鉴定手段不断发展，为还原案件事实真相提供了一定的帮助，但是这种帮助仍然是有限的。加之法律证成受到人的主观因素影响，面对相同的案件材料，不同的人会有不同的看法与结论。其次，必须承认的是当前司法工作人员队伍中存在部分工作人员专业知识水平不高的情况，部分司法工作人员观念陈旧，知识未进行及时更新，难以适应越来越复杂和多样化的案情。最后，受到金钱财物的贿赂诱惑，个别司法工作人员违背客观事实作出不公平不公正的判决结果。上述种种原因都能导致在裁判环节形成错案冤案。为了从根源上完善司法责任制，需要从以下两个方面着力：一是充分利用集体智慧。一个人的知识水平和认识水平是有限的,但是当一部分人共同研究案件时,就会形成客观知识的凝聚和理性水平的提升,从而能从更客观的角度考察案件事实真相。当前法院、检察院中都有审判委员会、检察委员会等组织,遇到疑难案件,司法工作人员应当主动将案件提请委员会讨论,形成集体智慧的结晶,也能从一定程度上避免司法腐败现象的发生。审判团队办案模式也同样是充分利用集体智慧、提高办案质量效率的有效形式。最高人民法院《关于进一步全面落实司法责任制的实施意见》提出,基层人民法院应当根据法院实际情况和案件的具体情况因地制宜地灵活组建审判团队。当前各地基层人民法院开展的审判团队办案实践已经形成了以法官与审判辅助人员配置为导向、以审判团队与审判业务庭关系为导向、以审判组织架构为导向这三种较为典型的模式。① 二是坚持"兼听则明,偏信则暗"。客观公正地听取双方当事人的意见,细致入微地审查案件证据材料,避免先入为主地产生个人主观印象从而影响判决结果。而在"负责"环节,也就是事后,当冤假错案已经不可避免地产生时,就必须落实好司法负责制,使有人为案件结果负责。在我国过去发生的一些冤假错案中,在案件被查出真相之时,好的情况是作出错误判决的法院进行了国家赔偿,坏的情况是受害人无路可寻。如果所谓的责任只是由国家财政负担进行国家赔偿,相关的司法工作人员并不受任何影响,那么就无法对其产生威慑效果。只有把"责任"当作一把达摩克利斯之剑悬挂在办案人员头上,让其意识到相关后果的严重性,其才会认真和负责地办案。当前的司法责任制正是真正意义上的"责任",由此才能促进形成公平正义的司法体制。

---

① 黎晓露:《我国法院内设机构的结构性变革:审判团队模式探讨》,《法治现代化研究》2021年第5期。

第四节　加快实现智慧司法

随着第四次工业革命的到来，信息技术的不断发展带来了数字化浪潮，这一浪潮席卷各个领域、各个行业，司法领域在数字化浪潮的推动下也逐步进入智慧司法时代。以智慧法院、智慧检察、智慧司法行政为核心的智慧司法正在不断完善、不断发展，以此切实提高司法领域的科技化、信息化、专业化水平，为深化司法体制改革提供技术支撑和保障，从而为市域社会治理法治化、国家治理能力和治理水平现代化提供助力。

一　发展智慧司法的意义

2016年1月29日，最高人民法院院长周强在最高法信息化建设工作领导小组会议上首次提出应建设立足于时代发展前沿的"智慧法院"。这一概念的正式提出意味着我国将智慧法院的建设列入深化司法体制改革的具体举措之中，体现出我国司法工作顺应时代发展的主动性和积极性。

2017年4月，《最高人民法院关于加快建设智慧法院的意见》进一步对智慧法院的建设提出具体的目标和要求。此后发布的《国家信息化发展战略纲要》和《"十三五"国家信息化规划》等规划也将智慧司法列入国家信息化发展战略，这意味着智慧司法在国家整体信息化的布局和规划中具有重要意义。2021年，随着"十四五"步入开局之年，也随着全面依法治国工作进入"落实年"，智慧法院建设的重要性更是不断凸显。《中华人民共和国国民经济和社会发展第十四个五年规划和2035年远景目标纲要》明确提出，要"加强智慧法院建设"。在"十四五"发展阶段，智慧法院的建设要实现全面增速。充分利用区块链、大数据、物联网、人工智能等数字经济技术，促进这些数字经济技术与司法工作深度融合，让科学技术为司法工作提供支撑和保障。①

加快实现智慧司法有利于提高司法效率。随着社会的发展，利益关系交织错杂，纠纷和矛盾不断增加，人们通过法院寻求司法途径救济的意愿也逐渐增强，导致进入法院的案件逐年增多。市域社会治理作为社会治理中承上启下的治理环节，面临着更多样、更复杂的纠纷矛盾，因此进入中级人民法院、基层人民法院的案件也占据全国法院立案数量的前列。2022 年，最高人民法院受理案件 18547 件，审结 13785 件；地方各级人民法院和专门人民法院受理案件 3370.4 万件，审结、执结 3081 万件。② 由此可以看出地方人民法院受理了绝大多数案件，而法官数量却相对有限，没有充足的人手来处理案件，由此导致地方法院面临着巨大的结案压力，法官也承受着极高的工作强度和压力。有限的司法资源和无限的案件数量之间形成了巨大的张力，这一张力也会影响法官作出的判决的质量，这从一些过于简单的判决书和过于漫长的司法案件处理周期以及过高的撤诉率中可见一斑。人工智能、大数据等新兴的数字技术在生产领域解放了人类的双手，也在一定程度上解放了人类的大脑，让生产效率大大提升，生产质量也不断提高，减少了不少的人力成本。这些新兴的数字技术应用在司法工作领域也会产生同样的积极效果。通过将新兴的数字技术应用于法条检索、类案检索、案情研判、判决书写作等环节能够有效减少法官的工作量，提升法官办案的效率，也提升每一个司法判决的质量。

加快实现智慧司法有利于便利人民群众，实现司法为民的宗

---

① 参见袁琳《智慧法院建设 为公正司法提供有力科技支撑》，2022 年 3 月 9 日，人民网，http://society.people.com.cn/n1/2022/0309/c1008-32370575.html，2022 年 9 月 1 日。

② 周强（最高人民法院院长）：《最高人民法院工作报告》，2023 年 3 月 7 日在第十四届全国人民代表大会第一次会议上。

旨。长期以来，除特殊事由外司法案件的处理都需要案件当事人亲临法院参与，原告不出庭或中途退庭按撤诉处理，法院也会对在法律规定的条件下未出席的被告作出缺席判决。从立案到提交证据、调解、庭审、判决、送达等各个环节都需要在法院进行，从而耗费了当事人大量的时间成本和金钱成本，这在当事人身处异地的情况下将会带来更大的不便。这种较为陈旧和烦琐的程序已经与飞速发展的社会呈现出不适配的状态。2017年杭州互联网法院作为全国首家互联网法院正式揭牌成立，这是司法主动适应互联网的一次创新举措。杭州互联网法院以"5分钟提交诉状、全程网上操作、打官司不再烦琐"为宗旨，充分考虑了便利当事人和司法为民原则，大大提升了案件审理效率。① 随后各个地区都在不断运用智慧司法推出便民举措，如广州互联网法院研发的"E法亭"，江西省高级人民法院构建的"收转发e中心"，重庆市高级人民法院推出的"4＋1重庆智慧法院新生态"都是智慧司法的有益实践，丰富了智慧司法的形式，增强了智慧司法的活力，真正实现了"让数据多跑腿，让群众少跑路"。

　　加快实现智慧司法还有利于提升司法工作的科学性和专业性，避免司法腐败。具体司法案件中法律的适用以及释法说理工作主要依靠法官来完成，虽然法官具有相当的法学专业背景、法学理论知识储备和丰富的司法实务工作经验，但是任何一个人的知识水平和专业能力都具有局限性，不可能处理好所有的案件，同时法条、类案的检索工作也会耗费大量的时间和精力。不同地区发展水平不同，司法工作人员的专业水平也参差不齐，这会导致法治工作的不统一，不利于实现公平正义。通过将智慧司法运用于司法工作，实现对海量数据和案例、法律条文的自动检索，在最短时间内能够提

---

① 参见车俊主编《透过浙江看中国的社会治理》，外文出版社2019年版，第138—141页。

供最精确的依据和参考信息,从而提升司法工作的科学性、精确性。此外,加大智慧司法的使用频率也能够充分避免人为因素对司法工作的影响,防止其他因素对司法工作的不当干预,有效避免司法腐败现象。

二 发展智慧司法的具体举措

发展智慧司法需要持续吸收复合型司法专业人才,丰富司法工作队伍。智慧司法体系的建设不仅仅需要法学专业人才,还需要具有理工科背景的人才,法学+理工的复合型人才更能适应智慧司法建设的整体背景。法学作为一门综合性极强的学科,涉及金融、土地、财税等跨学科知识,仅仅局限于法学专业类课本,囿于法律条文所设定的条条框框,难以深入学习到法学专业的核心。同时,人工智能、大数据等技术的发展也为法学学习提供了新的机遇和挑战,自动驾驶汽车侵权问题、机器人人格问题都是法学亟须解决的问题,因此"打破学科壁垒,促进法学教育与其他学科的多元融合"[①]是大势所趋。因为仅具有法学背景不能处理各类新兴技术,而单单具有理工科背景的人才不懂如何在具体的司法案件中应用这些技术,也无法实现司法与技术的有机结合。法学+理工的复合型人才则兼具这两方面的优势,对于智慧司法的建设能够充分发挥积极作用。北京互联网法院获评北京法院系统"互联网审判特色人才高地",其在法院的建设过程中始终强调将互联网技术与审判工作相融合,吸收并锻炼复合型互联网审判人才,法官不仅具有较高的审判业务水平,还精通各类互联网技术,能够充分运用在互联网案件的审判中,这充分说明了培养法学+理工的复合型人才的重要

---

① 梁平:《新时代"德法兼修"法治人才培养——基于习近平法治思想的时代意蕴》,《湖北社会科学》2021年第2期。

性。培养法学+理工的复合型人才需要各类法学院校在本科教育、研究生教育中注重二者的结合，让学生不要仅仅局限于法学知识，而是需要通过多元发展来丰富自己的知识和技能储备，以适应司法工作的新变化、新要求。

发展智慧司法必须注重发挥其实质作用，避免形式化的智慧司法。不少地区的法院囿于技术条件的限制，不能发展出优质化的智慧司法体系，而面临上级层层下发的智慧司法建设指标和任务，面对全国智慧司法发展的大趋势，也不得不发展一些并不成熟的系统、应用和程序。这些智慧司法的建设其实并不"智慧"，只是一种应付化的措施，从而导致智慧司法变得形式化，甚至成为当事人和司法工作人员的负担，进一步拖慢司法工作的效率。为了避免这种形式化的现象，在促进不同地区、不同法院之间智慧司法技术的交流借鉴之外，还需要改变工作理念，改"应付"为"主动"，主动学习技术，主动发展技术，以真正实现司法为民和提高司法工作效率的理念来发展智慧司法。

发展智慧司法需要不断更新技术，努力克服技术自身的弊端。虽然法律工作者并不是完全理性和完美的，但智能技术也并不是十全十美的存在，司法工作也并不能完全依赖智能技术。智慧司法的真正意涵是指在充分发挥技术的支撑作用和保障作用的前提下，仍然要保持法官等法律工作者的主导作用，技术的工具属性不应改变，从而提升司法工作的科学性和专业性。因为技术自身的弊端，法律大数据的多元和异构属性，法律命题和规则的模糊性、算法偏见和不可解释性等特征使得智慧司法面临一定的困境。[①] 因此智慧司法的建设不是一劳永逸的，针对智慧司法实践中不断涌现的新问题都需要不断完善智慧司法自身来应对。智慧司法依赖的是海量的

---

① 魏斌：《智慧司法的法理反思与应对》，《政治与法律》2021年第8期。

案件、法律条文和数据，这意味着需要不断更新智慧司法的数据库，以应对飞速发展的社会状况。智慧司法依赖的各项信息技术也要实现不断更新，通过学习与自我学习的方式逐渐完善，让技术因自身局限性而发挥的负面作用降低到最小。

第五节 推进重点领域司法专项工作

司法涉及市域社会治理中的各类纠纷矛盾，其中部分纠纷和矛盾问题突出，较为典型，涉及人民群众最为关心的领域，需要作为司法工作的重点来推进，也有部分内容关系到整个司法体系的建设，也要作为司法工作的重点。因此司法工作应当条理清晰，主次分明，在推进重点领域司法专项工作的同时稳步推进其他司法工作。新时代以来，推进《民法典》适用实施、推进扫黑除恶专项斗争、推进多元纠纷解决机制的构建都是司法工作的重点领域。

一 推进《民法典》适用实施

2020年5月28日，十三届全国人大三次会议表决通过了《中华人民共和国民法典》，自2021年1月1日起施行。《民法典》是中国特色社会主义法律体系中的重要组成部分，其颁布和实施意味着中国特色社会主义法治进入了新的发展阶段，具有极其重要的理论意义和实践意义，对人民生活和法学研究都产生了深远的影响。《民法典》作为新中国历史上首个以"法典"命名的法律，其颁布凝结了几代法律人的心血、努力与梦想，是中国特色社会主义法治不断发展的见证。2014年10月，党的十八届四中全会通过《中共中央关于全面推进依法治国若干重大问题的决定》，明确提出"编纂《民法典》"，这意味着《民法典》正式进入制定阶段。在党中央的坚强领导下,《民法典》积极考虑中国特色和时代特征,充分反映人民意愿,立法机关圆满完成了《民法典》的编纂工作。习近平总书记在召开"切实实施民法典"中共中央政治局集体学习时强调,"《民法典》是一部固根本、稳预期、利长远的基础性法律,对推进全面依法治国、加快建设社会主义法治国家,对发展社会主义市场经济、巩固社会主义基本经济制度,对坚持以人民为中心的发展思想、依法维护人民利益、推动我国人权事业发展,对推进国家治理体系和治理能力现代化,都具有重大意义"[①]。《民法典》中大量的行为性规范确立了每个人参与社会生活时的基本行为准则,给予民事主体在社会治理中较为明确的指引,从而促进社会治理体系进一步完善。[②] 同时,《民法典》对于业主物业纠纷、高空抛物、民间借贷等市域社会治理中常见的矛盾纠纷类型作出明确规定,因此《民法典》的颁布施行对促进市域社会治理法治化具有重要意义。法律的生命在于实施,实施民法典是一项系统工程、长期工程,司法机关作为解释法律、适用法律的主要机关,更是要将推动《民法典》的适用实施作为主要工作,让《民法典》能够充分发挥其重要意义。

为推进《民法典》适用实施,司法机关需要深入学习领会《民法典》的具体规定。《民法典》全文多达十万多字,体量、条文、篇章的数量都十分庞大,居于我国法律体系中各部法律的首位。作为"社会生活的百科全书",《民法典》包括了社会生活的方方面面,因此覆盖范围极广,内容也极多,是先前诸多民事单行法的集大成者。面对《民法典》的内容,司法机关作为适用法

[①] 习近平:《充分认识颁布实施民法典重大意义 依法更好保障人民合法权益》,《求是》2020 年第 12 期。

[②] 潘俊:《论〈民法典〉中的人权保护》,《人权法学》2023 年第 1 期。

律条文的主要机关，必须在第一时间深入学习《民法典》的具体规定。相较于民事单行法，《民法典》以更为体系化的方式呈现，学习《民法典》有利于培养民事审判工作的系统性思维。此前，负责民事审判的法官多集中于某一领域，并且只需依据一部或几部单行法就可以解决法律适用问题。但是《民法典》的体系化篇章结构对于审判人员的法律适用能力和学习能力提出了更高的要求，审判人员仅仅凭借之前的法学知识储备难以应对更加复杂的法律条文，也难以适应司法实践中越来越复杂的情况。为此司法机关必须通过定期召开专题培训、专题讲座的方式，让司法工作人员对《民法典》的具体规定进行系统性学习，对《民法典》的精神和宗旨进行深刻体会和把握。此外，还要鼓励司法工作人员不断进行自我学习，提升主动学习的积极性，并将所学、所得运用到审判实务工作中，实现审判工作和理论学习的有机转换和结合。

为推进《民法典》适用实施，司法机关需要严格执行、适用《民法典》的具体规定。严格适用执行《民法典》的相关规定有利于实现司法统一，有利于充分保障人民群众的利益。《民法典》并不是以前的民事单行法的简单集合，而是在原有民事单行法的基础上对矛盾之处进行了修改，对与时代发展不适应不符合的地方进行了调整，作出了比较多的变动。因此，在《民法典》正式施行后，必须严格适用《民法典》最新的相关规定，不能再出于便利等因素适用以前旧的单行法条文规定。对于最高人民法院颁布的民法典相关司法解释也应当及时学习并进行适用，以实现对民法典体系的整体协调把握。在社会影响力大、人民群众关心的涉及生态安全、金融、侵权纠纷类案件中，要增强对《民法典》的释法说理，让公众能充分理解为什么适用《民法典》中的条文，如何适用《民法典》中的条文，这不仅有利于《民法典》的执行工作，也有利于实现涉

《民法典》案件的司法效果与社会效果相统一。

为推进《民法典》适用实施,司法机关需要做好普法宣传工作,让《民法典》走到群众身边、走进群众心里。《民法典》的普法宣传工作是"十四五"时期的重点工作内容。《民法典》是人民"社会生活的百科全书",涉及人民群众生活的方方面面,人民群众只有对《民法典》有所了解,才能充分利用法律来保护自己的权利,才能将《民法典》作为自己生活工作的行为规范并加以遵循。因此不断开展实施《民法典》的普法宣传工作有利于提高人民群众对《民法典》的认识,有利于提升人民群众的法律素养和法治意识,有利于形成法治社会。《民法典》体量、条文、篇章的数量都十分庞大,对于未经过法学教育的普通民众来说,学习理解《民法典》不是一件容易的事,司法机关需要严格落实"谁执法,谁普法"的主体责任机制,充分开展普法宣传活动,以通俗易懂的方式向群众宣传普及《民法典》的基本知识。充分利用好新媒体的传播优势,可以采用线上线下相结合的方式开展普法宣传工作。2021—2022 年间,佛山市各级人民法院开展 1000 场《民法典》宣传活动,还充分利用新媒体新技术开展普法,让《民法典》深入基层,直通群众,更接地气。① 结合《民法典》适用过程中的典型案例,通过以案说法的形式让群众对《民法典》的相关规定和适用情形有更加清晰和直观的认识,增强对《民法典》的了解。应当加强对青少年的《民法典》法治宣传教育,从源头上提高法治理念,将普法从娃娃抓起。当前,"思想道德与法治"已经成为大中小学必修课程之一,由专门老师讲授,这体现出国家对青少年法治宣传教育的重视。由此,还需要通过"参观司法实践单位""普法讲师进校

---

① 《佛山法院深入推进"民法典万场普法基层行"活动——计划两年开展千场活动,推动〈民法典〉宣传走深走实》,《佛山日报》2021 年 10 月 12 日第 A2 版。

园"等举措进一步推进宣传力度。随着科技进步,普法宣传载体也越来越多样化。《民法典》的普法宣传方式必须"接地气",才能"吸眼球"。在市域层面,除了通过图片展示、播放视频、现场法律咨询、派发资料等传统方式开展宣传活动之外,还可以采用城市地标灯光秀的形式加大《民法典》法治宣传力度,不仅让市民和游客享受一场"视觉盛宴",同时也让人们在不知不觉中接受一次《民法典》的"洗礼"。

二 推进扫黑除恶专项工作

黑恶势力作为影响社会秩序稳定、社会和谐、人民生活的一大障碍,在较长一段时间里对社会和人民都产生了极为恶劣的影响。改革开放以后,随着市场经济的不断发展,各类行业的发展和财富的不断积累为黑恶势力的形成和发展提供了温床。近年来,随着我国经济水平的不断提升,人民生活水平的不断提高,黑恶势力越发猖獗,并迅速渗透到各类新兴产业中,隐蔽性逐渐增强,打击难度也进一步增大,对社会和人民群众产生了更为恶劣的影响。黑恶势力涉及的重点领域包括威胁政治安全、把持基层政权、煽动村民闹事、强揽工程、非法占地、欺行霸市、暴力讨债、操纵经营黄赌毒。① 黑恶势力的恶劣影响在市域内被进一步放大。这些领域关乎人民生活和社会和谐,必须把这些领域中的黑恶势力铲除,将扫黑除恶专项工作贯彻到每一个角落。2018年,党中央和国务院正式出台《关于开展扫黑除恶专项斗争的通知》,正式确立了"三年三目标"的扫黑除恶专项工作方向。虽然《通知》中的"三年"是指2018年至2020年,但是这并不意味着扫黑除恶专项工作仅仅开展

---

① 陈梦晋:《充分发挥人民法院职能作用,坚决夺取扫黑除恶专项斗争的全面胜利》,《益阳日报》2019年4月25日第1版。

三年并于 2020 年结束，因为扫黑除恶是一个复杂的社会问题，涉及面广、系统性强，是一个需要常态化、专项化开展的重点司法工作，并将本次专项斗争的成果和经验及时巩固，作为今后开展常态化工作的指南。中共中央政治局委员、中央政法委书记郭声琨指出："专项斗争既是与黑恶势力短兵相接的攻坚战，也是检验执法司法水平的法律战。"这意味着扫黑除恶专项工作以司法机关作为主体，持续发力。扫黑除恶专项工作中涉及的人民法院、人民检察院、司法行政机关在履行自身职能的同时也需要充分建立发挥联动配合机制，形成打击黑恶犯罪的合力。

人民法院是扫黑除恶专项工作的主力军，审判执行工作既是人民法院的主责主业，也是实现斗争成果、决定斗争成败的关键环节。① 人民法院作为扫黑除恶相关案件的审判机关，必须坚持"以事实为依据，以法律为准绳"，严格落实审判中心主义，坚持罪刑法定原则。扫黑除恶案情往往较为复杂，涉案犯罪嫌疑人、案件所涉证据也十分烦琐复杂，案件审理整体难度较大。这就要求人民法院在审判过程中要仔细审查相关证据，充分听取控辩双方的意见，认真检查证据的合法性，严格遵循非法证据排除原则，确保案件的每一个证据都经得起实体法和程序法的检验。在法律定性和法律适用问题上，由于黑恶势力的问题往往比较复杂，人民法院的审判工作人员更是要认真辨别，正确适用法律，防止造成冤案错案。在刑罚的具体裁量以及执行上，人民法院需要依法运用追缴，没收，判处财产型、资格型等多种手段，坚决铲除黑恶势力经济基础，有效摧毁再犯能力，从源头上遏制黑恶

---

① 本刊特约编辑：《人民法院开展扫黑除恶专项斗争工作综述》，《人民司法》2021 年第 1 期。

势力犯罪的可能性。① 此外，各级人民法院特别是市域范围内的中级人民法院更是要以扫黑除恶过程中的典型案例作为普法宣传教育的典型，在有限的空间范围内形成强大的宣传教育效果，让人民群众了解到扫黑除恶取得的成果，让潜在的犯罪分子看到扫黑除恶的力度，对其产生威慑效果。

检察机关作为法律监督机关在扫黑除恶专项工作中也发挥着重要的作用。作为法律监督机关，对于涉及黑恶势力案件中的"保护伞"和"关系网"也要特别关注。黑恶势力"保护伞"是指包庇、纵容黑恶犯罪，并为黑恶势力违法犯罪提供便利条件，帮助黑恶势力逃避惩处等行为，作为国家公职人员，其行为产生的恶劣影响是极大的，也影响了国家机关的公信力和人民的信任感。为此，各级检察机关必须要积极开展"伞网清除"行动，精准清除"害群之马"。在这其中，案件的移送是关键。通过与纪委监委的有效沟通协调机制，对于案件查办过程中发现涉及"保护伞""关系网"的案件线索第一时间移交纪委监委，并做好沟通和案件研讨工作，合力完成相关工作。近年来，各级检察机关都在施行检察一体化改革，通过"捕诉一体化"等措施提升案件处理的效率和质量。在扫黑除恶案件的侦办过程中，更是要充分发挥检察一体化的制度优势，不仅上级检察机关要发挥统筹协调作用，注重上下一体，本级检察机关内部更是要相互密切配合，形成内外、上下检察一体的合力。

司法行政机关在扫黑除恶专项斗争中也需要充分发挥职能，提升扫黑除恶工作的实效。在监狱服刑人员、社区矫正人员和戒毒人员间，要充分发挥动员作用，鼓励他们揭发涉及黑恶势力犯罪的具

---

① 本刊特约编辑：《人民法院开展扫黑除恶专项斗争工作综述》，《人民司法》2021年第1期。

体行为和相关线索，为公检法的办案提供有效的线索。要对律师开展职业培训教育，让律师在黑恶势力相关案件中依法依规办理案件，不要违背法律的底线与边界。此外，更是要向广大人民群众做好扫黑除恶相关法律知识的释法说理工作，让群众了解与黑恶势力有关的基本概念和基本法律规定，切实增强人民群众的法律意识和自我保护意识。

三　构建多元纠纷化解机制

"枫桥经验"起源于 20 世纪 60 年代的浙江省诸暨市枫桥镇，在当时，"枫桥经验"的具体做法是指"发动和依靠群众，坚持矛盾不上交，就地解决，实现捕人少，治安好"的管理方式。由于其在当时获得了极好的社会实践效果，减少了社会矛盾纠纷，对此毛主席批示要在全国范围内推行"枫桥经验"。随着时代的不断发展，"枫桥经验"在自身不断完善发展的同时，也被时代赋予了新的内涵。习近平总书记多次就坚持和发展"枫桥经验"作出重要指示，并强调要把"枫桥经验"坚持好、发展好，把党的群众路线坚持好、贯彻好。[①] 党的二十大报告进一步指出："在社会基层坚持和发展新时代'枫桥经验'，完善正确处理新形势下人民内部矛盾机制，加强和改进人民信访工作，畅通和规范群众诉求表达、利益协调、权益保障通道，完善网格化管理、精细化服务、信息化支撑的基层治理平台，健全城乡社区治理体系，及时把矛盾纠纷化解在基层、化解在萌芽状态。"这赋予了新时代"枫桥经验"为全面建设社会主义现代化国家、以中国式现代化全面推进中华民族伟大复兴服务的时代使命。

---

① 姚炎中：《习近平就创新群众工作方法作出重要指示 强调把"枫桥经验"坚持好、发展好 把党的群众路线坚持好、贯彻好》，《21 世纪》2013 年第 11 期。

"枫桥经验"最大的亮点是矛盾化解,而矛盾化解最优的方式便是"调解"。① 当今社会,不同类型的矛盾越来越多,随着我国司法的迅速发展,当发生纠纷、产生矛盾时,很多人的第一反应就是去法院提起诉讼,由此在法院堆积了大量的案件,导致司法效率低,结果不如人意。市域社会治理中的主要纠纷类型为家庭纠纷、物业纠纷、邻里纠纷,尽管这类纠纷的事实与法律关系往往并不复杂,但在一定范围内往往会产生较大影响,如果不能妥善处理好这类案件,小矛盾就会演变成大矛盾,一定数量的矛盾集聚就会引发更大的风险,因此这些矛盾必须得到有效解决。多元纠纷矛盾化解机制就是解决矛盾的有效手段,在多元纠纷矛盾化解机制中,司法诉讼并不是唯一的选择,相反,其是该机制中的最后一道防线。因此,可以充分发挥调解的作用,尽量在事前达到"大事化小,小事化了"的状态。对此,当下多元纠纷矛盾化解机制中的调解制度可以从以下几个方面入手。首先,加强调解队伍的建设。在较长一段时间内,我国调解队伍包括人民调解委员会、社区调解组织,但这些组织中的调解员并不具有专业的法学知识,往往运用朴素的价值观、是非观以及道德、社会守则等标准进行调解,在这种情况下是不能实现公正、令人信服的调解结果,甚至出现越调越乱的局面。因此有必要加强调解队伍的专业建设,聘请法学专业毕业的学生担任调解员,或者加强非法学专业调解员的进修培训。广东省中山市努力使市域成为社会矛盾"终点站",推进"法官驻村""警员入格""检察官进企""一村居一法律顾问"等制度。推动131名执业律师、2030名人民调解员下沉村(社区),矛盾纠纷调解成功率达96.4%,充分提高了调解队伍的专业性和调解结果的公正性。其

---

① 尹华广:《"枫桥经验"与基层社会治理法治化》,中国人民公安大学出版社2020年版,第104页。

次，加强调解结果的效力。当下许多人不选择调解的重要原因是调解结果不能获得强制执行，不具有强制执行效力，而法院判决可以获得强制执行。在很多情况下，如果调解结果不能强制执行，仅仅凭借当事人的自觉很难履行。因此，为了发展多元的纠纷矛盾化解机制，必须不断加强人民调解的效力，完善执行机制。

第八章

完善市域社会治理法治化监督体系

法谚有言:"不受监督的权力必然导致腐败和滥用。"公权力自身具有强烈的优位性、强权性特征,通过来自内部、外部的监督,形成自上而下、由内而外的监督体系,能对公权力进行有效的平衡与规控。在市域社会治理中,立法、行政执法、司法等公权力需要完善的法治监督体系进行监督,以进一步促进市域社会治理法治化进程。

第一节 法治监督的重要性与必然性

一 法治监督是提升市域社会治理法治化水平的主要抓手

法治监督是党和国家在依法治国建设中的主要抓手,在相关会议、文件中多次提出要建立科学有效的权力制约与监督体系。同时完善市域社会治理法治监督体系是理论逻辑的必然推演、民主参与的必然要求以及发展市场经济、优化营商环境的重要保障,必须不断健全完善。完善监督体系一直是我国国家治理中的重大议题,也是推进全面依法治国进程中重要的改革内容,其对于国家治理和市域社会治理都起着最基本的规范与制衡作用。

在较早的时候，中国共产党和国家机关就已经认识到在我国建立并完善监督体系的重要性。2007年召开的中国共产党第十七次全国代表大会就明确提出"建立健全决策权、执行权、监督权既相互制约又相互协调的权力结构和运行机制"；2009年召开的十七届四中全会通过了《中共中央关于加强和改进新形势下党的建设若干重大问题的决定》，其中重点强调要"健全权力运行制约与监督机制"，从中可以看出我国健全完善监督体系的决心与恒心。

《中共中央关于全面推进依法治国若干重大问题的决定》（以下简称《决定》）明确提出"强化对行政权力的制约与监督"与构建"科学有效的权力运行制约与监督体系"的目标，并详细列举了进行监督的若干方式。对于司法权力的监督同样是不容忽视的一部分，《决定》强调要"加强对司法活动的监督"，包括对法院、检察机关运行各环节的监督。《决定》中多次提到"监督"，从侧面体现了完善监督体系在依法治国基本方略中的重要地位。

党的十九届中央纪委四次全会明确指出，要"坚持和完善党和国家监督体系，强化对权力运行的制约和监督"。这一论述不仅再次强调了完善科学有效的监督体系的重要性，同时也明确了党同样是监督主体与接受监督的对象。科学有效的监督体系不仅体现为监督手段和监督方式的多样性，同样体现为全范围、全覆盖的监督主体与监督对象。市域社会治理是党委、政府、群团组织、经济组织、社会组织、自治组织、公民等多元行动主体共同参与的协同治理体系，而多元主体共同参与社会治理意味着任何一方主体都可能滥用自己的权力或者权利，任何一方主体都可以对其他主体行使权力或者权利的情况进行监督。如果未能对市域社会治理形成有效监督，就会导致多种权力或者权利的运行之间不断产生冲突，市域社会治理将难以取得实效。为提升市域社会治理法治化水平，就要让参与市域社会治理的主体以及他们所行使的各类权力和权利接受必要的法治监督,通过周延、科学有效的监督体系,为市域社会治理提供坚实的法治监督保障,发挥法治监督网的防护壁垒作用。

二 法治监督是权力属性的必然要求

完善市域社会治理法治监督体系是理论逻辑的必然推演。阿克顿勋爵（Lord Acton）曾经说过:"权力导致腐败,绝对权力导致绝对腐败。"[1]这种观点并不为阿克顿勋爵所独创,古往今来的诸多政治学家、法学家给出了相同的答案。这说明对权力进行监督,形成有限的监督体系是理论逻辑的必然推演,是亘古不变的规律。在西方资本主义发展的早期,强调监督重要性的自由主义制约监督理论就得到了充分的发展,其中洛克和孟德斯鸠两位思想大家是该种理论的代表性人物,同时他们有关监督的观点也是最为经典和具有制度实践、理论研究意义。洛克是首位系统阐述权力制约监督理论的思想家。洛克的学说阐述主要分为两个方面。一方面为公民私权利与国家公权力之间的关系。洛克认为国家与个人之间有明确的界限,如果国家公权力机关不受监督滥用自己所享有的公权力,那么就会侵入公民的私人领域,影响公民的私权利。为了合理划分这条国家与私人之间的边界,保护私人的合法权利和空间,就必须对公权力进行监督和制约,使其在法定的框架内行使。另一方面为国家公权力与公权力之间的关系。国家公权力可以划分为立法权、行政权、对外权（或者称为联盟权）。相对不变的国家事务决定了国家公权力的总量在一定程度上是恒定的,每种权力都有自己的权力界限。三种权力涉及的事项不同,因此它们是相互独立的,但是这种独立又区别于"孤

---

[1] ［美］阿克顿:《自由与权力:阿克顿勋爵论说文集》,侯健、范亚峰译,商务出版社2001年版,第342页。

立",而是一种相对独立,其间又有"制约"关系,由此达到权力之间的平衡,不仅避免某种权力过大,也避免某种权力被挤压。总体来说,洛克的论述体现出了鲜明的"法律至上和人民主权"[1]特征。在洛克的观点阐释之后,著名的法国启蒙思想家孟德斯鸠继承和发展了洛克的观点,在其原有论述之上进行系统的梳理并提出"三权分立"思想,这部分内容集中体现在其著作《论法的精神》之中。"三权分立"思想是对洛克思想的升华。在"三权分立"思想中,孟德斯鸠进一步将三权明确为立法权、行政权、司法权,并对洛克所说的"制约"进行了"分立与制衡"的进一步阐述。在孟德斯鸠看来,进行"三权分立"的本质原因是任何享有公权力的人都会在一定程度上滥用公权力,只有在权力分立与制衡的监督体系之下,才能有效形成国家权力体系的稳定、法治化的发展以及公民权利的保障。尽管洛克、孟德斯鸠的观点在理论界产生了深远的影响,但真正将权力制约监督理论贯彻落实到实践之中的是杰斐逊。杰斐逊把权力制约监督理论运用在了美国联邦宪法的起草过程之中。在宪法的制度设计中,始终体现着权力制约监督理论的精神与价值,为美国国家法治化发展奠定了坚实的基础。上述关于权力制衡理论的历时性演变过程主要以西方的分权理论为主,其能够证明在社会不断进步的过程中,完善市域社会治理法治监督体系是理论逻辑的必然推演,但是我们必须清醒地认识到西方的分权制衡理论并不能为中国实践问题给出完美的答案。[2] 我们需要从中国逻辑话语体系中寻找到适合我们制度实践的最优解。

---

[1] 陈国权、曹伟:《权力制约监督的制度功能与现实意义》,《社会科学战线》2011年第9期。

[2] 刘珊、毛益民:《构建中国特色权力制约监督理论体系——"新三权论:功能性分权理论研讨会"会议综述》,《廉政文化研究》2018年第6期。

三 法治监督体系是民主参与和优化营商环境的重要保障

改革开放以来，各种科学技术、信息技术手段的发展不仅促进了社会生活、经济建设领域的发展，还促进了人们观念意识、权利意识的提高。越来越多的人意识到政治生活参与的重要性以及自己所享有的政治权利。但是社会发展的另一面带来了社会事务的不断增加，公权力的不断扩张。近几十年来，"私法公法化"的现象变得越来越普遍，公权力的触角已经涉及我们私人生活的方方面面，同时新闻媒体曝光的公权力机关部分领导干部、工作人员滥用公权力的现象也不断发生，而市域社会往往是多发地。因为市域行政面积有限，一定的权力在该片区中所产生的影响力更大。这体现出当下社会中存在的一种参与危机，也就是指"公共治理中的某些体制性障碍所导致的危机，显示政府和少数强势集团垄断公共决策过程的局限性"[①]。在这种参与危机之下，更加凸显出建立并完善权力监督体系的重要性。当下我国大力推行并取得充分发展的社会治理以及正在如火如荼进行的市域社会治理，相较于传统公权力主导下的"管理"，其最明显且最本质的特征是多元主体参与。在多元主体参与中，权力的监督又是其最本质的表现形式。这主要体现在两个方面。首先，公民或者社会团体、其他组织在对权力的监督的过程中会合理行使批评建议权、申请政府信息公开，利害关系人、行政相对人还可以通过行政复议、行政诉讼的方式行使权利，这其实就是多元主体参与政治生活的体现。其次，通过对公权力的监督，有效控制公权力涉及的领域和空间，为公民、社会团体、其他组织参与政治生活预留出更多可能的空间，因为"只有公权力得到有效监督

---

① 赫然、张凌竹：《社会治理的法治保障研究：以吉林省社会治理为例的调查与研究》，知识产权出版社2015年版，第156页。

制约，社会组织才有发展的空间"①。

完善市域社会治理法治监督体系是发展市场经济、优化营商环境的重要保障。资源是我国市场经济体制中的决定性因素，同时因为市场经济的自发性、落后性等本身固有弊端导致的市场失灵现象，需要政府的宏观调控和必要的适度干预。但是当前我国的社会主义市场经济体制中并未找到这个公权力干预与市场主动性之间的平衡点，甚至存在着一些滥用公权力的现象。比如在市域中，对于本土企业采取地方保护主义，在税收、拨款等方面都有额外的优惠政策，而对于外地企业则采取设卡、设立严格的市场准入标准等不公平的举措；因为利害关系，对部分领域的产品进行行政垄断，规定只有购买某些特定产品才能办理证件等。这些公权力不正当干预市场的主要原因就是缺少必要的权力监督体系。当下优化营商环境成为热点议题，其强调的正是监督规范公权力的行使，形成风清气正、公平竞争的市场环境，由此促进我国经济更好更快发展。

第二节 加强市域社会治理的全过程监督

市域社会治理中权力的行使集中在立法权、行政执法权、司法权，这三种权力的行使构成了市域社会治理的全过程。为提升市域社会治理法治化水平，必须对立法权、行政执法权、司法权分别进行法治监督，织牢织密法治监督网，加强市域社会治理的全过程监督。

---

① 陈国权、曹伟：《权力制约监督的制度功能与现实意义》，《社会科学战线》2011 年第 9 期。

一 立法监督

中共中央发布的《法治中国建设规划（2020—2025年)》提出"加强立法监督工作，建立健全立法监督工作机制"的工作要求，为立法领域的法治监督指明了发展方向。在促进市域社会治理法治化的进程中，以设区的市人民代表大会及其常务委员会制定的地方性法规以及设区的市地方人民政府制定的地方政府规章作为立法监督的对象是具有重要意义的。随着2015年《立法法》对地方立法权主体的扩容，越来越多的设区的市享有制定地方性法规的资格与权力，这对设区的市立法机关的立法能力和立法队伍建设提出了更高的要求。由于地区经济等各方面的差异客观存在，且部分之前被定位为"较大的市"的地区已经有了较为丰富的立法经验，实际上不同市域的立法水平是存在差距的。相比之下，立法水平较低的地方立法机关制定的地方性法规等地方立法文件质量并不高。如果未经立法监督，这些质量不高的地方立法不仅不能为市域社会治理法治化发挥促进作用，甚至会产生更多的问题，且地方立法容易受到地方保护主义等不当因素的影响，在这些前提下，正确发挥对地方立法机关的立法监督的重要性不断凸显。

当前我国对地方立法的法治监督机制并不完善，2017年新华网报道的全国人大常委会纠错杭州市地方性法规的立法监督实践也引起了人们对立法监督制度的关注和反思，如为什么违反上位法的地方性法规能够被批准通过，省级人大常委会为何没有发挥本应发挥的立法监督作用，立法监督制度是否具有实效性等现实问题。为了充分发挥对地方立法机关的法治监督作用，首先需要健全立法监督的相关法律规定，为立法监督制度提供法治保障。当前立法监督主体不明、审查标准不明等问题的产生原因即在于多部相关法律之间的冲突和不协调。对于立法监督的具体程序规定也付之阙如，因此必须不断完善法律的相关规定，明确省级人民代表大会是否有撤销或者批准的权力。同时由于省级人大常委会只有撤销和批准的权力，没有修改的权力，而完全撤销一部地方性法规会耗费过多的立法成本。因为一部地方性法规中通常只有部分条款、内容存在问题，如果省级人大常委会只能撤销不当立法，将会导致立法效率低下和资源浪费。因此可以适时赋予省级人民代表大会常务委员会对地方性法规的修改权。对地方立法机关的法治监督制度也是一个逐渐发展的过程。随着地方立法机关的不断成熟，地方立法队伍建设的不断专业化、健全化，立法监督的范围也要有所改变。如果此时仍然对于设区的市制定的每一个地方性法规、每一个地方政府规章都进行审查，将会导致立法监督的效率降低，可能也会导致审查的质量下降。因此随着地方立法水平不断提高，可以将立法监督的范围缩小到适用内容重要、涉及范围广、时效性长的重要规范性文件，以提高立法监督的效率和质量。

二 行政执法监督

行政权力涉及市域社会治理的方方面面，进入社会生活之后，对公民、法人、其他组织的私权利行使以及个人领域都会产生较为深厚的影响。因此，在市域社会治理监督体系构建中，要对行政权力进行监督。

行政监督体系分为三个部分。第一，需要加强人民代表大会对政府公权力行使的监督。根据《宪法》规定，各级地方政府由人民代表大会产生，受人民代表大会监督，对人民代表大会负责。这一规定的具体落实主要体现在三个方面：一是政府首长及领导干部的选任需要提请人民代表大会，由人民代表大会审议通过；二是在每年召开的全国人民代表大会及地方人民代表大会上，人民代表大会代表及主席团需要审议政府提交的每年度政府工作报告，对一年中政府的工作进行审议；三是每年度政府制定的财政预算以及预算方案的执行计划都需要人民代表大会或者常委会的审批通过，由此形成了"人""事""财"三方面的监督体系。这一监督体系尽管在理论上较为完整，但是在具体执行上仍然存在一定的监督缺口与漏洞。比如，上述监督都属于一种形式意义上的监督，通常情况下很少有政府工作报告、财政预算未通过的情况出现。并且，人民代表大会代表的组成中有很大一部分与政府工作人员有着重叠之处，难免出现"既是运动员，又是裁判员"的现象，难以进行真正有效的监督。

第二，加强法院对政府公权力行使的监督。政府的行政行为如果侵犯了公民、法人、其他组织的合法权益，行政相对人可以通过向法院提起行政诉讼的方式维护自己的合法权益。行政诉讼俗称为"民告官"，1988年8月25日"包郑照诉苍南县政府强制拆除案"作为中华人民共和国行政诉讼"第一案"拉开了"民告官"行政诉讼的帷幕。尽管该案中原告最后败诉，但是仍然有着巨大的意义，一方面，意味着民众监督意识、权力意识的不断觉醒与提升，另一方面，进一步加快了中国行政诉讼及行政权力监督的进程，不断促进中国的法治化发展。在市域层面中，可以结合不同地方的行政案件受案数量，在行政诉讼案件较多的地区设立专门的行政法院，用于专职处理行政诉讼案件，避免利益关系的裹挟，更好地发挥对行政权力的监督作用。

第三，当前我国行政体系中的行政机关分为垂直管理和上下级领导管理、双重管理三种类型。对于大多数行政机关而言，都会受到上级机关以及国务院部委的监督和管理，为此需要充分利用上下级之间的领导关系，明确权力清单，进一步加强对下级行政机关权力运用的监督管理。

三 司法监督

司法监督即对司法机关行使权力的监督，其中包括对公安机关、检察院、法院的监督。司法本身在权力体系中就发挥着监督的作用，但是司法权力同样会产生滥用的现象，同样需要监督，由此就会产生"谁来监督监督者"的难题。在市域社会治理中，需要从两个方面来充分破解这一难题。

首先，2018年以来，随着《宪法》的修改，我国全新的监督机关——监察委员会正式成立。作为监督机关，其对当前的权力体系进行了全覆盖的监督，其中也包括司法工作人员。此前由检察院管辖的职务犯罪案件交由监察机关管辖，当前只有极少部分司法工作人员的职务犯罪案件仍然归检察院所管辖，因此"既是监督者，又是被监督者"的现象已经较为少见。

其次，各级司法局作为司法行政机关，并不直接负责办理司法案件，只负责包括立法、执法、司法、守法在内的司法行政公共事务。正是因为司法局所具有的独立性以及一定的专业属性，因此其可以在司法监督中发挥较好的作用。比如江西省南昌市司法局在市域社会治理中就注重充分发挥司法局的作用，由司法局负责抓责任落实，发挥监督考核指挥棒作用，加大法治保障组在全市综合考核中的分值，聚焦问题明察暗访，常态化进行督查通报，责任倒逼实现督察促动。

第三节 完善多举措监督形成合力

法治监督必须多方面、多角度、多举措，通过不同的监督方式强化监督，形成监督的合力。在市域社会治理的法治监督中，应从内部监督、外部监督两个方面加强法治监督，并分别完善多种监督举措,加强监督力度与强度。

一 内部监督

在建设高素质、廉洁的公权力行政队伍时,最重要的是加强自身内部监督能力,在内部发现各种风险隐患和可能存在的违法违纪行为,防止小错酿成大错,防止违纪行为变成违法犯罪行为。总结起来,内部监督具有三个优点:首先,公权力的权力行使者往往是最熟悉该种权力的人,最了解在权力行使的过程中,哪一部门、哪一程序步骤最容易发生违法乱纪行为。公权力行使者对权力的监督也有利于获得第一手的材料,具有迅速及时的特征,避免造成的损失进一步扩大。其次,通过内部的直接监督,能够对工作人员起到更好的警示教育作用,在内部充分发挥监督的作用,直观地感受到违反工作规章、纪律、法律的后果。最后,内部监督能够有效避免不同机关之间不敢相互监督、监督后不敢提出意见、提出意见后不敢采取进一步措施的局面,减少因为面子、人情而无法形成有效监督的现象。

就内部监督的具体措施而言,根据我国现行法律的相关规定,存在行政复议、申诉等途径。行政复议是行政相对人认为行政机关的行政行为损害到自身合法利益而向上一级主管部门或者同级人民政府提出行政复议。当前,《行政复议法》及相关法律法规的不断完善,意味着我国行政复议制度正在不断发展,努力在法治中国的建设中发挥更大的作用。

随着科学技术的不断发展,通过大数据手段重塑内部监督成为布局监督网络、提高监督实效的重要手段。将大数据运用于内部监督能够有效聚焦权力容易发生腐败的重点领域,对权力运行的全过程进行精准监督,并在腐败发生的萌芽阶段及时预警并处理,将可能产生的风险降至最低限度。将大数据运用于内部监督还能充分提高监督的效率，数据平台 24 小时在线进行全方位的监督，及时探知权力运行的异常状况。此外，将大数据运用于内部监督能充分提升权力监督的客观公正性，大数据系统进行无差别的统一监督，避免主观因素对监督产生不良影响。北京市检察院已经构建覆盖"四大检察"和主要业务领域的 70 个大数据法律监督模型，并通过这些模型获取大量有效线索。浙江省杭州市打造"清廉杭州"数智监督平台，截至 2022 年年底，通过预警核查，发现并处置了一批异常行权行为，对 6 人采取了留置措施，累计挽回或避免经济损失 8000 余万元，推动国企盘活闲置房产 800 余宗，涉及资产 17 亿余元。

总体而言，从广义角度来讲，内部监督就是指公权力内部的监督，其包括上述提到的行政监督、司法监督，具有威权性的特征，相较而言，外部监督的威权性特征并不明显。

二 外部监督

外部监督是指处于公权力外部的主体作为监督主体对公权力的行使进行监督。在外部监督中，不仅监督主体广泛，包括媒体、公民个人、社会团体、人民政协以及民主党派的监督，所涉及的监督对象也十分广泛，包括所有的公权力主体。近年来，随着公民民主权利意识的不断觉醒以及监督途径的不断完善，公民所进行的外部监督发挥着越来越大的作用。公民可以通过网站、微博等社交媒体或者信件、短信等方式便捷有效地进行监督，减少了时间成本。媒体监督也发挥了重要的作用，近年来新闻媒体所曝光的渎职、失职行为都受到政府及有关部门的高度重视，并且迅速地采取相关行动，公布后续处置措施，充分发挥了舆论监督的有效性。

对来源于人民群众的监督，首先应当畅通人民群众提出意见、表达建议的渠道。依托现代化的信息技术，可以通过网站、公众号平台等方式设置意见箱,以便捷、迅速的反馈机制提供有效的监督平台。其次,对于这些监督意见,接受意见的机关也应当以认真的态度应对,对于所反映的情况问题进行有效核查并采取监督行动。对于来源于新闻媒体的监督,其在外部监督中发挥了更大的作用,被马克思称为"第三种权力"[①]。在互联网高度发达的当下,许多热点事件的披露及腐败案件的揭发检举都是依靠新媒体的力量实现的。互联网媒体的监督有着覆盖面广、传播速度快的特点,但由于一些新媒体特别是自媒体中的信息来源往往具有不确定性,在未经核实的情况下广泛传播也可能对权力运行造成不利影响。因此,一方面要鼓励媒体勇于承担社会责任,当好社会的"瞭望塔"和"守夜人",另一方面,新媒体也要遵循传播伦理,恪守底线,正确地行使舆论监督这把利剑,进而有效打击违法行使公权力的现象。

[①] 《马克思恩格斯全集》第7卷,人民出版社2006年版,第523页。

余　言

近年来，市域社会治理法治化在重大文件中出现的频率越来越高，在社会实践中的重要性也逐渐凸显。从党的十九届五中全会提出"加强和创新市域社会治理，推进市域社会治理现代化"，到2020年12月中共中央发布的《法治社会建设实施纲要（2020—2025年）》提出"开展市域社会治理现代化试点，使法治成为市域经济社会发展的核心竞争力"，市域社会治理法治化已经成为国家层面、社会层面关注的重点内容、重点工程。将来，市域社会治理法治化也会持续发挥更大的作用，并且伴随着实践发展水平不断提升，市域社会治理法治化也会不断注入新的生机和活力。

市域社会治理法治化是一项基础性、长期性、系统性的重大工程，对于市域社会治理法治化的相关理论研究也需要树立系统思维。当前关于市域社会治理法治化的理论研究仍相对匮乏，多集中在社会治理、国家治理等更为宏大的命题和概念下。市域社会治理法治化的相关研究也多聚焦在"公众参与""市域立法""公共法律服务"等市域社会治理法治化的子领域，较少以整体的思维对市域社会治理法治化体系进行系统化梳理。在此背景之下，本书以界定市域社会治理法治化的基本概念为基础，在整理归纳我国目前关于市域社会治理法治化的探索与实践基础、现实困境的基础上，系统地梳理了"加强党对市域社会治理法治化的领导""深入推进法治政府建设，提高市域行政执法整体效能""深化司法体制改革实现公正司法""完善市域社会治理法治化监督体系"这四个具体领域，并在每一个领域下都结合实践发展的趋势与特点作出了有针对性的深入研究，这也是本书的主要突破点和创新点。同时，对于当前学术研究的热点话题比如"区域协同立法""人工智能应用于立法""综合行政执法体制改革""多元纠纷化解机制"等内容也结合本书的研究主题进行了回应与探讨。因此，本书对市域社会治理法治化理论研究的深度和广度都有所体现。

但同时，也必须指出本书在部分内容上也存在一定的不足。首先，由于笔者主要从事理论研究工作，缺乏一定的实务工作经验，因此本书的主要内容偏向理论化，在实务工作方面有所欠缺，笔者将在丰富自身实务工作经验的基础上对本书内容进行不断完善和丰富。其次，因在"公共法律服务""法治宣传"等内容上准备不足，本书未详细展开讨论这两块内容，将来笔者会对这部分内容进行进一步学习和研究，以使本书的体系和结构更加完善。最后，对于本书的内容，将来笔者也会在深度上不断拓展，在部分领域进一步开展研究。

参考文献

一 著作类

车俊主编：《透过浙江看中国的社会治理》，外文出版社2019年版。

陈公雨：《地方立法十三讲》，中国法制出版社2015年版。

代瑾、李戈、程荣：《"法治中国"建设与社会治理现代化研究》，四川大学出版社2020年版。

高绍林：《地方立法工作体系研究》，天津人民出版社2019年版。

郭榛树：《政党民主与法治——当代中国政治文明中的"三统一"问题研究》，中共中央党校出版社2008年版。

何跃军：《社会治理创新：地方样本法治化研究》，中国社会科学出版社2019年版。

赫然、张凌竹：《社会治理的法治保障研究：以吉林省社会治理为例的调查与研究》，知识产权出版社2015年版。

胡戎恩：《中国地方立法研究》，法律出版社2018年版。

蒋晓伟：《城市治理法治化研究》，人民出版社2016年版。

金江军、郭英楼：《智慧城市：大数据、互联网时代的城市治理》，电子工业出版社2018年版。

李坤轩：《社会治理法制化研究》，中国政法大学出版社2020年版。

李敏：《设区的市立法的理论与实践》，知识产权出版社2018年版。

罗豪才主编：《软法与公共治理》，北京大学出版社 2006 年版。

骆东平、陈军、黄利红：《三峡流域城市社会治理法治化研究》，中国社会科学出版社 2016 年版。

孟庆瑜：《地方立法与国家治理现代化》，法律出版社 2016 年版。

乔晓阳主编：《中华人民共和国立法法导读与释义》，中国民主法制出版社 2015 年版。

苏力：《法治及其本土资源》，中国政法大学出版社 1996 年版。

王大鹏编：《推进市域社会治理现代化》，红旗出版社 2020 年版。

王勇等：《社会治理法治化研究》，中国法制出版社 2019 年版。

魏礼群主编：《中国社会治理通论》，北京师范大学出版社 2019 年版。

武小川：《公众参与社会治理的法治化研究》，中国社会科学出版社 2016 年版。

伊士国：《设区的市立法权研究》，知识产权出版社 2019 年版。

尹华广：《"枫桥经验"与基层社会治理法治化》，中国人民公安大学出版社 2020 年版。

原新利等：《民生视角下社会治理的法治供给研究》，中国民主法制出版社 2017 年版。

张国庆：《公共行政学》，北京大学出版社 2008 年版。

中共中央文献研究室编：《习近平关于全面依法治国论述摘编》，中央文献出版社 2015 年版。

中共中央宣传部：《习近平总书记系列重要讲话读本》，学习出版社、人民出版社 2016 年版。

中国社会科学院国家法治指数研究中心、中国社会科学院法学研究所法治指数创新工程项目组：《社会治理：珠海平安社会建设》，中国社会科学出版社 2018 年版。

周平主编：《当代中国地方政府与政治》，北京大学出版社 2015

年版。

卓越主编：《共同缔造：城市治理现代化的探索和实践（厦门·海沧）》，中国社会科学出版社2015年版。

二　期刊类

本刊特约编辑：《人民法院开展扫黑除恶专项斗争工作综述》，《人民司法》2021年第1期。

蔡益群：《社会治理的概念辨析及界定：国家治理、政府治理和社会治理的比较分析》，《社会主义研究》2020年第3期。

曹磊：《市域社会治理中的司法贡献——以J市法院行政审判大数据应用为例》，《云南大学学报》（社会科学版）2020年第6期。

陈成文、张江龙、陈宇舟：《市域社会治理：一个概念的社会学意义》，《江西社会科学》2020年第1期。

陈国权、曹伟：《权力制约监督的制度功能与现实意义》，《社会科学战线》2011年第9期。

陈建平：《国家治理现代化视域下的区域协同立法：问题、成因及路径选择》，《重庆社会科学》2020年第12期。

陈露露：《设区的市提升立法技术的路径》，《法制与社会》2019年第1期。

陈卫东：《司法机关依法独立行使职权研究》，《中国法学》2014年第2期。

程琥：《综合行政执法体制改革的价值冲突与整合》，《行政法学研究》2021年第2期。

程林：《市域社会治理法治保障的"杭州模式"探析》，《浙江工业大学学报》（社会科学版）2019年第4期。

程文浩：《国家治理过程的"可视化"如何实现——权力清单制度的内涵、意义和推进策略》，《人民论坛·学术前沿》2014年第

9期。

代海军:《突发事件的治理逻辑及法治路径——以新冠肺炎疫情防控为视角》,《行政法学研究》2021年第2期。

戴大新、魏建慧:《市域社会治理现代化路径研究——以绍兴市为例》,《江南论坛》2019年第5期。

戴康:《新时代社会治理法治化的实践创新与优化路径——基于上海徐汇区公共法律服务的调查》,《四川行政学院学报》2020年第3期。

邓经超:《党领导全面依法治国的法理阐释》,《学理论》2021年第7期。

董妍、孙利佳、杨子沄:《市域社会治理现代化法治保障机制研究》,《沈阳工业大学学报》(社会科学版)2020年第3期。

豆潇潇:《市域社会治理法治化研究》,《上海法学研究》2020年第17卷。

冯玉军、王柏荣:《科学立法的科学性标准探析》,《中国人民大学学报》2014年第1期。

龚廷泰:《新时代中国社会治理法治化发展进程的逻辑展开》,《法学》2022年第6期。

顾培东:《能动司法若干问题研究》,《中国法学》2010年第4期。

广东省民政厅:《广州市番禺区创新"五社联动"模式 提高基层社会治理水平》,《大社会》2019年第1期。

郭春甫、罗尼宇:《整体推进疫情防控中的市域社会会治理现代化》,《重庆行政》2020年第2期。

郭佳法:《地方立法这两年:设区的市行使地方立法权全面推进》,《中国人大杂志》2017年第1期。

韩冬梅:《加快构建市域社会治理法治化保障体系》,《唯实》2019年第4期。

郝铁川：《论良性违宪》，《法学研究》1996年第4期。

何文盛、唐辰龙、郭栋林：《国家治理体系与治理能力现代化背景下政府绩效管理的定位重塑与功能解析》，《兰州大学学报》2016年第4期。

河北省市域社会治理现代化研究课题组、杨安、崔立华、徐超、熊忠良：《推进市域社会治理现代化的石家庄模式》，《社会治理》2020年第5期。

贺海仁：《我国区域协同立法的实践样态及其法理思考》，《法律适用》2020年第21期。

胡弘弘：《地方人大立法人才培养机制研究》，《中州学刊》2015年第8期。

胡铭、邱士辉：《公众参与司法的正当性基础与实现路径》，《安徽大学学报》（哲学社会科学版）2015年第4期。

胡庆亮：《推进国家治理体系现代化的逻辑与理路：从党政二元一体到主体多元共治》，《求实》2015年第9期。

黄文艺：《坚持党对全面依法治国的领导》，《法治现代化研究》2021年第1期。

嘉定区委政法委：《市域社会治理视野下行政检察工作机制创新研究——以上海市J区行政检察监督办公室实践探索为样本》，《上海法学研究》2021年第15卷。

江必新：《论行政争议的实质性解决》，《人民司法》2012年第19期。

江必新：《能动司法：依据、空间和限度——关于能动司法的若干思考和体会》，《人民司法》2010年第1期。

江荣荣：《党的领导与全民守法：嵌入机制及其路径优化》，《大连干部学刊》2019年第6期。

姜方炳：《推进市域社会治理现代化：历史源流与现实动因》，《中共杭州市委党校学报》2021年第1期。

姜华：《市域社会治理法治化保障体系探究》，《山西省政法管理干部学院学报》2021年第3期。

姜田龙：《提升现代城市治理法治化水平研究》，《大连干部学刊》2022年第2期。

蒋小杰、王燕玲：《县域社会治理的行动者分析与模式构建》，《行政论坛》2019年第2期。

金蓉：《"价值、结构、技术"：市域社会治理视角下的云南边境疫情防控》，《云南警官学院学报》2021年第1期。

李凌云：《运用法治方式推进行政执法体制改革》，《中共银川市委党校学报》2022年第2期。

李弨：《人工智能应用于地方立法的现实困境与应然路径》，《人大研究》2022年第1期。

梁平：《新时代"德法兼修"法治人才培养——基于习近平法治思想的时代意蕴》，《湖北社会科学》2021年第2期。

林孝文：《地方政府权力清单法律效力研究》，《政治与法律》2015年第7期。

刘珊、毛益民：《构建中国特色权力制约监督理论体系——"新三权论：功能性分权理论研讨会"会议综述》，《廉政文化研究》2018年第6期。

刘鑫等：《完善市域社会治理现代化法律问题研究》，《皖西学院学报》2021年第1期。

刘雁鹏：《全面推进社会治理法治化的对策思路》，《中国领导科学》2020年第2期。

陆栋良、吴振宇：《市域社会治理现代化视野下营商环境法治化建设》，《上海法学研究》2021年第14卷。

罗东川、丁广宇：《我国能动司法的理论与实践评述》，《法律适用》2010年第2、3期。

马怀德：《法治政府特征及建设途径》，《国家行政学院学报》2008年第2期。

马怀德：《行政审批制度改革的成效、问题与建议》，《国家行政学院学报》2016年第3期。

马骁：《行走的宪制：司法改革中的"党管政法"原则》，《中国政法大学学报》2018年第5期。

闵学勤：《市域社会治理：从新公众参与到全能力建设——以2020抗击新冠肺炎疫情为例》，《探索与争鸣》2020年第4期。

牟爱华：《司法的公众参与：司法回应民意的原则与机制》，《江汉大学学报》（社会科学版）2015年第1期。

齐树洁、郑贤宇：《我国公益诉讼的困境与出路》，《中国司法》2005年第3期。

钱锦宇、孙子瑜：《论党的领导与全民守法：以党的治国理政领导力为视域的阐释》，《西北大学学报》（哲学社会科学版）2021年第5期。

上海市黄浦区依法治区办、区司法局课题组：《基层社会治理法治化研究》，《中国司法》2019年第4期。

宋保振、陈金钊：《区域协同立法模式探究——以长三角为例》，《江海学刊》2019年第6期。

宋华琳：《政府职能配置的合理化与法律化》，《中国法律评论》2017年第3期。

宋烁：《政府数据开放宜采取不同于信息公开的立法进路》，《法学》2021年第1期。

苏力：《关于能动司法》，《法律适用》2010年第2期。

孙飞：《深化行政体制改革 助推社会治理创新》，《社会治理》2022年第3期。

孙红英：《推进市域社会治理现代化的基层探索——以广州市花都区为例》，《广州社会主义学院学报》2020年第2期。

童之伟：《"良性违宪"不宜肯定——对郝铁川同志有关主张的不同看法》，《法学研究》1996年第6期。

汪彬彬：《长三角区域立法协同研究》，《人大研究》2021年第3期。

汪火良：《论党支持司法：理论阐释和实现方式》，《湖南行政学院学报》2017年第6期。

汪仕凯、冯雅静：《从领导能力到政治体制能力：中央党政关系演化的经验与解释》，《天津社会科学》2021年第4期。

王春业：《论地方行政权力清单制度及其法制化》，《政法论丛》2014年第6期。

王春业、张玉帆：《设区的市地方立法备案审查制度的困境与出路》，《北方论丛》2019年第3期。

王芳：《论依法行政视野下的行政问责》，《行政与法》2015年第5期。

王辉、张继容：《政府权责清单制度的历史变迁与完善策略》，《改革》2022年第1期。

王敬波、李帅：《我国政府信息公开的问题、对策与前瞻》，《行政法学研究》2017年第2期。

王珺：《新时代市域社会治理法治化》，《山东干部函授大学学报》2021年第9期。

王能萍：《论地方立法技术——基于广东省设区的市地方性法规的分析》，《法律方法》2018年第3期。

王锡锌：《政府信息公开制度十年：迈向治理导向的公开》，《中国行政管理》2018年第5期。

王学辉、曹梦娇：《党支持司法的规范内涵及其制度逻辑》，《华侨大学学报》（哲学社会科学版）2022年第2期。

王越飞：《社会治理与治理模式》，《经济与管理》2014年第7期。

魏斌：《智慧司法的法理反思与应对》，《政治与法律》2021年第8期。

吴明智：《论民主立法原则》，《广西教育学院学报》2006年第3期。

肖丹、袁方成：《元治理视域下"一核多元"治理体系构建路径研究》，《中共天津市委党校学报》2019年第2期。

谢小芹：《市域社会治理现代化：理论视角与实践路径》，《理论学刊》2020年第6期。

徐汉明：《推进国家与社会治理法治化》，《法学》2014年第11期。

徐亚文、陈路易：《地方立法的人工智能应用风险与规制研究》，《湖北警官学院学报》2022年第2期。

徐瑛、齐中祥、方润华：《基于大数据和AI算法市域社会治理的智治创新》，《贵阳学院学报》（社会科学版）2021年第1期。

许爱梅、崇维祥：《结构性嵌入：党建引领社会治理的实现机制》，《党政研究》2019年第4期。

薛刚凌：《行政公益诉讼类型化发展研究——以主观诉讼和客观诉讼划分为视角》，《国家检察官学院学报》2021年第2期。

燕继荣：《从"行政主导"到"有限政府"》，《学海》2011年第3期。

姚炎中：《习近平就创新群众工作方法作出重要指示 强调把"枫桥经验"坚持好、发展好 把党的群众路线坚持好、贯彻好》，《21世纪》2013年第11期。

叶英波：《优化市域社会治理的立法路径》，《浙江人大》2021年第1期。

尹国明：《不能将中国的独立公正司法与西方的"司法独立"混为

一谈》,《红旗文稿》2017年第8期。

于秋颖:《市域社会治理现代化的功能定位、目标导向与建构逻辑》,《长春理工大学学报》(社会科学版)2022年第1期。

俞可平:《没有法治就没有善治——浅谈法治与国家治理现代化》,《马克思主义与现实》2014年第6期。

俞可平:《社会自治与社会治理现代化》,《社会政策研究》2016年第7期。

俞可平:《治理与善治引论》,《马克思主义与现实》1999年第5期。

张定安:《全面推进地方政府简政放权和行政审批制度改革的对策建议》,《中国行政管理》2014年第8期。

张平:《一核多元,五力共治——推进社会治理现代化的贵阳实践》,《社会治理》2016年第1期。

张文显:《法治与国家治理现代化》,《中国法学》2014年第4期。

张文显:《新时代中国社会治理的理论、制度和实践创新》,《法商研究》2020年第2期。

张银锋、王彬安、汪益:《司法行政队伍专业化建设的实证探析——以S省为样本》,《政府与法治》2021年第1期。

赵立新:《关于地方立法技术若干问题的探讨》,《吉林人大》2020年第1期。

浙江省衢州市域社会治理现代化研究课题组:《党建统领+基层治理:市域社会治理现代化的衢州样本》,《社会治理》2020年第5期。

郑辉:《"全过程"民主内涵初探》,《上海人大》2020年第6期。

周建军、刘明宇:《迈向新时代的社会治理法治化》,《云南民族大学学报》(哲学社会科学版)2019年第1期。

周利敏:《外来人口、风险群体及社会治理创新——以广州市海珠区凤阳街联谊会为例》,《西南民族大学学报》(人文社会科学版)2019年第3期。

周佑勇:《论依法行政的宪政基础》,《政治与法律》2002年第3期。

周佑勇:《推进国家治理现代化的法治逻辑》,《法商研究》2020年第4期。

祝灵君:《党领导基层社会治理的基本逻辑》,《中共中央党校(国家行政学院)学报》2020年第4期。

三 报纸类

陈慧娟:《市域社会治理现代化试点启动》,《光明日报》2019年12月5日第10版。

陈梦晋:《充分发挥人民法院职能作用,坚决夺取扫黑除恶专项斗争的全面胜利》,《益阳日报》2019年4月25日第1版。

陈一新:《加强和创新社会治理》,《人民日报》2021年1月22日第9版。

陈一新:《推进新时代市域社会治理现代化》,《人民日报》2018年7月17日第7版。

《"党支持司法"是党在处理与司法权关系时的最新最科学的表述——司法体制改革时顶层设计的政治改革》,《北京日报》2017年9月11日第13版。

郝铁川:《努力创造中国特色的民主立法形式》,《光明日报》2020年10月31日第7版。

郝颖钰:《夯实市域社会治理法治化的地方法制基础》,《济南日报》2020年12月9日第A10版。

梁芹:《突出智能让市域社会治理更高效》,《扬州日报》2020年8月7日第3版。

刘作翔:《公域和私域界限的法理省思》,《中国社会科学报》2020年6月24日第4版。

王珊珊:《加强西部欠发达地区法院人才队伍建设》,《人民法院报》2022年3月11日第3版。

吴宏耀、郭泽宇:《"能动检察"的法理基础与实践图景》,《检察日报》2021年12月16日第3版。

张强:《提高市域社会治理法治化水平》,《人民日报》2020年3月11日第5版。

张守华:《提升市域社会治理法治化规范化现代化水平》,《法治日报》2020年12月24日第5版。